聚是一团火 散作满天星

名园长办园思想的探索与实践

张春炬　张丽芳　刘　玉　编著

河北大学出版社
·保定·

聚是一团火　散作满天星——名园长办园思想的探索与实践

JU SHI YI TUAN HUO　SAN ZUO MANTIAN XING

MING YUANZHANG BANYUAN SIXIANG DE TANSUO YU SHIJIAN

出 版 人：刘相美
插　　画：袁羽彤
责任编辑：何　东
特约编辑：赵彩霞
装帧设计：杨艳霞
责任校对：刘景坤
责任印制：常　凯

图书在版编目（CIP）数据

聚是一团火　散作满天星 ：名园长办园思想的探索与实践 / 张春炬，张丽芳，刘玉编著．-- 保定 ：河北大学出版社，2025．3．-- ISBN 978-7-5666-2627-1

Ⅰ．G617

中国国家版本馆 CIP 数据核字第 20258YQ825 号

出版发行：河北大学出版社
地址：河北省保定市七一东路 2666 号　邮编：071000
电话：0312-5073019　0312-5073029
邮箱：hbdxcbs@163.com　网址：www.hbdxcbs.com
印　　刷：保定市正大印刷有限公司
幅面尺寸：170 mm × 240 mm
印　　张：23.5
字　　数：320 千字
版　　次：2025 年 3 月第 1 版
印　　次：2025 年 3 月第 1 次印刷
书　　号：ISBN 978-7-5666-2627-1
定　　价：98.00 元

如发现印装质量问题，影响阅读，请与本社联系。
电话：0312-5073023

序

当我们俯身聆听童心的纯粹，当我们凝望孩子眼中对世界的好奇光芒，当我们以教育者的身份行走在幼儿园的晨光与暮色之间，我们或许都曾叩问：是什么让一所幼儿园真正成为滋养生命的沃土，而不仅仅是一个空间场所？是什么让教育超越日复一日的活动安排，升华为一种深刻的力量？答案的核心，正是我们用心凝练的办园思想。它如同一座园所的灯塔，无声地照亮教育的方向与路径。

在学前教育日益受到国家与社会高度关注的今天，质量提升成为核心命题。而幼儿园办园思想的凝练，正是这质量根基中最深沉、最持久的力量。它绝非张贴于墙面的标语，而是弥漫于每一处环境创设、流淌于每一次师幼互动、蕴含于每一项课程决策的内在精神气质与价值认同。优秀的幼儿园文化，是“活”的教育哲学。它赋予环境以教育的温度，让每一面墙壁、每一处角落都“说话”，成为支持儿童探索与表达的“第三位教师”；它渗透于课程肌理，使游戏与学习自然交融，让一日生活皆课程的理念落地生根，有效抵御“小学化”的侵蚀；它更塑造着和谐的师幼关系与家园生态，让信任、尊重与合作成为主旋律。文化建设是幼儿园发展的“灵魂工程”，其核心在于对“培养什么人”“怎样培养人”“为谁培养人”这些根本性问题的清晰回答与坚定实践。一所幼儿园的独特气质与不可替代性，正是其文化底蕴的生动外显。

《聚是一团火　散作满天星——名园长办园思想的探索与实践》一

书共有三个篇章：饮水思源，浸润无声；追本溯源，向光而行；播种育苗，馥郁芬芳。办园思想的凝练绝非园长个人智慧的“独角戏”，它必须根植于团队的集体智慧与共识。构建并依托专业的学习共同体，是激发群体智慧、实现思想深化的关键机制。2016 年，春炬园长工作室以“聚火成炬・散星燎原”精神信念，构建起 22 所保定区域的幼儿园专业发展共同体，近十年发展壮大，现已涵盖河北省 12 个市县，以及新疆、西藏、四川、海南等省份 48 所幼儿园，以“做强自己、带动一批、辐射全域”为发展理念，2022 年，河北省张春炬名园长工作室成立，这一学习共同体，长期以来求学善思，不断探索，充分发挥学习共同体的不竭合力，彼此给予了仰望星空、追寻教育本真的理想情怀，又有脚踏实地、深耕细作的实践勇气。在这里，不同背景、不同经验的园长和教师成为“学习伙伴”，围绕真实的教育困境展开深度对话、案例研讨、经验共享。这种基于实践、聚焦问题的“共生性”学习，打破了个人经验的局限，促进了多元视角的碰撞与融合。正是在一次次坦诚的交流、质疑、反思与共建中，模糊的认识得以澄清，个体的闪光点汇聚成集体的智慧结晶，共同的愿景与价值观得以浮现和强化。学习共同体形成的强大合力，是办园思想在实践中不断修正、丰富、深化的不竭动力源泉。

园长作为幼儿园发展的“首席领航者”，其专业素养的高度与深度，直接决定了办园思想凝练的格局与实践转化的效能。时代呼唤园长从传统的“事务管理者”向“思想领导者”与“课程领导专家”转型。这就要求我们持续锤炼三种核心能力：前瞻性的思考力——能洞察时代发展对早期教育的要求，把握学前教育改革方向，将先进理念内化为清晰的育人目标与园所发展愿景；深刻的反思力与学习力——勇于跳出经验舒适区，在复杂的管理实践中不断追问教育本质，通过系统阅读、专题研修、参与高水平研讨，拓宽认知边界，提升理论素养；坚定的实践力与变革力——能将思想转化为可操作的策略与行动，敢于在课程建设、教师发展、家园共育等关键领域进行符合本园实际的创造性探索，并具备引领团队共同前行的感召力与韧性。园长专业素养的提升，是一个永无止境的修炼过程，其本质是对教育初心的坚守与对专业精进的自觉。

在专业成长的攀登之路上，工作室主持人张春炬园长先后荣获全国先进工作者、全国五一劳动奖章，工作室成员单位 28 所幼儿园晋升省级示范园，5 位园长获河北省特级教师，12 位园长获评正高级职称，35 位园长获得市级荣誉。春炬园长带领工作室成员先后出版《幼儿园常见管理问题案例及其法律解析》《给幼儿园园长的 50 条建议》《看见儿童——儿童视角下的观察指导》三本著作。在春炬园长的实践带动下，专家的前瞻引领与专业支持如同照亮迷雾的灯塔，帮助我们跳出固有思维和日常琐碎的局限，为我们提供了理论透视的“高倍镜”——帮助我们深刻理解政策背后的理念支撑，洞察儿童发展科学的最新进展，把握国内外学前教育改革的趋势与精髓；提供了实践诊断的“听诊器”——通过入园观察、活动点评、方案审议等方式，精准把脉园所发展中的优势、短板及深层次问题，提出切中时弊、富有建设性的改进建议；提供了思想提炼的“脚手架”——指导我们如何从丰富的实践经验中抽丝剥茧，提炼核心概念，构建逻辑自洽、特色鲜明的办园思想体系与表达框架。尊重并善用专家智慧，同时保持自身的主体性与批判性思考，将外在引领有效内化为园所内生发展的能量，是凝练思想过程中的重要智慧。

《聚是一团火　散作满天星——名园长办园思想的探索与实践》一书的诞生，正是源于我们对上述核心命题的深切体认与实践求索。本书试图呈现的，不仅仅是一个个凝练成形的办园思想文本，更着力揭示其背后动态生成、持续深化的过程与方法：如何从本园实际出发，在历史传承与时代创新中找到平衡点？如何发动全员参与，在多元对话中达成价值共识？如何将抽象的思想理念，转化为具体可感的教育行为与环境氛围？如何借助学习共同体与专家资源，实现思想的迭代升级？书中汇聚了众多优秀幼儿园在思想凝练征途上的真实案例、典型策略与深度反思，希望能为读者提供可借鉴的路径与启发的火花。

愿本书能成为诸位同仁专业旅程中的一块铺路石，激发更多关于幼儿园文化根基、发展方向与育人使命的深度思考与实践创新。让我们携手同行，以思想之光点亮实践之路，共同为孩子们构筑充满意义、滋养一生的童年乐园，为中国学前教育事业的高质量发展贡献我们的智慧与力量！

谨以此为序，期待与您在书中相遇，在思想与实践的交汇处共鸣。

刘　玉

2025 年 2 月

目　　录

第一篇　饮水思源，浸润无声

第二篇　追本溯源，向光而行

第三篇　播种育苗，馥郁芬芳

第一篇

饮水思源 浸润无声

让“清润”精神润泽童心

——保定市青年路幼儿园办园思想研究报告

保定市青年路幼儿园　武晓燕　刘　玉　李海涛

图 1　幼儿园外貌

一、“清润”思想体系的建立背景

办园思想是指幼儿园在办学过程中所遵循的指导思想或理念，它体现了幼儿园的教育理念、教育目标、教育方法等方面的内容。青年路幼儿园在继承历史、传承文化的同时，不断改革创新，深化教育研究，通过对教育实践工作的大量考证，提炼出以“清润”文化体系为核心的办园思想，即“红色传统，诚意风骨；清雅润泽，奠基幸福”的理念体系。

（一）“清润”思想的现实考证与评估

“清润”文化是青年路幼儿园在创立、发展和成熟过程中，经历了长期积淀、潜滋暗长而形成的精神品格和思想基因。

1. 源清流长，传承厚重

青年路幼儿园源于1946年的冀中保育院，先后改名为“河北省保育院”“河北省第一幼儿园”，1958年正式命名为“保定市青年路幼儿园”。一路走来，栉风沐雨，内在品格中具备的革命基因和红色文脉正是青年路幼儿园宝贵的精神财富。

2. 理念日新，着眼前沿

“安养为主—实施全面发展—培育自然多元生态”的成长发展轨迹使青年路幼儿园具有了浓厚而独特的红色文化基础。人事制度改革、综合楼改扩建、园本课程研究、名园名师幸福带教的“四大工程”，不仅激活了内部发展活力，形成了立足园本、面向前沿的文化思想，更为幼儿园文化建设夯实了基础。

3. 架构完善，蓄势待发

我园不断更新文化建设目标，从环境文化、制度文化、精神文化等多个层面全面提升幼儿园的文化建设水平，这不仅是科学把握国内外幼儿教育时代需求的重要体现，而且是洞悉幼儿园未来机遇与挑战的“智慧之眸”，更是引领保定乃至河北幼儿教育发展的文化自觉与文化担当。

（二）“清润”思想的历史沿革

“清润”一词既能巧取“青年路幼儿园”这一官方名称中“青”字的音调，又能通过“润”展现历代青幼人的精神气息。于是，“清润”

文化理念就成为青年路幼儿园的文化概念，即文化品牌。

1. 红旗下的保育院（1946—1952 年）

（1）红色涓流，滋润童心

解放战争时期，保育院实行寄宿制。教师和保育员均为临时抽调人员，要兼任家长、医生、炊事员、老师多种角色，孩子们与老师、同伴朝夕相处，形成了“老师如父母，同学如手足”的特殊氛围。

（2）感怀党恩，酌水知源

中华人民共和国成立后，保育院贯彻新民主主义教育方针，以战时积累的养育经验为基础，全面学习苏联分科教育经验，保教、饮食、保健等管理工作走向规范化。

2. 复苏中的幼儿园（1953—1985 年）

（1）风雨飘摇，逆水行舟

20 世纪 50 年代，保育院初步实施全面发展的教育。1957 年后，全国幼儿教育开始追求盲目的跃进式发展，教育质量严重滑坡。

（2）“文革”冲击，巨浪翻滚

“文革”期间，年均在园幼儿 30 余名，无编班、无正常教育活动，科学的管理制度被废止。浩劫之后，教师开始投入精力研究教育教学工作，各类活动逐渐丰富。

3. 开放中的幼儿园（1986—2002 年）

（1）淙淙流淌，返本溯源

1981 年《幼儿园教育纲要（试行草案）》颁发后，教师开展分科教学研讨与反思，积累教学经验，寄宿制变为全日制。1992 年我园印发的“蓝皮书”和“黄皮书”，成为办园史上首套自行研发的课程，也奠定了课程文化发展的基调。

（2）博采众长，质清水盛

幼儿园对多种课程模式、多类教育理论进行了广泛的学习与实践，去伪存真，植根红色的清润文化脉络凸显，一支业务精湛、理念超前的师资队伍逐渐成熟。

4. 奋进中的幼儿园（2003—2016 年）

（1）改革之浪，奔流不息

2003 年，幼儿园总建筑面积达 15 500 平方米，容纳 25 个教学班及多个功能室的教学楼建成，绿地面积达 5073.5 平方米。择师选班制、结构工资制、岗位聘任制、层级带教制度、园本课程创新制的“五制并举”经验在全省范围内被宣传和推广。“以课题研究，带动管理创新”的模式，引领管理工作走向制度健全、流程清晰、执行有力的方向。

（2）园本创新，文脉流长

我园先后参与省市、国家课题 23 个。以课题研究成果为基础，总结分科教学、整合教学、领域园本创新教学、主题教学、开放性活动等经验，独立研发了面向全国发行的《幼儿园社会化主题课程》，标志着我园拥有了符合新时期幼儿教育要求的园本课程。

5. 共生中的幼儿园（2017 年至今）

（1）集团办园，共同生长

“清润”文化日臻成熟，办园理念体系和思路更加清晰与完善，逐渐与区县帮扶建园，在“清润”文化体系下，分园分别形成“清涧”“清河”“清源”文化等体系脉络。

（2）模式创新，同声共鸣

我园受国际幼儿教育学会、全国陈鹤琴“‘活教育’视域下的审美教育”研讨会等多项活动邀请分享的我园“清润”思想体系被收纳入教育部园长培训中心组织编著的《迈向卓越园长之路》一书，并进行推广。

二、“清润”思想的内涵

（一）“清润”思想体系的建立

我园将“清润文化”喻为“水文化”，其意共有两层：一是我园教育的幼儿像水一样纯真无邪、活泼开朗、清澈而灵动；二是给予幼儿的教育要似水流长，润泽心灵。

“清渠静水，润泽身心”，我园的“清润”文化理念正是汲取“水”的寓意。清渠和静水比拟育人和育己精神的和谐统一，既是几代青幼人传承中华传统文化的体现，又是清润精神或清润气息的统一。

（二）“清润”思想的核心理念

园所的核心理念即幼儿园的教育哲学，是园所文化的灵魂所在。我园的“清润”思想的核心理念主要体现在以下四大方面。

1. 园训

“蒙以正、润无声”是青年路幼儿园的园训。“蒙以正”出自《易经·蒙卦》中的“蒙以养正，圣功也”。怎样对幼稚无知的儿童进行启蒙、培养呢？这就要“蒙以养正”，从童年开始，就要施以正确的教育。“润无声”，《论衡·雷虚》言“雨润万物”，《礼记·聘义》言“温润而泽”，教育犹如适宜于草木生长的风雨，潜移默化、悄无声息地滋润幼儿心田。

“蒙以正、润无声”强调“三注重”，即注重教育初始阶段的启蒙影响、注重教育过程中的潜移默化、注重生长过程中的心灵滋养与美好。

2. 育人理念

“生活浸润，文化滋养，自由成长”是青年路幼儿园的育人理念。罗素提出：“教育要使儿童过上美好的生活。”教育者应该关注生活给予幼儿的各种发展机会，关注日常生活的价值与意义，从而不断在属

图 2　文化石与吉祥物“龙龙”原型

于幼儿的精神世界中找寻自由、快乐和幸福。

3. 教风

“倾听、相信、互动、引领”是对青幼教风的概括。从“倾听”到“相信”是接受幼儿的天性和行为，从“相信”到“互动”是师幼相互影响的动态过程，从“互动”到“引领”是实施有效教育的途径。四个环节是一个连续、递进的整体，也是教师情感浸入的过程。

图 3　园徽

4. 园徽及园歌

“红色血脉，传递梦想；生机勃发，蒙以养正；润物无声，健康成长；传承历史，奔向未来；旭日东升，朝气蓬勃”是青幼园徽的深刻内涵。

《花园城堡》是青年路幼儿园的园歌，由我园冰心绘本创作奖获得者、全国儿童文学作家贾为老师作词，由全国“五个一工程”奖获奖者、河北大学教授蔡海波作曲，作品描绘出小朋友在既像“花园”又像“城堡”的幼儿园中的幸福生活。

三、“清润”思想的呈现形式

青幼在不断发展的历程中，经过几代人的共同努力，已经积淀了厚重的文化底蕴，形成了“清润”文化理念管理体系。

（一）清雅、丰润的精神文化

青幼的精神文化包括“一个宗旨”“两个目标”“三个特色”“四个突出”：一个宗旨即“清雅润泽，奠基幸福”；两个目标即“办成国际有影响、国内一流的幼儿园”的发展目标和“清润精神，健康儿童”的培养目标；三个特色即“艺术——陶冶心灵；阅读——点亮生命；社会化——享受人生”；四个突出即“精神文化突出‘润’，物质文化突出‘美’，制度文化突出‘严’，行为文化突出‘雅’”。

（二）清新、滋润的物质文化

幼儿园的物质文化指幼儿园的生活、教学和环境设施，它们具有很强的教育功能和育人功能，对幼儿的知、情、意、行等思想品德起着潜移默化的影响。

我园对主楼进行了“蒙养楼”“清雅楼”“润泽楼”三区命名，将院落分为了三大区域：交通文化区、生态文化区和园史文化区，意为在蒙养初等教育之时，将教育思想向传统文化回归，向科学朴素的教育方式的回归，用高雅、厚重的文化培育幼儿，发展幼儿的健康心性，以“会说话的环境”让幼儿充分与环境产生互动。

图 4　楼道环境

图 5　班级环境

（三）清正、温润的制度文化

1. 清润教师培养制度

我园通过“双向选择、双方自愿”原则，实施层级带教，有效推动教师在原有水平上的提高。

2. 清润教师奖励制度

本园针对教师参加专业比赛、发表论文、主持课题、考勤、安全风险、遵守制度、突出贡献等设定不同奖项，形成有效的激励机制，促进教师专业成长。

3. 清润幼儿行为规范

我园幼儿行为规范教育的核心是“在生活中渗透礼仪教育，让礼仪教育改造生活”。如制定了幼儿入园、入班、进餐、午睡、如厕、进区等礼仪文化规范。

（四）清和、柔润的行为文化

教工群体的行为文化决定了园所整体的精神风貌和文明程度，园所通过激励措施，提高教工道德、知识、能力、心理等素质。

为了践行清润文化理念，我园制定了教师礼仪、与家长的沟通礼仪、与同事的相处礼仪等九类礼仪行为标准；提炼了教师不适宜语言50条以及教师适宜语言100条；同时，制定了“我能积极主动、我能分清主次、我能友好交往、我能融入团队、我能学会生活”的五大清润教师职业习惯。

（五）清粹、浸润的课程文化

幼儿园课程的本质和核心也是以儿童为中心，注重儿童内在的需要和可持续性发展。我园的课程文化建设突出体现了园本化、生活化、游戏化、全纳化、隐性化、科学化的特点。

四、“清润”课程的构建和发展

（一）“清润”文化下的课程发展之路

1. 文化奠基中的课程萌芽

幼儿园根据新民主主义教育方针教育幼儿，提出“把孩子们教育成聪明活泼，勤劳朴素的新中国的小主人”的培养目标，教育方法多是亲近自然与实际生活结合；从小就养成他们自主、独立的精神，我园开始有了自己的文化思考与定位，这一时期称为“清润课程”的奠基期。

2. 文化发展中的课程初探

20世纪80年代，我园的办学宗旨为：“实施初步的全面发展教育，培养幼儿基本的卫生习惯，发展运用感官和语言的基本能力，培育爱国主义思想。”在教育教学中遵循河北省教育厅的总体要求，使用河北省统一的课程，开展分科教学。

20世纪90年代，我园依据《幼儿园教育纲要（试行草案）》和《幼儿园工作规程（试行）》提出“结合幼儿年龄特点，幼儿园是向幼儿进行体智德美全面发展的教育，使其身心健康活泼地成长，为入小学打好基础，为造就一代新人打好基础”的培养目标，编写了我园第一套园本课程资料集《综合教育教学计划》和《幼儿园教育活动资料集》。

3. 文化扎根中的课程思辨

随着一系列纲领性文件的实施，我园的“清润”思想进入扎根期，提出了“坚持为社会主义现代化建设服务的方针，坚持促进幼儿全面发展的培养目标，全面提高幼儿素质，深化幼儿园管理体制改革和教育思想、教育内容、教育方法的改革，努力为社会服务、为家长服务”的办园思想，引进了柯达伊音乐教学法、蒙台梭利教学法等多个国内外先进教育经验与课程，并开始思考在外来课程的洪流中，我园的课程之路该如何走、怎么走的问题。

4. 文化壮大中的课程研究

2005 年，我园独立承担的国家级课题“实施开放教育，促进幼儿社会化的研究”结题。在本课题的引领下，全园教师参与编写了《幼儿社会化主题课程》，这也是我园第一套正式出版的课程体系著作。

2021 年，我园在“清润”文化基础上迈向“清润”课程的探究之路。

（二）“清润”课程体系解读

“清润”课程培养总目标有三：一是“清润”精神，健康儿童；二是“五育并举，五爱共育”；三是“自主发展，奠基幸福”。通过充分放权给幼儿，实现其生活自主化、游戏自主化和学习自主化，教师提供更加丰富适宜的支持，让每名幼儿都能在自己原有基础上获得最大、最好的发展，并为其今后的生活和学习奠定良好的基础。

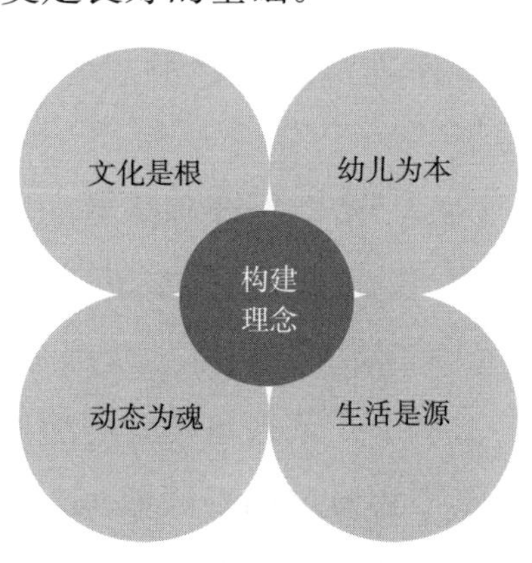

图 6 “清润”课程构建理念

文化是根，是指将中华优秀传统文化、红色革命文化、保定市的地域文化、我园的“清润”文化作为课程构建的根基，让教育真正成长为有根之木、有源之水，并保持永久的生命力；幼儿为本，是指在课程构建过程中，立足幼儿生命成长，注重个体差异，关注其整体的、全面的、持续的发展；生活是源，是指以回归真实的生活为课程基本原则，让真实的生活成为课程生成的源头活水；动态为魂，是指幼儿园课程应该是动态的、持续生长和变化的、具有无限生命力的课程。课程建设是一个不断实践与探索的进程。

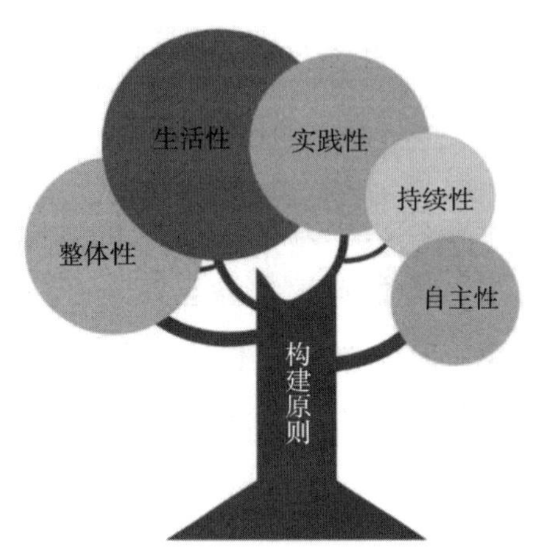

图 7 “清润”课程的构建原则

“清润”课程的构建原则包括整体性、生活性、实践性、持续性、自主性。

幼儿的发展是整体性的，本园最终的培养目标是“德智体美劳全面发展的社会主义建设者和接班人”。“生活即教育”，幼儿本来就应该在生活中学习，在操作中学习，在体验中学习，在游戏中学习。课程更多的时候应该让幼儿通过直接感知、亲身实践和实际操作来获得有益的经验。课程不能成为“一潭死水”，要拥有持续进行完善和更新的动力。不管是课程主题的选择，还是课程内容的组织，教师都必须强调幼儿的参与，基于幼儿的主体性需要建构和实施课程。教师也要对课程内容和实施路径进行辩证性的思考并提供适时适宜的支持，以促进幼儿的发展。

（三）“清润”课程体系的核心内容

1. 基础课程——基于“师幼互动”的班本主题活动课程

（1）“清润”班本主题课程实施的路径

①基于儿童兴趣经验的前期调查

教师会通过调查问卷或访谈的方式，了解儿童的兴趣和经验，为课程设计和开展提供依据，确保课程与儿童的兴趣和经验紧密相连。

②班本主题生成及网络框架设计

教师需要参考、借鉴优秀的课程资源，结合本班幼儿实际情况、周围的资源以及教师的专业素养和家长资源，综合考虑、分析课程的可行性，确定课程的框架，包括背景、主题缘起、目标、五大领域七大学科的主题活动、区域活动、家园共育等活动，选用合适的工具，理清主题活动思路，让课程变得更加完善。

③基于幼儿全面发展的课程目标

课程目标的制定要基于幼儿的全面发展。在制定主题目标时，首先要参照《3—6 岁儿童学习与发展指南》中的指标，结合主题活动中的具体内容进行分解和细化，结合五大领域的核心经验，制定出相应的主题目标。同时，综合考虑幼儿的年龄特点、发展阶段和教育需求，确保课程目标的全面性和科学性。另外，注重课程目标的可操作性，使其能够在实际教学中得到有效实施。

④体现幼儿深度学习的项目游戏

在主题活动中，通过项目游戏的方式实现幼儿的深度学习，设计具有挑战性、趣味性和互动性的游戏活动，激发幼儿的好奇心和兴趣，引导幼儿积极参与游戏，并在游戏中进行探索、发现、合作和解决问题，从而实现幼儿的深度学习，包括主题式项目游戏、探究式项目游戏、合作式项目游戏和体验式项目游戏等。

⑤班本课程资源的利用与开发

首先，要充分利用现有的资源，幼儿园内外的环境、设施、设备等都是可以利用的课程资源。其次，在充分利用已有资源的基础上，根据课程目标和幼儿需求，结合班级特色、教师专长和幼儿兴趣，开发新的课程资源，创新课程内容和方法。再次，家长是幼儿园重要的合作伙伴，也是重要的课程资源。教师可以引导家长参与课程资源的开发和利用。最后，拓展社会资源。社会是幼儿成长的重要环境，也是重要的课程资源。

（2）班本主题课程的评价体系

①班本主题活动的评价

班本主题活动评价的对象包括方案、实施过程与实施效果三个部分。在所有的评价主体中，教师是幼儿园课程评价的核心力量。为此，我园针对班级主题活动的评价主要由教师的自评和互评为主，期望能通过这样的评价方式促进教师的相互学习与反思。本园制定的评价细则如表 1 所示。

表 1 班级主题活动评价标准

项目	评价标准
主题目标	• 是否在对幼儿观察的基础上制订，是否适宜幼儿发展 • 是否体现了促进幼儿身心全面发展的原则 • 是否体现了保教结合的原则
主题内容	• 是否与主题目标相一致，能否实现主题目标 • 是否考虑了幼儿的年龄与发展特点、能力与已有经验 • 是否关注了儿童视角和问题导向 • 是否包括幼儿发展的多个领域，包括全面、多样性的内容
主题实施过程	• 是否与主题目标和内容相一致 • 是否注意创造与主题目标、内容相适应的环境 • 是否注重保教并重，以活动、体验为主要学习途径 • 是否关注儿童视角，随机处理偶发事件，重视生成性活动 • 是否充分发挥了幼儿的主动性、积极性与创造性（项目学习） • 是否重视幼儿操作能力、实践能力的培养，关注深度学习
主题效果	• 预定的主题目标是否达到，达成率是多少 • 幼儿得到了哪些发展 • 家长有哪些收获（资源共享、活动参与、理念更新、方法提升）

②班本主题活动中的幼儿评价

班级教师参照《3—6 岁儿童学习与发展指南》，在兼顾五大领域全面发展的基础上，确定班级的主题发展目标；教师将主题目标进行细化，并确定为主题开展过程中对幼儿进行观察的指标；利用表格进行“目标达成式”的记录，清晰了解幼儿不同时期指标达成度；教师根据对幼儿在不同领域发展目标的达成度进行统计，总结发展的优长与不足，后期进行干预与支持。如表 2 所示。

表2　班级主题活动对幼儿的观察记录表

观察指标	评价		
	明明	红红	* * *
了解自己和家长对于上小学的担忧			
懂得一些常见的安全知识			
知道汉字的由来			
能够用诗歌来表达自己对教师的感激之情			

2. 特色课程——基于“培根铸魂”的园本德育课程

(1) 德育课程的建构思路

德育课程遵循“清润”课程构建的原则、理念，以“文化润德、生活启德、活动育德”为核心，以“中华优秀传统文化”和“社会主义核心价值观”为切入点，将德育融入保教全过程，形成科学性、系统性、整合化的“清润”课程下的德育活动体系，为培养幼儿优良品德、文明行为、活泼开朗的性格以及“五爱”情感服务。

(2) 德育课程的培养目标

培养目标具体内容如表3所示。

表3　德育课程的培养目标表

班型	上学期	下学期
小班	•有健康稳定的情绪，愿意与小朋友交往 •爱父母、爱师长、爱伙伴	•有良好的卫生习惯和生活习惯 •在成人提醒下讲文明、讲礼貌，乐于助人 •萌发集体荣誉感
中班	•初步养成讲文明、懂礼貌的品质和良好的生活、卫生习惯 •自觉遵守生活、游戏中的基本规则 •了解家乡的名胜古迹、风俗习惯，爱家乡 •了解剪纸、国画等优秀传统文化	•讲文明、懂礼貌，诚实守信 •尊重珍惜他人的劳动成果，爱护环境 •认识国旗、党旗，学唱国歌，知道自己是中国人 •了解戏曲、服饰等优秀传统文化

续表

班型	上学期	下学期
大班	•独立自信、勇于接受挑战 •能遵守幼儿园和社会公共场所的行为规范 •主动参与集体活动，有集体荣誉感 •知道祖国传统节日与节气，培养爱国主义精神	•能文明与他人相处，善于沟通、协商 •了解诗词、建筑、音乐等优秀传统文化 •知道国家一些重大成就，为自己是中国人感到自豪

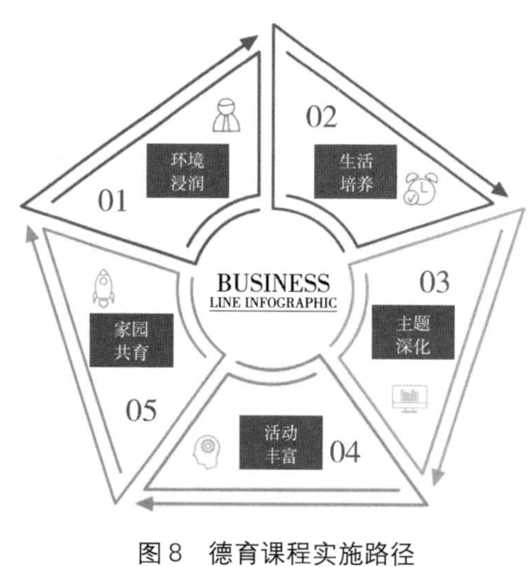

图 8 德育课程实施路径

（3）德育课程的实施路径

①环境浸润

在院落环境和楼内环境中创设传统文化场景和红色文化场景，让中华优秀传统文化和红色文化成为园所的基本色调，让生活在其中的幼儿能够浸入其中。

②生活培养

将幼儿在园一日生活中的各个环节进行研讨，明确各个环节中存在的德育价值，让幼儿能够在“生活中学习”，在“实践中学习”。

③主题深化

引导班级选择与传统文化、红色文化相关的内容和资源开展主题活动，让德育实现在班级主题活动中开展持续性的深化。

④活动丰富

本园将全年 12 个月设置为不同主题的“活动月”，激发幼儿的兴趣，增强他们的感受，将“五爱”教育润涵其中。

⑤家园共育

通过家长的协助和参与，让德育工作开展得更加顺利和有效。

表4 幼儿一日生活德育任务要求

生活环节	德育任务要求
入园	文明习惯、自理能力、独立性、自主性、情绪管理
盥洗	卫生习惯、自理能力、独立性、自主性、爱惜劳动成果、节约习惯
进餐	文明习惯、自理能力、独立性、自主性、节约习惯
如厕	卫生习惯、自理能力、独立性、自主性
饮水	自理能力、节约习惯、自主性
睡眠	自理能力、独立性、遵守规则、自控能力的培养
游戏	遵守规则、自控能力、自理能力、自主性、意志品质的培养

表5 德育活动“主题月”安排

3月	行为习惯月	9月	文明礼貌月
4月	环境保护月	10月	传统文化月
5月	热爱劳动月	11月	生活卫生月
6月	成长感恩月	12月	热爱运动月

3. 特色课程——基于“文化传承”的园本戏曲课程

我园组建幼儿园国韵京剧社并成立国韵少儿京剧团。剧社成立以来，先后举办了7届戏曲艺术节，受邀参加了中央电视台戏曲节目、保定春晚等大型活动，多次与多位戏曲名家同台演出，赢得家长与社会高度认可，被保定市委宣传部、教育局授予“戏曲文化进校园特色学校”。

戏曲课程的目标与内容如表6所示。

表6 戏曲课程目标与内容

目标	内容（举例）
欣赏并了解我国丰富多彩的戏剧种类，知道它们是深受广大人民喜爱的传统艺术瑰宝，萌发对祖国戏曲文化的兴趣与热爱	•百花盛开的中国戏苑（五大剧种欣赏） •威风飒飒花木兰（欣赏豫剧《花木兰》） •百戏之母是昆曲（欣赏昆曲《白蛇传》） •我的家乡戏——保定老调和河北梆子（欣赏《潘杨讼》《大登殿》选段）
喜欢听戏曲故事，了解剧情大意。通过戏曲故事对历史事件、历史人物、历史地域有粗浅的了解，增加对中国历史的兴趣，培养积极爱国的情感	•欣赏戏曲故事《定军山》《三家店》《红灯记》《空城计》《穆桂英挂帅》等 •欣赏唱段“猛听得”“都有一颗红亮的心”“浑身是胆雄赳赳”“我站在城楼观山景”（京剧）与《铡美案》（豫剧）
感受戏曲服饰中对称、配色、图案、造型美，能说出它们的名称及用法，比如头冠、蟒袍、官服、海水江崖，能用绘画、手工等方式自制服装	•华美戏服讲究多（美术、欣赏） •水袖翩翩（欣赏、舞蹈）
知道戏曲中的四功五法的基本含义，感受演员表演魅力，增进对戏曲演员职业的认识、对艺术家辛苦劳动的尊敬。能列举著名艺术家名字，如梅兰芳、常香玉、裴艳玲、杜振忠、王佩瑜……	•戏曲艺术家的故事及戏曲故事：梅兰芳、裴艳玲、杜振忠、河北梆子《宝莲灯》（欣赏打戏片段） •京剧《西厢记》选段：“卖水”（学习）
认识戏曲（京剧）中的生、旦、净、末、丑行当的表演特点，能根据外形特征进行区分，如花脸、青衣、花旦、老生、老旦等	•京剧《打龙袍》：贯口报花灯 •京剧《沙家浜》选段：“智斗” •保定老调《潘杨讼》选段：“太后封赏”
通过欣赏剧中人物的唱、念、做、打片段，了解剧情与角色表演的关系；从不同人物的情绪及服饰变化感受故事情节的发展，从而加深对戏曲作品的理解	•“打不尽豺狼决不下战场”“听罢奶奶说红灯”（欣赏） •京剧《三岔口》（欣赏） •京剧《穆桂英挂帅》

续表

目标	内容（举例）
感受京剧的唱腔及念白特点，能口齿清楚、有韵律地唱（念）出剧中戏词	• 京剧贯口：《报花灯》 • 京剧《智取威虎山》选段："甘洒热血写春秋" • 现代京剧《红灯记》选段："都有一颗红亮的心"（表演唱）
知道戏曲是一项综合艺术，认识 3—5 种戏曲演奏使用的乐器，感受它们的不同音色	• 有板有眼的伴奏家族（认识乐器胡琴、京二胡、月琴、弦子、小锣、大锣、笛子、唢呐等） • 曲牌欣赏《迎春》
通过学习、模仿戏剧表演，感受戏曲表演的精气神儿，培养幼儿的自信心、自控力、合作（配合）意识、身体协调性以及对作品的表现力、对艺术的理解欣赏能力	• 戏曲站姿及身段训练：跑圆场、靠膀子、手型手位、耍花枪等 • 通过日常排练、演出现场实施
了解京剧中的美德故事，感受作品、人物及戏曲艺术家的家国情怀，做好戏曲传承和品德启蒙	• 京剧《钓金龟》 • 京剧《杨门女将》中忠烈报国 • 现代京剧《红灯记》《红色娘子军》 • 戏曲艺术家故事：梅兰芳、常香玉等（语言）

《3—6 岁儿童学习与发展指南》明确提出"要让幼儿欣赏多种多样的艺术形式和作品"，我园在十几年的摸索实践中形成了戏曲课程模式：一是基于班本特色课程模式，发挥班级教师特长，将戏曲文化融入幼儿生活环节，融入主题、课程，融入家园共育，融入班级环境；二是基于园级社团活动课程模式，吸纳有兴趣特长的幼儿进行生旦净丑分班学习，引入专业教师定期来园指导唱念做打教学；三是基于浸染式学习的课程模式，坚持每日一操练，每周一培训，每月一欣赏，每学期一演出，每年一届戏曲文化节。注重戏曲文化场景打造，以便满足幼儿有感即发、随即登台的展示愿望。

实施戏曲课程的路径如下：一是大力培训教师、幼儿学唱戏曲，甄选涵盖爱国、勇敢、"仁、义、礼、智、信"等内容健康、适宜幼儿的短小易学的段子，培养对中国戏曲的深厚情感；二是注重搭建舞台，将戏曲元素融入幼儿入园、早操等一日生活，创设戏曲审美环境，培养幼儿爱上戏曲；三是做好戏曲文化交流，提供多种渠道带领师幼走出园所，走向学校、街道社区传播戏曲，让戏腔戏韵浸润古城，跨省交流与合作，形成我园强势文化特色。

4. 特色课程——基于“医教融合”的园本托育课程

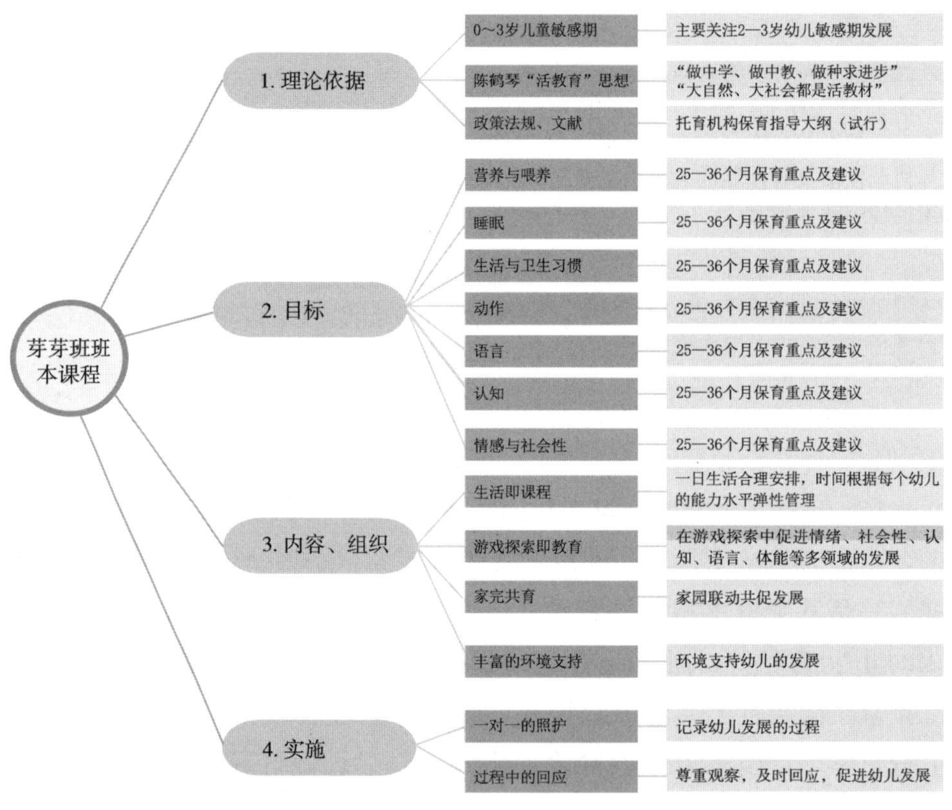

图9　托育课程的建构思路

生活即课程。将六大核心经验及保育照护内容融于一日生活各环节，通过游戏、音乐、儿歌等形式培养幼儿的生活自理能力及良好的卫生习惯，培养自我服务意识，增强幼儿自信心。

游戏探索即课程。幼儿通过运用口、眼、手、耳各种感官，在探索、发现、感知中获得直接经验和认知发展。

劳动即课程。对幼儿进行劳动教育，培养幼儿的劳动习惯和技能，强化与幼儿体力、智力、道德和美感的发展之间的有效连结。

大自然、大社会都是活教材。践行和落实陈鹤琴先生倡导的“活教育”理论的核心课程观，将托班课程大部分安排到户外进行，引导幼儿运用各种感官反复持续探索周围环境，逐步巩固和加深对周围事物的认识。

“清润”托育课程取名为“芽芽成长记”，依据幼儿的年龄特点和能力发展水平及不同的发展阶段，以学年周期，按照每个月幼儿的各项能力发展水平，结合自然变化、传统文化、人文风俗设计幼儿感兴趣和探究的主题活动内容。

课程评价方案的结构考虑了托班儿童经验的6个方面，以活动经验为切入口，以实例呈现基本的评价理念和思路。分学期前、中、后3次评价记录进行综合分析，研究儿童在具体经验上的发展水平和存在的不足，以形成评价的规划性与延续性，为进一步制订课程计划提供依据。

五、“清润”思想的成效与展望

（一）“清润”思想的宣传和推广

1. 制作文化手册

我园编制了内部文化宣传手册，含制度手册、流程手册、职业道德100条等，形成了系列管理成果，如《幼儿园一日活动指导》《幼儿园教师家长工作技巧》《幼儿园文化管理》等十余部著作，供新教师入岗前培训学习。

2. 个性化的仪式和典礼

以新学期开园典礼、庆“六一”、班级幼儿主题宣讲等活动，凝人心、聚合力，宣传“清润”思想主旋律，使青幼教工心有所依，行有方向，行有精神。

通过家长会、社区联合活动、“毕业式”活动等多种形式宣讲幼儿、教师、家长在园行为规范，使每一个人学会感恩，建立强烈的归属感和自豪感。

依托园庆、戏曲节等大型庆典仪式，展示幼儿园教育成果，树立幼儿园良好的社会形象，增加知名度、美誉度，赢得更多的资源和帮助。

（二）“清润”思想的辐射与传承

1. 构建“清润”体系，优化集团管理模式

集团运用全托管、支教帮扶、送教指导、跟岗交流等模式，通过党建引领、先进管理经验辐射、送教送培开展保教研究、课程建设、师资培训、跟岗交流活动等方式发挥专业引领作用，促进集团教育质量整体提升，实现集团园共同发展。

2. “清润”文化生花，引领集团内涵发展

在尊重集团内各幼儿园办园实际和文化传统的基础上，规范办园思想的建设体系，在环境创设、幼儿园管理、幼儿园课程、制度中有效体现集团园所的办园理念，凝聚发展共识，汇聚发展合力，共谋发展愿景，形成系统的、具有本地特色的各集团分园文化体系。

3. 以优促优，辐射带动彰显成效

坚持立德树人为根本，提升保教质量为目标，带动区域教育发展为愿景，围绕“聚合力，提质量，促发展”这一核心，立足现有集团办学实际及需求，践行“清润”和“活教育”思想，提升教育教学质量，形成办园特色。发挥集团内名园长、名师示范引领作用，构建园长教师队伍发展体系，通过专题讲座、活动研讨、现场观摩等形式，

形成教育教学交流共享机制，提升县域整体幼儿园办园水平。

（三）“清润”思想的带动与共成

坚守“为党育人、为国育才”的初心，借助名师、名园长工作室平台促进了成员在本区域幼教水平的发展，引领和提升了河北省学前教育高质量发展。

1. 明确研究方向，促进成员专业成长

以理论学习为支撑，借助共读共讨，提升学员的专业水平和素养；以课题研究为抓手，围绕研究方向，依据每个人的研究专长和兴趣点分别确定研究内容，提升学员的科研反思能力。

2. 丰富活动形式，促进品牌提升质量

通过“政策解读、读书及案例分享、入园诊断、参观学习、观摩培训、课题研究”六大措施，送培送教、召开研讨会、名园长论坛等形式，引领全区域的优秀园长学习研讨，全体成员在国培、省培、各地市也参与了很多场次的分享交流，提高了工作室知名度和辐射效应。

（四）“清润”思想下的累累硕果

在园所整个历史发展进程中，我园荣获多项荣誉称号，开展了诸多战略合作，在艺术、体育、文学方面取得了一定的成就，在科研方面成果丰硕。

1. 园所荣誉

我园先后获得“全国三八红旗集体”“全国教育系统先进集体”“中国西部教育顾问单位”“河北省先进集体”“教育部幼儿园园长培训中心学员实践教学基地”“活教育践行研究基地”“河北省示范校家长学校”等荣誉称号，被评为首批“河北省中小学校党建示范校”培育创建单位。

我园先后与北京市第一幼儿园、北京市棉花胡同幼儿园签订京津冀协同发展战略协议。“学前教育质量提升项目——首师大刘昊工作室”落户我园。

图 10 “全国三八红旗集体”荣誉奖牌

图 11 “全国教育系统先进集体”荣誉奖牌

图 12 “河北省先进集体”荣誉奖牌

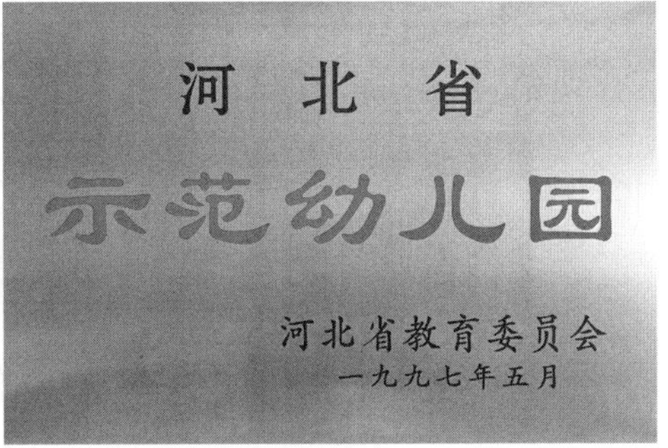

图 13 “河北省示范幼儿园”荣誉奖牌

拥有全国先进工作者、全国五一劳动奖章、国务院政府特殊津贴专家、全国教育系统先进工作者、省管优秀专家、省有突出贡献的中青年专家、省模范及优秀教师、省名师等，还拥有省特级教师 5 名、省三三三人才二、三层次人选 7 名；近 5 年获省教学成果二等奖 2 次，三等奖 1 次；荣获市管优秀专家、市青年拔尖人才、市骨干教师、市学科技术带头人、省市级师德标兵等荣誉称号 46 人次。近 5 年教师队伍在《学前教育》《幼儿教育》等核心期刊上发表论文 72 篇、童话 42 篇，获专利 1 项。

2. 艺教成就

我园园歌《花园城堡》在上海举办的"阳光宝贝，快乐的歌"全国首届幼儿歌曲演唱大赛总决赛中以总分第一名的优异成绩斩获了金奖。我园在连续三届的"阳光宝贝，快乐的歌"幼儿歌曲演唱大赛全国总决赛中摘取多枚金牌。

在"校园大课间啦啦操"活动中，多次斩获多种组别和类别的金奖，荣获"全国校园大课间啦啦操推广实施单位"称号。

（五）"清润"思想下的发展预期

面对新的机遇和挑战，为了更好地发展与学习，更加坚定地在办园思想指导下进行实践，我园拟从以下三方面进行提升。

第一，我园将在加强保教质量的评估与改进、教育技术研究与应用、整合利用社区资源、国际化与多元文化等几方面着手，定期对幼儿园的教育质量、教学效果、教师团队、环境设施等方面进行评估和反思，根据评估结果制定改进措施，不断优化幼儿园的教育体系和管理模式。

第二，积极引入和应用现代教育技术，如人工智能、虚拟现实、在线教育等，为幼儿创造更丰富、更有趣的学习环境。培训教职工掌握现代教育技术，提高他们运用数字技术进行教学和管理的能力，利用大数据、云计算等技术手段，对幼儿的学习情况进行跟踪和分析，为个性化教育提供支持。

第三，深入挖掘社区资源，与周边企事业单位、文化机构等建立合作关系，为幼儿提供多样化的学习体验，培养其社会责任感和公民意识。引入国际先进教育理念和教育资源，为幼儿提供广阔的视野和多元化的文化体验，开展中外文化交流活动，了解不同国家和地区的文化习俗，培养幼儿的跨文化交流能力和全球意识，为他们未来的发展奠定国际化的基础。

和而不同　和合共融

——雄安容和海棠幼儿园“和合”思想下的办园探索与实践

雄安容和海棠幼儿园　范德丽　赵　欢　陈　茹

对学校的领导，首先是教育思想的指引，然后才是行政领导。办园思想对幼儿园的长远发展起着引领作用，影响着幼儿园的办园方向和保教质量，雄安容和海棠幼儿园在反思发展定位、总结发展经验中提炼了反映自身教育理念、指导自身教育实践的“和合”思想。

一、办园思想形成背景

（一）办园历史

雄安容和海棠幼儿园是一所年轻的幼儿园，为雄安新区第二批新建幼儿园。2022 年 9 月 1 日，在各界领导、专家的支持下，海棠园聚集了来自雄安 516 个家庭的幼儿及 82 名教职员工，开启了海棠故事。2023 年 9 月，承接雄安容和罗河幼儿园，开启了学前教育集团办园模式。“和而不同　和合共融”是对海棠园教育思想的最好凝练。

（二）文化背景

“和合”的“和”，指平和、和悦、和谐；“合”指联合、融合、合作。“和合”指在承认不同事物之间矛盾、差异的前提下，将其统一于相互依存的和合体中，纳其优长而克其短，推动事物发展。

1. 国家历史文化追溯

习近平总书记曾在《之江新语》中讲道："我们的祖先曾创造了无与伦比的文化，而'和合'文化正是其中的精髓之一。这种'贵和尚中、善解能容，厚德载物、和而不同'的宽容品格，是我们民族所追求的一种文化理念。"

先秦时期，和合文化就得以产生和发展。"和合"二字连用最早见于春秋时期《国语·郑语》："商契能和合五教，以保于百姓者也。"意为商契把"父义、母慈、兄友、弟恭、子孝"五种道德规范加以和合施行，使百姓安身立命。

周代思想家史伯在《国语·郑语》中提出"和实生物，同则不继"，意指事物之间实现了和谐就能繁衍发展，完全一致就无法生长壮大。

儒家主张，人与自然的关系要洞明"和实生物"之道，个人修身养性要讲究"心平气和"之工，与人交往要恪守"和而不同"之法，应对潮流要坚持"和而不流"之则，治理国家要追求"政通人和"之理，与国交往要坚持"求同存异、和平共处"之规，最后的终极关怀乃是"天人合一、宇宙和谐"的价值追求。"和合"之境是中国古圣先贤们积千年之理论与实践而积淀流传下来的精华瑰宝，是中华民族千百年来追求的理想境界。

2. 雄安历史文化追溯

雄安从千年的历史传承中走来。历史上，容城、雄县、安新三县均很早就建城或置县。

考古研究证明，容城的历史最早可以追溯到战国时期。1984 年河南省郑韩故城出土的战国时期陶盆有"容成"戳印文，经考证"容成"指的就是今天的容城。秦朝建立后，置容城县，属广阳郡。自此，容城正式作为一个建制县登上历史舞台。

雄县早在汉代就已置县，名为易县，归属涿郡。后周显德六年(959)，周世宗柴荣为加固边防，诏令在瓦桥关设置雄州。明洪武七年

(1374)，降雄州为雄县。雄县之名自此出现，沿用至今。

安新县最早的建制也可追溯到战国时期。战国早期，燕国在此地筑阿邑，也称“安邑”，治今安新县西。元代，安州领渥城、葛城二县。至元二年（1265），州县俱废为镇，渥城改为新安镇。1914 年，安县与新安两县合二为一，各取其首字命名为安新县，沿用至今。

雄县、容城、安新各有其独特而延续的建置史，自汉以后三县之间又有着错综复杂的省并史。北宋太平兴国二年（977），宋辽签订茶马互市盟，定州、霸州、雄州、镇州、沧州为茶马互市的边地。幽州、定州、鄚州（包括雄安地区）是中原与北方游牧民族茶马互市的交通要道。雄安之地，古来贸易繁华，“和、合”二字已在各地区、各民族的交往中得到了升华。

今时的雄安新区并非横空出世，在漫长的历史长河中、纷繁多变的地方行政演变里，早已留下了似曾相识的身影；今日雄县、容城、安新三县合并为雄安，是中国政治融合、经济融合、民族融合之下的产物，是顺应历史发展的结果。

2015 年 2 月，为解决京津“大城市病”问题并推动京津冀协同发展，集中承载地开始选址。新区选址综合考虑区位、交通、土地、水资源和能源保障、环境能力、人口及经济社会发展状况等因素。经过多轮对比，反复论证，2016 年 3 月 24 日确定了区位优势、交通便捷、生态良好、开发度低的雄县、容城、安新三县作为新城的规划选址，并定名“雄安新区”，雄县、安新县各取一字，既尊重历史又寓意宏伟、稳定、安康，既符合中华传统文化又契合国家实现“两个一百年”奋斗目标、实现中华民族伟大复兴的中国梦的内在要求。在新区规划过程中，习近平总书记反复强调：“要坚持生态优先、绿色发展，划定开发边界和生态红线，实现两线合一，着力建设绿色、森林、智慧、水城一体的新区。”

2017 年 4 月 1 日，河北雄安新区正式设立。2018 年，《国务院关于河北雄安新区总体规划（2018—2035年）的批复》指出：打造优美自然生态环境，要践行习近平生态文明思想，坚持尊重自然、顺应自然、保护自然，开展生态保护与环境治理，建设新时代的生态文明典范城市。先植绿、后建城，是雄安新区建设的一个新理念，良好生态环境是雄安新区的重要价值体现，也体现出了人与自然和合共生、和谐发展的美好愿景。

雄安新区的选址、规划、建设过程无一不体现着历史传承与改革创新、人与自然、地理与人文、国际标准与中国特色之间的和合共融。

3. 幼儿园文化追溯

海棠园文化建设充分吸收、借鉴了陈鹤琴、陶行知、张雪门、张宗麟四位教育家的教育思想。

陈鹤琴提出“大自然、大社会都是活教材”，注重让儿童在与自然、社会的直接接触中，亲身获取经验。一方面，海棠园充分利用园内空间种植蔬菜、观赏植物、果树，饲养芦丁鸡、鹦鹉、蝌蚪、乌龟等动物，为幼儿提供在园内感受自然的机会；另一方面，通过野趣绘画、户外阅读暨春游活动等自然野趣拓展活动让幼儿亲近自然、感受自然。

生活教育论是陶行知教育思想的核心，包括生活即教育、社会即学校、教学做合一。海棠园借鉴生活教育论，除在一日生活中注重引导幼儿自理、参与劳动外，重阳节敬老、小学专访等活动带领幼儿感受到了幼儿园之外的社会生活，促进了幼儿社交技能、表达能力等方面的发展；开展混龄自助餐，幼儿在自我服务中培养了按需拿取、互相帮助等良好习惯。

张雪门提出：“课程是经验，是人类的经验，用最经济的手段，按有组织的调制，用各种的方法，以引起孩子的反应和活动。”“幼稚园的课程就是给三足岁到六足岁的孩子能够做而且喜欢做的经验的预备。”中秋节做月饼、扎花灯，腊八节包饺子等课程让幼儿通过亲自操作获得了多样的经验，感受了我国传统民俗活动的魅力，激发了他们强烈的民族自豪感；儿童议事会上幼儿作为幼儿园的小主人与老师们一起为园所建设献计献策，幼儿获得了公开发言、民主决策的经验，树立了主人翁意识和责任感。

张宗麟主张“教师要选择来自儿童生活的课程内容，在编制园本课程时教师需要观察幼儿在园的一日活动，对典型的事件进行记录。同时教师还要多与幼儿家长进行沟通，了解幼儿周围的生活变化”。我园十分注重发掘当地传统文化以及家长资源，结合幼儿兴趣和生活经验创设了带有白洋淀特色的园本课程。此外，还鼓励教师观察幼儿并撰写观察记录、课程故事，捕捉幼儿兴趣和疑问开展生成活动或项目活动，支持幼儿的探索。

借鉴以上教育家的经典教育思想，海棠幼儿园提出了“和悦童年，自然成长”的办园宗旨，倡导循自然之道，启发、引导幼儿，让教育顺应自然，尊重天性，养正于苗，顺性而育。

（三）办学现状

雄安容和海棠幼儿园位于河北雄安新区容东片区容德东路 25 号，建筑面积 8194.22 平方米，在园幼儿 494 人，教职工 89 人。建有 15 个标准化、现代化的幼儿活动室；多功能厅、幼儿图书馆、科学活动室等多功能教室一应俱全；同时配有保健室、隔离室、厨房、教研室、会议室等多种办公场所，为幼儿的生活与学习、教师的工作与成长提供了强有力的保障。

海棠幼儿园地理位置优越，与海棠小学、雄安容和兴贤中学、雄安容和第一高级中学聚集在一起，形成了浓厚教育氛围。海棠园主建筑为围合型建筑，北高南低，三层楼体错落而叠，为孩子的成长提供了更多亲近阳光、亲近自然的机会。

海棠幼儿园积极探索科学课程体系，尊重幼儿身心发展规律，将幼儿的兴趣置于课程中心，秉承“玩出‘明棠’ 个个闪亮”的办园特色，逐渐形成了涵盖五域融合主题活动、棠果实践项目活动、社团走班兴趣活动、自然野趣拓展活动在内的“和乐”课程体系。

二、办园思想体系

（一）价值观体系

“和合”文化提倡求同存异、凝聚共识，具有“和而不同”“兼容并包”之气质，内含统一性和多样性有机结合的辩证逻辑。

“和合”文化在海棠园教育中的内涵为：追求和谐，学会合作，凝聚教育合力，构建和谐园所、和谐家庭、和谐社会的文化，侧重于幼儿、家长、教师间的亲密关系。“和合”文化是协调、统一的文化，注重协调教育过程中的对立因素和矛盾，将其有机统一在一个完整的教育过程中，统筹兼顾，使各种因素发挥最优效能，让师幼浸润在“和合”文化中，成就必备品格和关键能力。

“和合”文化内涵包括追求和谐共进、尊重自然特性、探索自我价值、顺应个性发展四个维度。

1. 追求和谐共进

家园关系、师幼关系、师师关系的质量深刻影响着园所文化建设及心理氛围形成，进而影响幼儿身心发展。海棠园追求和谐共进的文化氛围，努力做到师幼和谐、师师团结，协调家庭、幼儿园、社会力量形成教育合力，促进幼儿身心和谐发展。

（1）幼儿

每名幼儿都是独一无二的个体，通过教师组织的活动，幼儿能够在游戏、生活中逐步理解和遵守基本的社会规则，获得基础的社会交往技能，提高社会适应能力，在集体生活中既葆有个性，又彼此包容、团结友爱、和谐成长。

（2）教师

海棠园以课题为引领，采用多种方式形成网格式教研，提升教师专业能力、促进教师间工作沟通；通过心理团建、春游、教师社团等途径建立团结友爱的教师关系。工作中，教师们朝着共同目标奋发向前；生活中，海棠园为身在异乡的教师们提供关心与支持，培养教师对雄安新区的深厚感情。

（3）幼儿园

海棠园在范德丽名园长工作室的带领下，多次赴杭州、保定、北京、厦门优秀园所参观学习，将优秀的教育经验带回雄安新区进行实践；以园所参观、入园诊断、专家讲座、课题汇报等多种方式促进雄安新区幼儿园之间的交流协作，实现共同发展。

（4）家庭

家庭是幼儿园重要的合作伙伴，海棠园本着尊重、平等、合作的原则，争取家长的理解、支持和主动参与，积极帮助家长提高教育能力，以家园共育促进幼儿全面发展。

一方面，海棠园通过家长会、家委会、家长开放日、早教进社区等活动帮助家长更新教育观念、提供教育方法；另一方面，通过家长助教、家长社团、家长志愿者等方式帮助家长了解幼儿在园的一日生活，感受教师的教育理念和教育方式，促进家庭、幼儿园、社会三方面教育合力的形成，共同为幼儿营造良好成长环境。

2. 尊重自然特性

尊重幼儿自然特性要求教育者理解成长的自然规律，尊重个体差异。促进幼儿更完善地成长，要考虑幼儿的心理和生理特点，用各种适宜的方法满足他们的需要，发展他们的个性。

（1）幼儿

《3—6 岁儿童学习与发展指南》为幼儿园实施科学的保育和教育，促进幼儿身心全面和谐发展，为幼儿后继学习和终身发展奠定良好素质基础提供了科学指导。为帮助教师理解幼儿学习与发展的基本规律和特点，建立合理期望，海棠园注重教师对《指南》的学习，鼓励教师在设计教育活动时关注五大领域的全面发展，对标《指南》中的发展目标，尊重幼儿发展的自然特性。

（2）教师

教育经验和教育智慧的积累要遵循自然规律，我园尊重不同教师的发展特点和个性特征，通过青蓝结对、听评课、班组长例会等方式促进教师经验交流，通过专家讲座、外出参观、课题引领等方式促进教师专业能力提升。此外，我园开设教师社团、教师技能大赛，实行项目打包制，为教师提供充分展现自我的机会，持续推进教师梯队建设。

（3）幼儿园

幼儿园发展是一个循序渐进、量变引起质变的过程。海棠园明晰了“一年做规范，两年出特色，三年创品牌”的目标，带领青年教师从日常规范做起，脚踏实地开展各项活动，不断创新，树立办园特色。

3. 探索自我价值

海棠园致力于让幼儿拥有幸福快乐的童年，为其终身发展奠定基础；让教师在工作中不断完善自身教育思想和教育实践能力。

（1）幼儿

我园根据幼儿年龄特征、个体差异激发幼儿的主观能动性，关注幼儿非理性的、无意识的生物性探索冲动和求知欲望。幼儿乐于主动探索自然、社会，成人要做好支持者帮助幼儿学会主动探索，培养幼儿独立思考的能力，促进幼儿全面发展。

（2）教师

海棠园鼓励教师在教育过程中充分发挥主观能动性，做教育理论的研究者，课程的开发者、设计者、实践者，教学优化的反思者。在成长和发展的过程中主动发现自己的特长，探索并努力实现人生价值。

（3）幼儿园

海棠园努力结合新区发展方向和步伐，不断调整以适应新区趋势，并将自身办园经验传递给其他姊妹园及社会，不断深挖自身价值，为雄安新区学前教育高质量发展做出更多贡献。

4. 顺应个性发展

海棠园积极为幼儿个性发展创造机会和条件，满足幼儿特殊需求，对幼儿的好奇心、关注点等兴趣萌芽给予保护、引导。

（1）幼儿

顺应幼儿个性发展，因人因时因地施教。在教育过程中，我园顺应幼儿发展特性，结合其已有经验和兴趣，支持幼儿从活动中获得更加完整的经验。

海棠园开展了古筝、武术、口才讲解、彩带龙等十余个园级社团供幼儿自由选择，并在六一儿童节、家长开放日等大型活动中为幼儿提供充分的展示机会，幼儿在社团活动中获得更多样的活动经验和交往经验，在多次展示中愈发自信。此外，我园以走班方式开展区域活动，幼儿在区域活动时间可以自主选择伙伴、区域、游戏材料等。尊重每个幼儿的个性特征，打破班级界限以便幼儿参与丰富的活动，探索发现并拓展延伸自己的兴趣点。

（2）教师

发现教师长处，协助教师发挥过人之处。用人之长，容人之短，尊重个性特征，让教师在擅长的专业领域发光发热，将教师的自身价值最大化。海棠园以项目打包制，多层次、网格式教研活动促进教师成长与展示，激励教师自我提升。

（3）幼儿园

每所幼儿园的发展思路与办园理念都各不相同。雄安新区是一座年轻的城市，幼儿家庭情况、个性特征差异较大，海棠园在思想上以“和合”文化为自身价值遵循，倡导兼容并包；在课程上充分利用白洋淀的鱼类、荷花、芦苇等自然资源以及红色故事、非物质文化遗产、遗址遗迹等文化资源创设了“和乐”课程，班级教师在园本课程的指引下结合幼儿兴趣生成班本课程，使幼儿在活动中既充分利用已有经验，又增强对家乡、祖国的热爱。

（二）办园理念及宗旨

1. 办园理念

雄安容和海棠幼儿园始终秉承着“和而不同　和合共融”的办园理念。和而不同出自《论语·子路》，其现实意义是承认差别从而实现“和”。在学前教育领域，指尊重幼儿发展的差异，促进幼儿的个性化成长。“和合”的过程是逐渐浸润、成长的过程。教育的目的是“让每一个孩子身心健康快乐成长”，这需要园所、教师、家庭相配合，利用“和合共融”理念潜移默化地影响幼儿。

2. 办园宗旨

雄安容和海棠幼儿园以“和悦童年　自然成长”为办园宗旨。除融合、和谐外，“和”也寓含着包容个性、倡导特色之意，旨在让幼儿充分展现个性的同时实现身心和谐发展。“悦”本义为高兴愉快。“和悦童年”指幼儿身心和谐发展，拥有快乐幸福的童年，遵循幼儿身心发展规律，顺应社会发展。“自然成长”倡导幼儿回归自然，自由成长。“自然教育”既强调尊重幼儿天性及兴趣，又强调通过大自然丰富幼儿认知经验和审美体验。因此，海棠园提倡“让教育自然发生，让幼儿自然成长”，鼓励幼儿在自然环境中探索成长。

（三）目标体系

1. 办园目标

海棠园以“滋养‘和乐’幼儿，培养‘和雅’教师，引领‘和美’家长，创建‘和合’乐园”为办园目标。

海棠园坚持将游戏贯穿于幼儿一日生活，使幼儿在游戏中提高生活、学习、运动、社会交往能力，培养和谐发展的“和乐”幼儿。

我园努力在“和合”理念指导下塑造一支温和、雅正的教师团队。温和的教师以和风细雨般的方式教育幼儿；高雅的教师应有高远志向、高尚品德、高雅情趣，我园通过教师素质提升系列活动，提升教师专业素养和综合素质，培养内外兼修的“和雅”教师。

家庭教育的品质关乎幼儿未来生存品质。“和美”家长指家庭成员关系和睦、相互支持信任，共同创造和谐幸福的家庭。我园通过棠果父母课堂、讲座等活动更新家长教育观念及教养方式，与家长共享教育经验，促进幼儿健康成长。

我园秉持“和而不同，和合共融”的办园理念，以“和乐”课程滋养“和乐”幼儿，“和雅”教师与“和美”家长通力合作形成教育合力，在“和合文化”的引领下，为师幼成长提供机会，致力于打造一个由“和雅”教师、“和美”家长、“和乐”幼儿组成的“和合”乐园。

2. 育人目标

海棠园将“健康、自信、探索、合作”作为育人目标，满足幼儿全面和谐发展和适应社会的双重需要，把幼儿的健康成长放在首位，让幼儿在拥有健康体魄和健全人格的基础上获得自信、探索、合作的重要品质。健康的身体是幼儿学习和成长的基础。自信心的培养有助于提高幼儿参与活动的积极性，促进幼儿健全个性的发展。学前阶段是幼儿认知能力迅速发展的时期，探索能力对幼儿认知能力发展至关重要，也是幼儿适应未来社会的重要能力之一，是创新创造的源动力。合作能力的发展是幼儿社会性发展的重要组成部分，是幼儿适应社会的一项重要能力。合作行为能够帮助幼儿建立良好的人际关系，提高自我认知和自我管理能力，促进幼儿全面发展。

（四）风尚体系

1. 园风

海棠园的园风为“知行合一　和衷共济”。知为行之始，行为知之成，海棠园在实践中凝练理论，再用理论指导实践，让教师成为认知和行为相统一的教育者。海棠园平均每月开展一次专家讲座或培训活动，引领教师学习先进教育理论及实践策略。教师将所学应用于教育实践，将实践过程中积累的优秀经验和遇到的困难在每周的教研活动及每月的班组长例会上分享给其他老师，老师们集思广益，最终将优秀经验及解决问题的策略应用于各个班级的教育实践中，从而促进教师所做与所学相统一。

“和衷共济”比喻同心协力克服困难。海棠园作为新建园所，发展的过程中会遇到很多挑战，需要教师认识到团结协作、携手向前不仅是精神层面的引领，更是实际生存发展的需要。

2. 教风

海棠园的教风为“厚德雅行　和合共进”。教师应注重自身品德，培养卓越品行以承担立德树人的时代重任。“和雅教师”的目标向教师提出了“雅行”的要求，既要提高自身素养，又要带动周围教师和幼儿一起进步。“和”指和谐，和睦；“合”指合作，融合。“和合共进”强调在友爱、和谐的氛围中，教师之间、幼儿之间、师幼之间共同合作，共同成长。“厚德雅行　和合共进”的教风要求教师厚于德、敏于行，拥有高尚的道德、优雅的行为，在和谐合作的氛围中共同进步。

3. 学风

海棠园的学风为“和中乐　合中学”，旨在使幼儿园与家庭形成家园合力，培养幼儿良好的学习习惯，促进幼儿自主学习能力的提升。同时，学风也是“和合乐学”的拆分表达，体现了园所期望小棠果们能够在“和合”思想的引领下“乐学”。

（五）园训及其他文化

1. 园训

海棠园以“尚祥和　促联合　求和合”为园训，在和谐的氛围中联合各方教育力量，共同促进园所发展。“祥和”是和谐、美好、幸福的代名词，是真善美的表征，海棠园期望营造出祥和的人文环境及和谐的园所氛围。宏观层面指促进家、园、社联合教育，共同致力于幼儿发展；微观层面指通过专家指导、参观名园等活动提升园所保教质量。追求和谐与和睦，在和谐中共同发展、进步。

2. 办园特色

海棠园以“玩出‘明棠’ 个个闪亮”为办园特色。“玩出‘明棠’”谐音“玩出名堂”，“明棠”代表明天的棠果，也代表明亮闪耀的海棠幼儿园。《幼儿园教育指导纲要（试行）》指出：“玩是幼儿的天性，要发现、保护和引导幼儿固有的天性，幼儿园应当以游戏为基本活动。”海棠园通过“玩”来促进幼儿的全面发展。“个个闪亮”指幼儿独一无二，自信闪亮。“玩”是幼儿天性，但“会玩”则是能力。海棠园有目的地引导小棠果们在充满教育性的“和合”乐园里运用多元开放的游戏材料提升游戏能力，实现全面发展。

3. 园徽

园徽内部以暖黄色和白色为主，与海棠园建筑色调相呼应，背景为海棠花的卡通化图案，主体图案为海棠首字母的变形，左侧手牵手向阳而生的小棠果构成了字母 H，右侧为字母 T，寓意海棠教师用心守护小棠果。

图 1　雄安容和海棠幼儿园园徽

4. 园歌

园歌是反映幼儿园精神风貌的重要标志，对内自我激励，鼓舞士气；对外宣传特色，展现风貌。海棠园全体教职工积极参与园歌创作，踊跃提交了原创词作 59 首。经过幼儿、家长、教师的民主投票，最终确定了海棠幼儿园的园歌《闪亮雄安娃》。

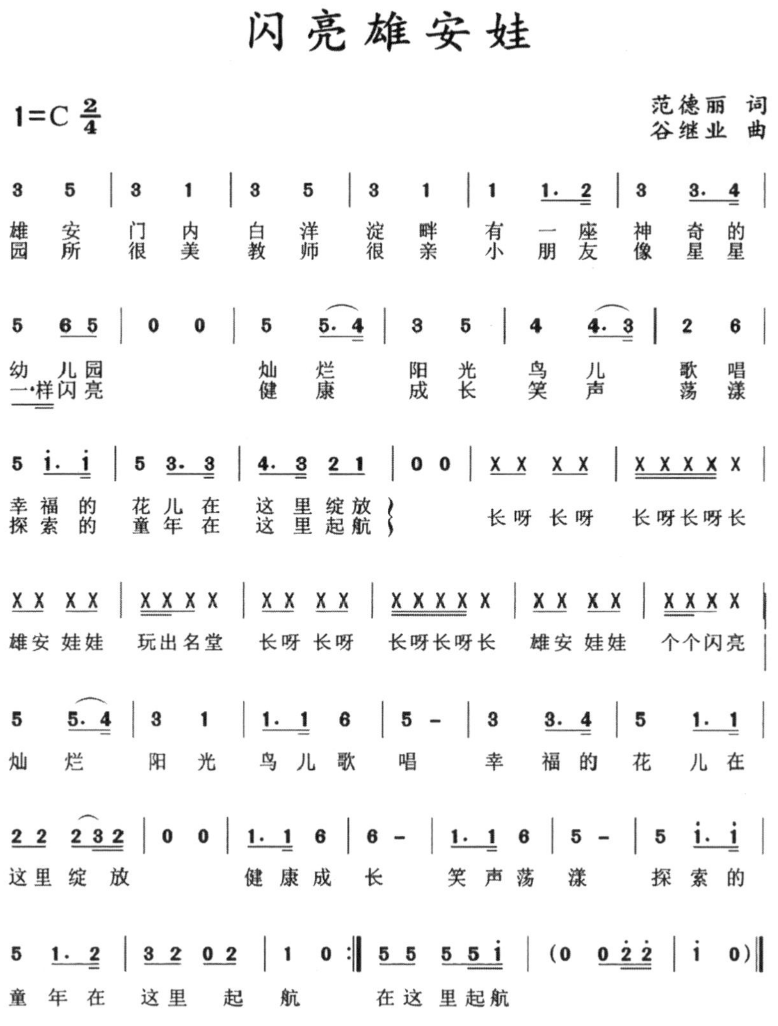

闪亮雄安娃

1=C $\frac{2}{4}$

范德丽 词
谷继业 曲

3 5 | 3 1 | 3 5 | 3 1 | 1 1. 2 | 3 3. 4 |
雄 安 门 内 白 洋 淀 畔 有 一 座 神 奇 的
园 所 很 美 教 师 很 亲 小 朋 友 像 星 星

5 6 5 | 0 0 | 5 5. 4 | 3 5 | 4 4. 3 | 2 6 |
幼 儿园 灿 烂 阳 光 鸟 儿 歌 唱
一样闪亮 健 康 成 长 笑 声 荡 漾

5 i. i | 5 3. 3 | 4. 3 2 1 | 0 0 | X X X X | X X X X X |
幸 福 的 花 儿 在 这 里 绽放
探 索 的 童 年 在 这 里 起航
长呀 长呀 长呀长呀长

X X X X | X X X X | X X X X | X X X X X | X X X X | X X X X |
雄安 娃娃 玩出名堂 长呀 长呀 长呀长呀长 雄安 娃娃 个个闪亮

5 5. 4 | 3 1 | 1. 1 6 | 5 - | 3 3. 4 | 5 1. 1 |
灿 烂 阳 光 鸟 儿 歌 唱 幸 福 的 花 儿 在

2 2 2 3 2 | 0 0 | 1. 1 6 | 6 - | 1. 1 6 | 5 - | 5 i. i |
这 里 绽 放 健 康 成 长 笑 声 荡 漾 探 索 的

5 1. 2 | 3 2 0 2 | 1 0 :‖ 5 5 5 5 i | (0 0 2 2 | i 0)‖
童 年 在 这 里 起 航 在 这 里 起 航

图 2　雄安容和海棠幼儿园园歌

图3　雄安容和海棠幼儿园园旗

5. 园旗

园旗的设计融合雄安新区蓝绿交织、水城共融建设理念，呈现出两个对角分别为蓝绿色块及中间寓意河流的白色带状的设计。中间代表和乐幼儿、和雅教师、和美家长的三个开放圆环与海棠幼儿园的园徽共同形成和合乐园。

6. 吉祥物

吉祥物是园所代言人，我园吉祥物“棠棠”和“果果”设计过程中共收录师生作品482件，推选出15件幼儿作品和10件教师作品进行展示。通过民主投票，选出“棠棠”“果果”的最终形象。

图4　雄安容和海棠幼儿园吉祥物“棠棠”

图5　雄安容和海棠幼儿园吉祥物“果果”

三、办园实践行动

（一）组织管理

海棠园管理体系包括园长、一级岗、年级组长、班组长、教师、后勤行政人员。园长作为领导者，贯彻执行党的教育方针、法律法规，制订全园工作计划，指导、实施、检查并总结全园工作，提高保教质量。

行政一级岗负责协助党团活动的组织与开展、全园档案资料管理、人事管理、信息的接收与传递等工作；保教一级岗负责幼儿园教师队伍专业成长、教育教学计划制订、教育教学及科研工作的培训、指导和检查等工作；后勤一级岗负责幼儿园保育保健、膳食营养、设施设备管理、安全防卫等工作。后勤行政人员、年级组长和班组长、教师负责具体工作任务的实施。

建立例会制度，每周开展一级岗例会以汇报工作情况、解决问题和制订下一阶段的工作计划。后勤行政人员例会每半月一次，促进不同层级之间的沟通协作。班组长例会每月一次，讨论班级教学和管理情况，提出改进措施和分享教学经验。提升教师定位力、目标力、执行力、保障力、创新力，促进管理能力提升与园所发展。

（二）育人环境

海棠园主建筑为淡黄色和奶咖色，整体色调搭配和谐，主楼为围合型建筑，北高南低，三层楼体错落而叠，为幼儿的成长提供了更多亲近阳光的机会，在此基础上我园秉承“和悦童年　自然成长”的办园宗旨打造公共环境、班级环境以及户外环境。

1. 公共环境打造

园所按照“一城六坊三长廊”的规划打造幼儿园环境。

雄安新区的建设需要成长在这片热土上的孩子们。为帮助幼儿树立主人翁意识，感受作为未来新区建设者的使命感与荣誉感，我园利用一楼北侧室内公共区域打造了600平方米真实体验城市建设的公共建构区——未来之城。

“一城”是包含建构、角色体验、科学发现、室内自然景观的综合性场所，涵盖多种搭建材料、仿真城市建设道具、虚拟城市、花园绿地等。幼儿可以通过与伙伴的合作、与机械设备的互动，体验建设新区的乐趣。“蓝绿交织、水城共融”是雄安新区重要的城市建设理念，为了让人与自然和谐共生的理念根植于幼儿心中，我园将室内自然景观与大型建构区相结合，让花园、绿地成为幼儿城市建设游戏的重要因素。建构、社会体验、科学发现、室内自然景观的有机结合为幼儿多方面发展提供了机会与可能。

为满足幼儿的个性化发展需求，我园打造了6个功能坊。园所一层设立美工坊、木工坊、陶艺坊，三坊共处于一个近300平方米的公共空间，相对独立又互相连接，既满足了幼儿常规功能室的要求，又为幼儿创造性游戏提供了可能。

利用二层天井创设编织坊。编织活动在提高幼儿手眼协调性、手部小肌肉的灵活性的同时激发幼儿想象力，培养幼儿的专注力。为了让更多艺术表现形式浸润幼儿的童年生活，二楼多功能厅改建为音舞坊，满足幼儿对于音乐舞蹈的兴趣。为营造浓厚的阅读氛围，提供相对静谧的阅读场所，将阅读区设置在了一层公共区域并投放了近5000册绘本，满足不同幼儿的阅读兴趣。

六坊的“六”是一个虚数，伴随幼儿发展而变化。所有功能室的设立都为幼儿服务，为幼儿提供多种感知与操作的活动形式，满足不同幼儿的需求。

海棠园利用南北长廊，打造长廊文化：一层打造彰显办园特色的文化长廊；二层打造以儿童艺趣为主题的游艺长廊；三层打造重视体验的科技长廊。

2. 班级环境打造

教师将社团活动、公共游戏区与本班区角活动有机结合，打造儿童参与的班级环境；丰富完善区角的材料，创设给幼儿更多支持的，以低结构材料为主的区角环境，促进幼儿创造性发展。例如，中四班结合编织坊创设了以编织为特色的美工区，区域中投放了藤条、芦苇茎、玉米皮、皮筋、粗细不同的各色毛线、棉线、尼龙线、电线、麻绳、纸条等低结构材料供幼儿编织，逐步取代了小班时投放的水瓶、雪糕棒、筷子等材料，引导幼儿的活动由较为简单的缠绕游戏向较为复杂的、真正的编织游戏转化，进一步促进幼儿精细动作及创造性的发展。

3. 户外环境打造

充分利用空间打造能够促进幼儿发展的户外环境。炭烧积木为幼儿户外大型建构提供了充足的材料；宽阔区域留给幼儿自由搭建、设计安吉组合梯；淀边人家为幼儿提供了感受白洋淀传统民俗文化的环境和材料；涂鸦区用色彩呈现了幼儿的精彩童年；资源收集站发动家长为孩子们提供各种低结构材料；小禾种植让幼儿体会到通过劳动获得收获的喜悦；户外楼梯打造为空中花艺廊道。

（三）课程教学

海棠园在尊重幼儿身心发展规律的基础上，将幼儿兴趣置于课程中心，逐渐形成了“和乐”课程：五域融合主题活动满足幼儿共同性、基础性发展需求；棠果实践项目活动以项目式学习为主要形式，从幼儿兴趣点出发，为幼儿提供探究性与拓展性的深度学习契机；社团走班兴趣活动为幼儿个性化发展提供了更多机会；自然野趣拓展活动为幼儿走出园所、亲近自然提供了可能。

1. 五域融合主题活动

海棠园结合幼儿年龄特点，根据季节、本土文化、幼儿兴趣开展五大领域融合的主题活动，每月围绕一个主题进行课程审议，设计适合本园幼儿的主题活动，随后深入开展系列活动。例如中班“荷花的秘密”主题活动包括4个次主题：“探荷”“戏荷”“品荷”“颂荷”，每个次主题下分别设置集体、区域、日常、亲子4类活动穿插进行，每一类活动都涉及五大领域的发展，将五域融合落到实处。并在此基础上不断探索《小脚丫走雄安——“未来之城”·大中小幼思想政治教育一体化课程资源指引》的创新实践。

2. 棠果实践项目活动

为培养能够适应未来趋势，具有批判性思维、创造力以及问题解决能力的幼儿，棠果实践项目活动的开展运用比较、分析、判断、假设等方式，促进幼儿形成可迁移的思维方式；通过小组探究、实地参观、实践假设等学习方式助推幼儿养成积极主动、认真专注、敢于探索、乐于想象、与人合作等良好学习品质。

3. 社团走班兴趣活动

为尊重幼儿个性、因材施教，我园根据各班师幼的兴趣和特长因艺授任，开设了舞蹈、奥尔夫音乐、武术等社团，并在每周四下午打破班级界限，进行年级走班或者全园混龄走班活动，促进幼儿个性发展的同时激发了幼儿学习内驱力。

4. 自然野趣拓展活动

海棠园多次带领幼儿走出幼儿园、走进大自然，建立幼儿户外野趣营，开展了“亲自然 绘祖国”野趣绘画、“书香满园 和合润心”户外阅读暨春游等活动，让幼儿在大自然中锻炼、成长、实践，帮助幼儿放松心灵、锻炼体魄、提升专注力。

（四）师资队伍

雄安容和海棠幼儿园拥有80余位优秀教师，他们具有良好的专业素质与能力。在此基础上，海棠园积极开展教师培训活动，促进教师专业成长，培养具有温和、博学、高雅特质的和雅教师。

专业成长方面，海棠幼儿园以课题引领、教研跟进为抓手，促进教师的专业提升。课题引领使全体教师积极投入到研究中，运用行动研究法持续推进教师的学习与实践。通过学术研讨类项目组提高教师反思实践能力。以每周教研为契机，教师深入反思一周教育活动。通过“青蓝工程”，新老教师互相学习、共同进步，促进教师的专业能力提升。我园积极开展外出游园、表彰大会、教师社团等教师素质提升系列活动，拓展教师综合素质，使海棠园教师成为内外兼修、德才兼备的“和雅”教师。

（五）家园共育

引领和美家长是我园办园目标之一，我园以“德育为先、活动带入、浸润引领、合作共赢”为家园社共育实施路径，创办“夸夸我的好家长”“棠果父母课堂”等板块，通过家长会、家委会、家长助教、家长义工、家长调查问卷等形式引领家长，并积极利用社区资源，利用社会场域开展早教进社区、社区彩绘纸鸢等活动，达到家园社共育影响家长、带动社会的效果。

四、办园成效与发展

（一）办园成效

自开园以来，雄安容和海棠幼儿园扎实开展工作，不仅高质量通过了雄安新区一类园验收、成立了雄安新区首届名园长工作室——雄安新区范德丽名园长工作室，还被授牌为“教育部幼儿园园长培训中心学员实践教学基地”“雄安新区教育系统先进集体”“雄安阿里学前教育手拉手实践基地”“河北大学实习实践基地”等。园长范德丽多次外出交流，为河北省中小学骨干校长培养对象进行幼儿园文化建设相关专题讲座，在京津冀新时代校长论坛上作为学前教育代表做主题发言，作为河北省教育家型校长前往西藏阿里开展教育帮扶活动，受到中国教育报等官方媒体关注。

迄今为止，海棠园接待中国宋庆龄青少年科技文化交流中心、重庆考察团、河北师范大学专家团队、河北大学学前教育系学生、北京蓝天幼儿园、广东珠海华发容闳幼儿园、范德丽名园长工作室人员近2000人次。“和合”庙会，雄安新区“托幼一体化试点园”“社区托育服务中心”揭牌仪式等活动被新华网、中国雄安官网、新浪网等媒体报道，不断向外界传递雄安学前教育的声音。

（二）发展思路

1. 自然和合，筑梦海棠

“自然和合”，倡导自然教育，促进幼儿自然、自由、自主成长；强调幼儿主体性，充分尊重幼儿自主游戏。一方面引导幼儿在园所自然环境中自主探索、亲身体验，如在班级自然角感受种植的乐趣；在户外种植区进行种植活动，体验收获的乐趣。另一方面，利用家长、社区资源，做“走出去”的自然教育，观察园所外的自然生态，体验社区环境。再一方面，利用新区自然资源，通过远足活动、亲子活动激发幼儿对自然的感悟力，培养热爱之情，打造海棠特色，培养雄安气质。

“筑梦海棠”，凸显“玩出‘明棠’ 个个闪亮”。强调幼儿直接感知、亲身体验、实际操作，运用项目化思维深化幼儿游戏内容，发展幼儿的观察能力、探究能力，解决问题的能力。同时，更新教师教育观，遵循“幼儿在前，教师在后；观察在前，支持在后”的原则，最大限度地给予幼儿自主发展空间，实现大游戏观下的自主游戏，不断擦亮“玩出‘明棠’ 个个闪亮”的海棠名片。

2. 深化特色，融合创新

（1）高校引领，深化雄安特色

为打造高质量的学前教育，我园积极与高校对接，如华东师范大学、首都师范大学、浙江大学、东北师范大学、河北师范大学、河北大学等，尝试以高校引领的教科研促进融合创新，形成具有雄安特色的教科研模式。

（2）链接全国名园长工作室，创新开拓

名园长工作室活动的开展能有效提高园长的管理水平，以便更好地承担园所管理工作。我园工作室通过与不同工作室之间的联合互动，建立了优质的教育资源共享和沟通平台，促进更多幼儿园之间的交流互动，拓宽了我园工作思路，切实提高新区学前教育质量。

3. 专业引领，和合共生

（1）名园长工作室辐射带动

我园细致规划名园长工作室的工作思路与活动内容，注重岗位实践引领，加强教育研究，在各种活动中发挥工作室带动作用，协助三县幼儿园成长，努力培养综合素养良好、专业理论扎实、管理水平出色的优秀园长，促进新区学前教育均衡发展。

（2）新区引领共生共长

作为雄安新区首批成立的名园长工作室，我园将积极发挥示范、引领作用，结合新区学前教育的发展需求，通过管理培训、教育资源共享、专家咨询、专业论坛、园长沙龙等活动，带动新区学前教育的共生共长。

爱润童心　向美而行

——高阳宏润幼儿园“润”教育办园思想与实践

河北省保定市高阳县宏润幼教集团　王丽娟　孙　腾　韩博阳

高阳县宏润幼儿园于2010年8月开始筹建，2012年7月招生，同年9月正式开园，由国家、省、县各级共同投资、多方共建的一所公办全日制幼儿园、省级示范园。园所占地面积约12亩，建筑面积5800多平方米，建有功能室6个，教学班17个，在园幼儿620余名。

幼儿园办园思想建设是提升教育内涵、促进园所可持续发展的重要途径，是园所独特的价值追求和精神气质，更是一个不断反思、提升的整体工程。宏润幼儿园在过去的十几年发展中，不断总结实践，结合园所自身发展和对教育的理解，以幼儿全面发展和教师专业发展为中心，对办园思想进行再思考，凝练出以“润”教育为魂构建的办学理念。

一、“润”教育的初萌及发展进程

在园所教育思想发展的过程中，历史、地域、师资、幼儿、设施等各个因素都为其提供了土壤。在互相依托、互相深化中，办园理念与园所发展同向同趋，互适渐调，“润”教育芽萌青葱，经历了3个发展阶段。

（一）“润”教育的萌芽（2010—2017 年）

2010 年，高阳宏润幼儿园开始筹建，建园团队是当初的蓝波幼儿园建园团队。在蓝波幼儿园的建设和发展中，这支队伍已赢得社会各界的信赖，有着丰富的办园经验。2012 年 3 月，宏润幼儿园开工建设，同年 7 月 1 日招生，实现当年开工、当年招生。丰富的经验、高效的工作润生了团队“幼儿为中心”的情感共鸣；招生之日家长急涌旋至，带着自己的宝贝踏着泥泞到宏润幼儿园工地报名，一天招满 18 个班，720 余名幼儿。厚重的信任、艰苦的环境润生了团队“平安为上”的办园首思。于是，园所领导提倡：“平安”是幼儿园对幼儿的第一保障，要确保幼儿在园内的每一刻都免受伤害；“健康”是五大领域之首，要实现全员全面全时刻关注；“快乐”是幼儿学习动力之源，要创造轻松、愉快的学习环境，教学相长，学娱自融。同时，内省师资水平与家长期待，园所确定了“四成长”的办园理念，和“锻造‘三支队伍’、实现‘四个高目标’”的办园思路。

宏润园的园所理念是：“平安成长、健康成长、快乐成长、我们伴孩子一起成长。”办园思路是：“锻造‘五风’型班子队伍、‘五力’型教师队伍、‘五讲’型后勤队伍，实现管理工作高水平、思想素养高水平、业务素质高水平、后勤服务高水平。”“五风”即团结之风、正气之风、合作之风、奉献之风、创新之风；“五力”即活力、凝聚力、合作力、学习力、创新力；“五讲”即讲关爱、讲合作、讲奉献、讲敬业、讲服务。

建园初期的理念，经由外界信任激润、内部自励分润而来，虽未明确提及“润”教育这一名称，却体现了“润”教育的价值追求。在后期三支队伍建设中，良好的组织氛围和工作环境潜润殷殷风气，良好的园所风气和内成风貌则浸润思想与行致。心与言、言与行相合相符，幼儿“健康”“快乐”成长顺势成径，“伴幼儿一起成长”更在日常生活的点滴中扎实践行、潜移默化，成为后期“润”教育的发展基础。

（二）“润”教育的发展（2017—2021年）

2017年，宏幼团队加入保定市“春炬园长工作室”。在工作室的带动下，我们深刻认识到：凝练办园思想能够为园所发展提供明确的方向和目标。我们结合园所历史、课程及政策方针，重新梳理出“爱·润·美”的办园理念。确定通过“四路径”（即在生活中学习、在游戏中成长、在运动中锻炼、在阅读中增智）来实现“培养自理自立、自主自律、强健智慧的大美中国娃”的目标。在“爱·润·美”办园思想的指引下，园所环境、教师、幼儿都在不断发展，生活化教育、食育教育、蒙氏教育更是成为园所名片。

这一时期，“爱·润·美”的园所理念以幼儿发展为本。“爱”是初心与出发点，以“爱即是教育”的思想高点，指导和落实以儿童视角尊重、观察、理解、陪伴幼儿的教育方式；“润”是浸润与成长路，以“润物无声”的教育立点，用心聆听幼儿的心声，珍惜和用好日常生活点滴中教育机会；“美”是目标与心之愿，以“各美其美”的容情落点，关注和理解个体差异，尊重幼儿人格和发展规律，鼓励和引导幼儿欣赏、包容、理解他人，健康、快乐、成长自己，各美其美，美美与共。“爱·润·美”的追求在这个时期为园所发展起到指引作用，同时更为后期文化聚焦、提出“润”教育做好了铺垫。

（三）“润”教育的确定（2021年至今）

2021年，宏幼团队加入“河北省张春炬名园长工作室”，与更高平台的共进促进了学前教育理念的共思共研。我们深刻感受到：要想进一步提升办园品质，需精准把握办园思想，建立鲜明的文化个性。“办什么样的幼儿园”“培养什么样的人”“怎样培养人”既是常问之题，更应回以系统化答案。基于这种思考，我们对园所历史、团队初心和政策方向进行了重新梳理，“润”教育思想随之从三个层面汇聚而生。

首先，释放园名含义寄托。宏润幼儿园是在政府和社会各界共同关注下建立起来的，名字取自宏润公司。“宏润”意在胸怀广大，兴业为民，润泽一方。幼儿园取其“润”则是寄托了以文化塑文化、以文化化人文的期待。一方面，表达了园所师生胸怀天下，关注家国，为社会繁荣进步贡献力量的美好情怀与决心；另一方面，传递了园所浸润式教育春风化雨，悄然持久，为幼儿茁壮成长持壶甘霖的坚定力量与信心。

其次，继承团队办园初心。团队成立之初就秉持着尊重幼儿发展规律的原则，努力给幼儿提供有利的成长环境与支持，帮助每一个幼儿绽放璀璨的生命之光。在前两段的办园思想发展进程中，给予幼儿温暖的陪伴、安静的欣赏，沁润温养的思想理念逐渐显现。至此，园所更是深刻体会到要时刻牢记为党育人、为国育才的初心使命，在尊重教育规律和幼儿发展规律的基础上，以“浸润式”教育为方式方法，塑造美好的人格品质和提升人文素养。

再次，顺应教育发展要求。习近平总书记曾提出：教育的一切行为，其落脚点都在“培根铸魂，启智润心”这八字育人观上。我园希望通过榜样、氛围、环境、活动、课程等，让园所每名幼儿通达思想、深化信念、启迪心智、提高能力，在“若水”的教育中润而化之、得之，育才、成才。

二、“润”教育的内涵及理论基础

（一）“润”教育的内涵

1.“润”的内涵

“润”字在《说文解字》中被解释为“水曰润下”，意指雨水下流，滋润万物。水善利万物而不争，这与“润”教育思想中强调的滋养、润泽、启迪等理念相呼应。

“润”五行属水。水之润成其德，其润有力，有情，有态，有效。为师者，师之德，在为水之润矣。师之润，首在孜孜，在静和，在不舍，在无求。为父母者，家之润，首在环境，在言行，在传承，在重微。

“润”力行能远。“随风潜入夜，润物细无声。”教育应如春雨润物，于不知不觉中营造自然和谐的气氛，潜移默化地润化幼儿，以自然和谐的方式，言传身教，让幼儿于不知不觉中在品行、胸怀、气质等方面多维度发展，为生命成长奠基。

“润”寓理久成。孔子在《孔子家语·七十二弟子解》指出：少成若天性，习惯如自然。意思是说，养成的良好习惯就像天生的一样。习惯不是说出来的，不是一蹴而就的，是润养出来的。我们希望用“润”的方式，如水般润物无声、潜移默化，在幼儿一日活动的各个环节润泽童心。

对“润”字字源的追溯展示了这一教育思想的底蕴和传承，有助于增强大家对“润”教育思想的认同感和归属感，便于更广泛地推行和实践。

2.“润”教育的内涵

结合园所多年实践，我们对“润”教育所蕴含的特质进行了细致梳理，我们理解的“润”教育注重无痕浸透，追求长期效应，启迪深刻思考，倡导容错精神。我们希望以“润”的方式，润养园所每个人的“品性”，发展每个人的“能力”，关注每个人的“需求”。

“润”教育注重无痕浸透，其教育方式如春雨般悄然滋润，将教育内容自然融入幼儿的日常生活中。其教育过程注重情感交流和内生力量，尊重幼儿的天性和个性差异，注重培养幼儿的生命力和创造力。其教育环境轻松、愉快，使幼儿在不知不觉中受到熏陶。

“润”教育强调长期效应。不仅关注幼儿当前的成长状态，更致力于他们的长远发展；不只以结果为取向，更重视教育过程中幼儿的体验和成长；不追求短期的教育效果，更在意从细节和长期润养中感受教育的力量，为未来发展提供源源不断的动力。

“润”教育追求蒙正启思。不仅停留在表面知识的传授，更致力于引导幼儿深入思考和领悟，为幼儿提供丰富多样的学习和实践机会，鼓励幼儿主动探索、自主学习、独立思考。

“润”教育倡导容错历新。教育要解放儿童，鼓励幼儿在尝试与探索中不断成长，在教育过程中，以宽容和耐心的态度对待幼儿的错误与不足，给予他们充分的支持与引导，帮助他们从失败中汲取经验，不断进步。

（二）“润”教育的理论基础

1. “活教育”理论

陈鹤琴提出的“活教育”思想强调儿童的主体地位，主张教育应当与儿童的生活、社会实际紧密相连，教材和方法都应当是活的，此外，“活教育”还提倡以爱和德来感化儿童。“润”教育理念也强调在真实、生动的环境中进行教学，注重幼儿的实践体验和情感投入，让幼儿在自然的浸润中获取知识、提升能力。

2. 生活教育思想

陶行知提出生活教育理论：生活即教育，社会即学校，教学做合一。生活教育主张学习内容、学习过程、学习结果均来源于幼儿生活，并最终回归幼儿生活。“润”教育正是基于这一理念，提倡为幼儿创造温馨的环境，将教育融入幼儿的日常生活中，在真实的生活中体验、学习、成长。

3. 建构主义教育理论

皮亚杰认为，任何一个年龄阶段的儿童在与外部环境相互作用时，都有一套属于自己的独特的表征和解释世界的方法和原则。教育的真正目的不是增加儿童的知识点，而是设置充满智慧刺激的环境，让儿童自行探索，主动学到知识。“润”教育的最大意义在于转变机械式的教育教学方法，真正让幼儿置身于环境中，通过高质量的师幼互动，运用潜移默化的方式，促进全面发展。

4. “最近发展区”理论

维果斯基的“最近发展区”理论强调教育应基于当前能力与潜在能力之间的差距。“润”教育强调能够根据幼儿的实际水平和兴趣进行有针对性的学习，通过有效的师幼互动促进幼儿个性化发展，两者都反对“一刀切”的教育模式。

5. 体验式学习理论

由大卫·科尔布提出的体验式学习理论强调学习是一个循环过程，包括具体体验、反思观察、抽象概念化和积极实验 4 个阶段。“润”教育则力倡幼儿参与实际活动，提供真实的体验，并鼓励他们在体验后进行反思总结，形成概念，完成学习循环。

三、“润”教育的搭建及理念构成

在不断探索与践行中，我园不断建构并完善“润”教育体系，用以指导园所内涵式发展。明确提出了“爱·润·美”的办园理念，以此为基石，矢志不渝地打造爱与美的乐园、智与趣的创意园、温与润的祥和园。

（一）办园理念——爱·润·美

爱是基本基础。没有爱就没有教育。园所强调“大爱”的生命观：关注所有生命的价值，努力去成全生命各不相同的发展目标。教师应用博爱的胸怀对待幼儿及身边的同事，用发展的眼光看待幼儿，用尊重的姿态对待幼儿，用关爱的情怀影响幼儿。

润是方式方法。教育如同流水一般随物就行、润物无声。通过潜移默化的方式，如润美的环境、丰润的课程、良好的师幼互动等，滋养幼儿的心灵，促进其全面发展。“润”的过程，注重个人修养和品德的培养，注重人与自然、人与人之间和谐关系的打造，使幼儿形成积极向上的人生态度和价值观。

美是发展目标。费孝通先生提出，我们生活在一个“和而不同”的世界上，要树立“美美与共”的文化心态，以人为本，各美其美。

我们希望在“润”教育的影响下，帮助每个人找到自我价值：立德树人，育心灵之美；自立自强，育健康之美；多才多艺，育情趣之美；人格健全，育和谐之美。

（二）办园宗旨——润身、润心、润知、润行

强身健体，是人生的基础。润其身，是通过园所的体能活动、游戏化课程、食育教育等，帮助幼儿强化身体素质，为其全面发展奠定坚实基础。

润养品德，是教育的灵魂。润其心，是通过生活活动、礼仪教育、传统文化等，培养其良好的心理素质和品行，为其成长奠定素质基础。

启迪智慧，是教育的核心。润其知，是通过提供丰富的材料，引导幼儿深度学习促进学习品质发展，培养其创新意识和实践能力。

陶冶情操，是教育的延伸。润其行，是通过真实的生活活动和劳动教育来培养幼儿劳动技能和社会责任感。在“润”教育理念下滋养每个人，使身心健康成为生命底色，自信自主成为人生态度，知行合一成为思维方式，良好习惯成就美好人生。

（三）办园目标：爱与美的童乐园、智与趣的创意园、温与润的祥和园

“爱与美的童乐园”：只有在充满爱的环境中，幼儿才能健康成长。而美，不仅仅是视觉上的享受，更是心灵的滋养。我们希望创办的幼儿园是幼儿的乐园，通过提供丰富的游戏和活动，让幼儿所接所触所感皆是美、皆有爱，在玩耍中快乐成长。

“智与趣的创意园”：注重培养幼儿学习兴趣和学习习惯。园所布设善用巧思与智趣，激发每个幼儿的好奇心和求知欲，于探索中学习，于学习中培养热情和创造力。

“温与润的祥和园”：园所致力打造温馨、和谐的环境氛围，教师、家长、幼儿守望相助，组成一个温馨、和谐的家园。

（四）育人目标：培养自理自立、自主自律、懂合作爱探究的润美中国娃

自理自立指幼儿应建立独立思考和解决问题的能力。入园伊始，教师通过示范、引导等方式，给予幼儿多种机会体验自理的乐趣，在能力提升中找到自信。

自主自律指幼儿应该具备自我主张和自我约束的能力。在教育过程中，支持幼儿自主选择、计划活动，鼓励他们通过多方面的努力解决问题，建立自我管理意识，培养自律精神。

懂合作爱探究指幼儿应保有探究求知和团结合作的能力。引导幼儿参加各种集体活动，体验与教师、同伴等共同生活的乐趣。以问题为导向开展深度学习，激发他们的探究欲望，培养创新思维和实践能力。

润美中国娃。2017 年中共中央办公厅、国务院办公厅印发的《关于实施中华优秀传统文化传承发展工程的意见》明确提出："要把中华优秀传统文化全方位融入思想道德教育、文化知识教育、艺术体育教育、社会实践教育各环节，贯穿于启蒙教育、基础教育、职业教育、高等教育、继续教育各领域。"学前教育是人生"启蒙教育"，我园坚持用优秀传统文化润其心灵，培养具有文化自信、民族精神的建设者和接班人。

（五）教师发展目标——德高、厚学、仁爱、合美、有家国情怀

"德高"指园所教师应具备高尚的职业道德和人格魅力，这包括热爱学前教育事业，具有职业理想，践行社会主义核心价值体系，履行教师职业道德规范。

"厚学"指园所教师应具备扎实的专业技能和良好的专业素养。始终保持对新知识、新技能的学习热情，在工作中不断提升自己的专业素养和教育教学能力。

“仁爱”指园所教师应具备对幼儿深切关爱和无私奉献的精神，关注每个幼儿的成长和发展需求，尊重幼儿的个性和差异，给予他们足够的关爱和支持。

“合美”指园所教师应具备团队协作和沟通交流能力。他们能够通过合作与分享，形成教育合力，共同为儿童营造一个和谐、美好的教育环境。

“具有家国情怀”是指将个人的发展与国家、民族的命运紧密相连。同时，还应关注幼儿的家国情怀培养，引导幼儿树立正确的国家观念和民族自豪感。

（六）园训——润以达美、美美与共

“润以达美”指通过润泽滋养，促进美好境界的达成。园所每个人懂得通过润己、润物、润他人，成全生命之美。

“美美与共”指体现多样性、包容性的教育理念。园所尊重每个人的个体差异，鼓励他们发挥各自的特长，在其擅长的领域找到自我价值，实现“各美其美”。大家相互尊重、相互欣赏、共同进步，实现“美美与共”。

（七）园风——温润质朴、相互成全

“温润质朴”在这里不仅仅是一种风格，更是一种态度。我们追求真实、自然、内敛，注重幼儿的长期发展和成长，致力于为他们提供最纯粹的教育体验。“温润质朴”也是对大家性格和品质的期望，在“润”教育的影响下每一个人都温和善良，友善宽容。

“相互成全”是我园的灵魂。我们鼓励幼儿合作、互助，鼓励教师和儿童之间的教学相长，鼓励教师和家长之间的相互沟通，鼓励教师间的团结协作，整个园所形成和谐、向上的氛围。

（八）教风——丰润而泽、知行合一

“丰润而泽”强调教师的态度和方式。在“润”教育影响下，老师尊重幼儿的个性和差异，关注幼儿的情感和心理健康。同时，更要博学有教，注重引导和启发幼儿，关注幼儿学习品质和性格的双重发展。

“知行合一”是对陈鹤琴先生“做中教、做中学，做中求进步”最凝练的表述，也关注理论与实践的紧密结合。我们期望我园的老师都能在工作中将自己的知识经验与具体实践紧密结合，在自身进步的同时促进每个幼儿的向上生长。

（九）学风——乐学好问、自主合作

“乐学好问”指通过营造积极向上的学习氛围，提供多元的学习资源，打造启发性的学习环境，激发幼儿对知识的渴望和对世界的好奇。在这里，幼儿敢于提问、勇于探索；老师们耐心解答，循循善诱。幼儿在乐学中成长，在好问中进步。

“自主合作”指给予幼儿自主的空间和时间，鼓励其合作分享。在这里，幼儿学会独立思考，自主选择感兴趣的学习内容，以主人的姿态参与到活动中，学会与同伴合作，懂得了倾听、理解、尊重和包容。

四、“润”教育的实践

（一）环境浸润　涵养童心

1. 创润美环境，营造育人氛围

陈鹤琴指出“怎样的环境刺激，得到怎样的印象”，苏霍姆林斯基则说“我们的教育应当使每一堵墙都说话”。直观的环境文化不仅可以起到美化环境的作用，又能以物质文化形态影响每一个人。

一是以“润身”为起点“建”园所自然环境。我园场地虽不算大，但还是腾出一块地给幼儿打造“稼穑园”，供幼儿参与种植，探索自然，在与土地、阳光、树木、花草的接触中滋润身心。

二是以“润心”为重点“塑”传统文化环境。环境即教育，为更好地实现用中华优秀传统文化浸润幼儿心灵，我们在环境创设中努力做到“一层一品”。一楼是食育文化，二楼是节气文化，三楼是戏曲和扎染，运用不同的环境资源，实现“润物细无声”。

三是以“润知”为原点“筑”生活环境。把幼儿生活的环境逐步变成能与之互动的环境，引导他们在与环境的互动中解决发现的问题。

四是以“润行”为支点“创”多元环境。我园创设“五育融合”的八大户外区域（攀爬区、沙水区、种植区、骑行区、炭烧积木区、树屋区、安吉游戏区、涂鸦区）和六大工作坊（绘本馆、科学室、美劳吧、七彩坊、陶艺坊、茶艺厅）。创设开放的空间，提供多元活动场所，调整适合“幼儿节奏”的弹性时间，以满足幼儿个体的游戏、生活、学习活动。

2. 建可视化标识，传承办园理念

文化标识不仅能够展现幼儿园的独特思想，在日常生活中潜移默化地影响着教师和幼儿的思想和行为，更将园所的办园思想直观、生动地展示出来。为充分发挥文化标识的作用，我园确定了园标和楼体的视觉识别。

园标中间的白色小团团，给人温暖、柔软的感觉；上面黄色大团团眼睑下垂，满怀慈爱地看着小团团。两张笑脸交叠在一起，营造出温馨、积极的感觉。白色小团团代表幼儿，大团团则象征教师、家长，幼儿在大家的呵护下，沐浴在信任与宁静的氛围中，迈向美好的未来。如果说小团团象征园所，那大团团就象征着社会各界，代表着园所在社会各界的关爱下不断发展。

图 1　园标

园标底部是我园的基础色，形状如水流动，滋润着大地，孕育着生命，就如同园所的文化滋润着每一个人，引领他们茁壮成长，整体看像海上的日出，正如梁启超在《少年中国说》中所言："红日初升，其道大光。"整个画面显示出巨大的潜力和强大生命力，如同《诗经·小雅·天保》中"如月之恒，如日之升"所表达的意境。再看，它又像幼儿在妈妈温暖的怀抱中幸福成长。

视觉识别指楼体一到三层的颜色，分别确定为黄色、绿色、蓝色。黄色代表沃土，即指十年树木、百年树人的老师；绿色代表幼儿，即指郁郁葱葱的小树苗；蓝色代表水，即指支持教育、关注教育的各级各界。同时，黄色寓意快乐，象征幼儿快乐成长；绿色寓意健康，象征着幼儿健康成长；蓝色寓意平安，象征着在各界的关怀下，幼儿平安成长。

（二）管理温润　聚力前行

幼儿园教职工队伍以女性为主，管理要讲求艺术，既要注重管理的科学化，又要注重完善制度、内化制度。

1. 情感管理——巧用"看不见的手"凝聚合力

一是深推柔性管理理念。将柔性管理引入到管理实践当中，创造温馨、和谐、积极向上的团队氛围。如定期举行团队建设活动、分享会等，增强教职工之间的凝聚力和归属感。

二是畅通双向沟通渠道。鼓励教职工表达自己的意见和建议，通过定期召开座谈会、开展问卷调查等方式，收集教职工的反馈，从而制定出更加符合园情的管理措施。及时了解教职工的工作需求和生活困难，对教职工的心理状态及个性特征进行适当关注，增强彼此的理解与信任。

三是善用心理咨询资源。结合园所拥有多位心理咨询师的优势，为教职工提供专业培训，如情绪管理、沟通技巧、心理危机干预等，提升教职工的心理素养和专业技能。设立"清如许心理咨询室"，为教职工提供心理咨询和辅导服务。

2. 制度管理——实用“摆得直的尺”规范管理

为努力做到立事有章、大事有会、行事有序、凡事有果，减少管理内耗，我园形成了制度化、流程化、网格化管理。

3. 自我管理——善用“温如玉的心”培植情怀

宏润幼儿园成立以来，致力于打造质朴、真切、相互成全的氛围。我们树立了“三服务”的管理思想：服务教师，为教师构建高品质的职业生活；服务幼儿，为幼儿创造高品质的教育体验；服务家长，为家长提供高品质的教育服务。倡导“五心”教育，用爱心来熏陶，用细心来照顾，用耐心来教育，用童心来理解，用真心来对待。在共同价值观的引导下，我们逐渐形成了对文化的深刻理解和自我认知，能够主动地去思考、判断并做出符合我们价值观的选择和决策。

（三）课程丰润　全面育人

1. 课程背景

园所不断发展，我园的生活化课程、食育课程名片也越来越响亮。为了更好地实现育人目标，立足本土特色的扎染活动不断丰富，从师生共学到家园共研，更是吸引来家长队伍中的草木染非遗传承人。在经验、资源、人才、数据俱备的情况下，我园的课程架构体系再一次得到梳理、丰富与完善。

2. 课程理念

我园希望培养面向未来，具有中国文化根基的现代儿童。为此，我们践行“立足于中国国情，扎根于传统文化，生长于天地之间，结果于身心健康”的理念，为幼儿创设丰富多彩的人文环境、自然环境、生活环境，提供充足的游戏材料，帮助幼儿通过直接感知、亲身体验、实际操作等方式，不断地探索问题、解决问题，用课程教育引导幼儿，顺承我园的教育理念学习、成长。

3. 课程原则——整合性、开放性、生活性、人文性

“整合性”着眼于五育并举、五育融合，强调整体协调、相互渗透。

“开放性”既基于预设课程、宣本可照，又留余生成课程的空间，激促老师灵活多彩的设计课程，尊重和匹配幼儿个性化发展需要。

“生活性”得题于身边事物、人群活动，从主题的选择到内容的规划，都融合生活常识常智，用课程锻炼幼儿的生活经验。

“人文性”持恒于本土与多元文化的学习，既关注幼儿身心健康，又注重天赋特性的发现与培养，力求多元并举，促进全面发展。

4. 课程内容——“3＋N”模式内容

“3”是生活化课程、节日课程、传统文化课程；“N”是留白，留给教师、幼儿、家长基于自身兴趣和资源开展的课程。每项内容虽平行分布，却在运行中相互交融。

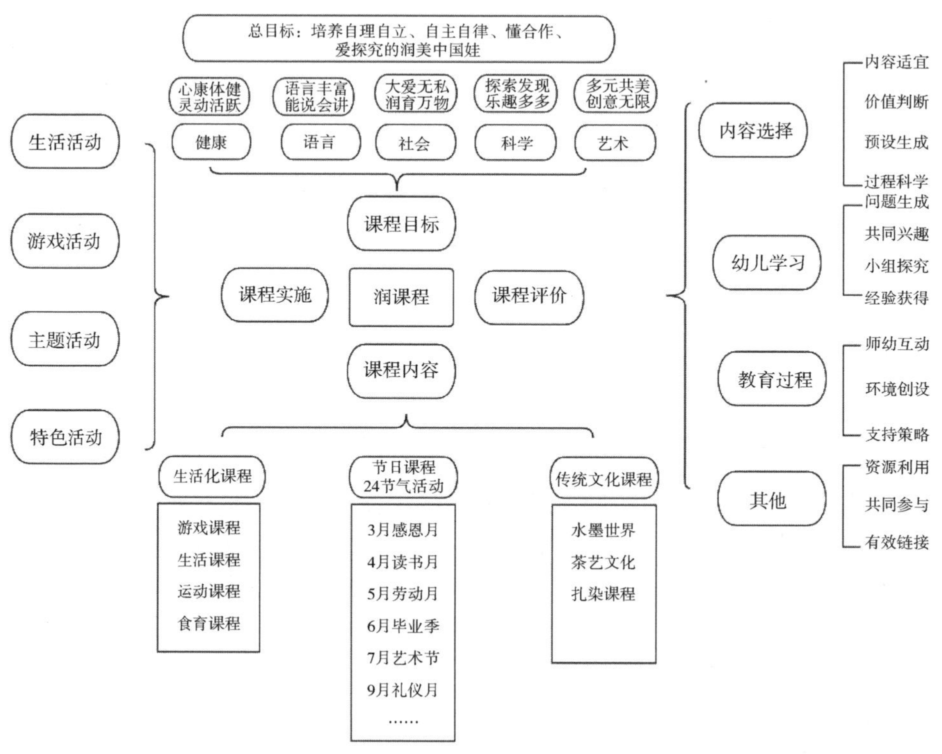

图2 课程架构图

（四）教师慧润　专业引领

百年大计，教育为本；教育大计，教师为本。一直以来，我园高度重视教师综合素质的整体提升，为培养德高、厚学、仁爱、合美、有家国情怀的好老师，制订包含“一个基本点、两个方面、三个步骤”的详细计划，着力提高保教服务质量。

“一个基本点”即师德师风建设。这是整个培养计划的基本点，强调教师在职业道德、个人品德及行为规范上的重要性。通过师德教育、榜样示范、自我反思等方式，不断提升教师的师德修养，树立高尚的职业道德观念。

“两个方面”即专业素养提升和实践应用能力提升。专业素养提升包括理论知识学习和专业技能培训。实践应用能力提升包括教育教学实践和家园共育合作能力提升。为提升教育教学实践能力，通过跟岗实习、观摩示范课、参与教研活动等方式，提升教师在实际教育教学中的操作能力和问题解决能力。为提升教师促进家园共育能力，依托园所 28 位心理咨询师和家庭教育讲师的资源，开展家庭教育系列讲座，提升教师与家长的沟通和合作能力。鼓励教师关注社会教育资源，拓宽教育视野。

“三个步骤”即入门与基础培养、深化与提升、引领与示范。第一步，入门与基础。对新入职教师进行上岗前培训，包括师德教育、规章制度学习、基础理论知识传授等。通过师徒结对、同伴互助等方式，帮助新教师快速适应工作环境，掌握基本的教育教学技能。第二步，深化与提升。加强专业课程的深入学习，提升教师的专业素养和理论水平。组织教师参与各类教学竞赛、教研活动、课题研究等，提升教师的实践应用能力和科研能力。鼓励教师外出参加培训、学术交流等活动，拓宽教育视野。第三步，引领与示范。培养教师形成自己的教育风格和特色，成为幼儿园教育教学工作的骨干力量。发挥骨干教师的辐射带动作用，通过结对助教、公开课展示等方式，帮助其他教师成长。

（五）家园和润 共育成长

依托我园多位心理咨询师和家庭教育导师的优势，开展家庭教育系列讲座。将科学的教育方法宣传到千家万户，把家长队伍纳入学校管理体系中，制定切实可行的家长活动体系和评价体系，增进家园黏合度。如举办卫生保健、科学育儿等免费咨询与讲座等，帮助家长树立科学的育儿观；邀请民间社会团队到园讲授与展演，扩大教育资源，丰富园所活动。

五、“润”教育发展成效和展望

（一）“润”教育的成效

办园思想是园所发展的灵魂和重要动力。在“润”教育思想的引领下，我园的教育目标和教育方法不断优化。园所先后取得“全国家庭亲子阅读体验基地”“河北省示范园”“河北省省级校园食品安全标准食堂”“河北省儿童近视防控示范幼儿园”“保定市三八红旗集体”“学校安全工作先进单位”等光荣称号。同时，我园的生活化教育、食育教育、扎染课程取得了显著成果。省级课题“大班草木染活动游戏化课程研究”高标准完成，市级课程“幼儿园小班进餐活动中的师幼互动”顺利结题，并编订《宏幼食育课程集》，在家园之间、不同群体间争相捧阅。

（二）“润”教育的展望

我们深知，一个教育品牌的打造是不断探索、不断实践、不断创新、不断积累的过程。如何更好地实现教育由“束缚”到“舒展”的转变，如何更好地实现“润物无痕”的教育主张，如何更好地促进幼儿自主学习、深度学习，成为我们需要进一步思考的问题。我们将依据《幼儿园教育教学指导纲要（试行）》《3—6 岁儿童学习与发展指南》《幼儿园保育教育质量评估指南》等系列文件的精神和要求，在“润”教育的指引下，进一步丰富拓展“润”教育思想体系，夯实理论基础，关注幼儿的身心发展需求，提供丰富多彩的教育活动，培养幼儿的创新思维和实践能力；进一步梳理、提炼已有的实践经验，将课程体系建构、课程目标确定、课程内容选择、课程实施与评估方案的完善作为深入践行“润”教育理念的落脚点。2024 年起，我园正式迈向集团化办园新阶段，“润”教育将指引集团园的物质文化、精神文化、制度文化、行为文化建设整体推进，通过家园共育，探索与高校合作，不断拓展教育服务，提升幼儿园的教育品质和科研水平，为幼儿成长创造更加良好的环境。

坚守教育初心　德育美好未来

——保定市育德幼儿园"德"文化办园思想与实践

保定市育德幼儿园　靖凤琴　刘　娟　李晓霞

习近平总书记在党的十九大报告中指出："文化是一个国家、一个民族的灵魂。文化兴国运兴，文化强民族强。"在40年的发展历程中，保定市育德幼儿园继承历史、传承文化，改革创新、锐意进取，通过查阅大量历史文献及国家政策方针，历经长时间教育实践与深度研究，借助专家的多次指导与修正，凝聚全体育德人的信仰与共识，形成了"德"文化思想体系。

一、"德"文化构建背景

保定市育德幼儿园认真分析幼儿园的历史与现状、客观了解幼儿园现阶段发展的必备条件，详细掌握实现可持续发展的资源，明确文化建设的工作主线和重点，形成了多元背景下的"德"文化。

（一）对国家形势政策的把握

幼儿园系统查阅了国家近10年来有关教育方针，其中有关"立德树人""德育""红色教育"等方面的政策颇多。育人的根本在于立德，《幼儿园保育教育质量评估指南》强调把品德启蒙作为办园方向的关键要素提到重要位置，要求"把社会主义核心价值观融入幼儿园保育教育全过程"。《幼儿园工作规程》也指出："幼儿园的任务是贯彻国家的教育方针，实施德智体美劳全面发展的教育。”全面贯彻党的教育方针，幼儿园对学前教育的走向进行重新审视，将此作为“德”文化思想确立的政策依据。

（二）对家乡红色文化的传承

保定被称为“靴城”，有着悠久的红色历史和丰富的红色资源，更是凝聚着不朽的红色精神，这与育德幼儿园开展“立德树人”的教育理念高度契合。将红色资源、红色精神融入红色教育活动，传承家乡红色文化，坚持红色育人，这是育德幼儿园贯彻落实育人目标的重要途径。

（三）对园所发展历史的延续

1984 年 4 月到 2000 年 10 月，育幼园走过了 40 年的发展历程，历经刘素玲、马慧欣、王艳玲三位园长的领导，始终秉承“一切为了孩子”的服务理念，把“增强服务意识，提高保教质量”作为全体教职工必须牢记的座右铭，重视幼儿德智体美劳的全面培养；2001 年 11 月到 2006 年 1 月，在姜红园长的引领下，幼儿园确立了培养兴趣、发展能力、塑造个性的育人目标，仍然坚持“一切为了孩子，服务家长、服务社会，让幼儿高兴，让家长满意”的办园宗旨；2006 年 2 月，靖凤琴园长接手育德幼儿园，面对当时的师幼、家长行为规范、园所面貌等，发出了“化被动为主动，走专业化发展道路”的改革之声，带着对教育的深刻思考，带领领导班子成员深入河南实验园参观学习。在传承培养全面发展的幼儿文化基础上，将先进的礼仪文化理念带回幼儿园，开启了以礼仪为特色的办园之路，持续时间长达 13 年；到 2019 年，深化礼仪教育成果，申请了河北省“十三五”规划课题“新德育背景下实施幼儿礼仪教育的问题及对策研究”，开始深度探讨“德”与“礼”的关系。经过近 3 年的课题研究、研讨交流、专家指导、考究认证，确立了“德是礼的基础，礼是德的外在表现形式”，结合园所名字“育德”，便进一步确立了“德”文化思想；2022 年至今，集团召集全体职工、幼儿、家长一起参与到园所文化的解读与建设中，围绕文化开展课程建设、环境创设等系列工作，让文化在育幼园里落地生根。

（四）对园所发展动力的加持

为促进教育的均衡发展、发挥优质教育的辐射作用，幼儿园在政府的大力支持下形成了包含育德家园、育德花园、育德欣园、育德森园在内的一园四址的发展格局，集团确立了“名园＋弱园”“名园＋企业园”“名园＋农园”的办学路径，逐步实现了从“体量优势”向“质量优势”的可持续性升级。面对园区分散和管理链条的加长，集团提出以文化为载体，带领全体教职工统一思想，将文化渗透到保教工作日常，形成具有内涵的精神力量，更好地为育幼人提供永恒的教育信念和人生智慧，让育幼园发展拥有生生不息的动力。

二、“德”文化的形成与内涵解读

（一）全员参与　达成共识

对“育德”的理解，所有教职员工的认知不约而同地指向了同一个聚焦点——“以德育人”，在给园所文化定位时涌现出德、爱、自主、礼仪、和谐等词汇。综上可见，对“德”的重要性认知及达成的共识是进行文化建设的基础，而以礼仪为特色的“德”文化建设也有了基础定位。

全园共回收了583位家长有关园所文化建设的反馈，分散在3个校区，占比达70％。100％的家长都赞成幼儿园进行文化建设，50％以上的家长认为园所文化主要体现在教育理念、园训园风、园舍建筑及环境布置、管理制度及大型活动等方面，即精神文化、物质文化、制度文化及课程文化。60％以上的家长认为园所文化建设需要多元参与，且愿意参与其中。66％的家长了解育德幼儿园园徽，知道园徽代表的基本含义，传达出“D”代表德行教育的意思。家长对幼儿园文化的预想，主要包括“礼仪、传统文化、红色教育、传承美德”等词汇，包含了他们对幼儿园育人目标的诉求表达，也间接反映了育德幼儿园十几年礼仪特色的成果对家长群体影响深刻。向幼儿共征集绘画百余幅、视频百余个，从中提炼出孩子们心中的幼儿园：快乐、开心玩耍、自然、友谊、童趣、笑脸、彩虹、滑梯等词汇。

（二）全方位解读　凝聚思想

1. “德”思想的内涵解读

“德”属于中国伦理范畴之一，指德行、品德，与“得”同义，出自“聿修厥德，永言配命”（《诗・大雅・文王》）。“德”还属于道家自然哲学之重要基本范畴，指“自然”的规律，出自“德者道之功”《韩非子・解老》。

综上，对字源进行考证，“德”主要有两层意思：一是属于中国伦理范畴，指德行、品德；二是属于道家自然哲学范畴，指“自然”的规律。

2. “德”思想的定位

“德”具有传统释义、现代解释，整体包含德行、自然规律两层意思。这与我们开展“适于其时　自然美丽”的教育不谋而合，以德为首，以德为终。其中以“德”为首强调育德幼儿园办园核心思想，就是要培养具有德行的、全面发展的幼儿；其次，“德”是自然规律，是载体、途径、内容，包含课程、活动等有形及无形的系列资源。以“德”为终，强调的是达成的过程与结果，一方面指以“德”养育幼儿、教师、家长的过程；另一方面指以“德”营造“德”氛围，形成“德”贯穿的“家庭—幼儿园—社会”三位一体的育人体系。

3. 办园理念

在充满爱与自由的环境里，让每个孩子成为美丽的花朵，让每个教师成为幸福的园丁。

（1）理论依据——爱与自由、自然教育

正如柏拉图所说："德行是由爱来完成与完成并存的。"爱是维系社会良性发展的基石，同时也是道德行为产生的根源，没有爱就没有对他人的关怀与尊重，也就无法体现出道德的真正内涵。卢梭指出"唯有道德的自由才使人类真正成为自己的主人"，这表明自由是道德的前提，德行是自由的基础，二者既相互促进又相互制约。

西方教育学家对自然教育提出过不少讨论，其中夸美纽斯认为人作为自然的一部分，其教育应该遵循自然的"秩序"；卢梭在《爱弥儿》中提出教育的目的在于使人成为自然人，并号召儿童教育回归自然、认识自然、感受自然；福禄贝尔强调幼儿教育必须基于自然的法则，老师应该像呵护花儿成长一样去保护儿童本性的自然展开。

相对于西方自然教育成为一种专门的教育思想，中国的自然教育散见于思想家的论著中。中国古代先哲认为一切源于自然，自然是万有之源。从老子的"道法自然"、庄子的"天人合一"到王充的"天地合气，万物自生"，从郭象的"游外冥内"到柳宗元的"不害其长"、朱熹的"知行合一"，从王守仁的"顺导性情"、戴震的"等差凡儿"到蔡元培的"尚自然、展个性"、陶行知的"生活即教育"，中华文明孕育着丰富的自然教育的智慧之光。

（2）内涵解读

在"德"文化思想体系的引领下，"爱"与"自由"都在育幼园有了生动地诠释。首先，营造"爱与自由的环境"，这种环境是萦绕"德"文化而生发的，是作为隐形磁场弥漫在育幼的人与人之间、幼儿与幼儿之间、物与物之间、人与物之间，是"德"氛围的营造而带给人的亲身感受，也可称为"组织氛围"。这种爱与自由不是毫无边界、漫无目的的，有温情、有规范、有支持，作为充满丰富养料的沃土，给园所有人提供源源不断地发展动力。

让每个孩子成为美丽的花朵，让每个教师成为幸福的园丁。传承延续东西方文化关于“自然教育”的论述，我们追求“适于其时，自然美丽”的自然教育，是对“德”自然规律进行传承与践行。我们把幼儿园比作一个大花园，每个孩子都是其中有生命力的一员，可以是花朵、是小草、是果实，亦可以是微生物、小昆虫，颜色多样、高低错落、姿态各异，但是始终都在以自身的发展特点进行成长。“适于其时”旨在传达我们对儿童的尊重、对自然的敬畏，教师作为园丁，但是不过多打扰“生物”原本自然的生长节奏，旨在传达我们尊重儿童身心发展规律，尊重儿童差异，因材施教。与此同时，教师也会被五颜六色、多姿多彩的生命力所感染，以持续旺盛的幸福感加持，做好幼儿教育。

综上，在拥有生生不息发展动力、充满爱与滋养的环境里，尊重幼儿、教师发展特点，唤醒、支持幼儿、教师快乐成长，幸福生活。

4. 育人目标

从幼儿层面来说，我园的育人目标是培育有爱、有礼、有能、有德的新时代中国儿童。浇花浇根、育人育心，我们健全全员育人、全过程育人、全方位育人的机制，要让每位走出育德幼儿园的孩子身上都刻着育德印记：文明优雅的礼仪形象、自主自立的生活技能、真诚友善的人际交往、探究好奇的求知热情、愉悦多元的生活情趣、美好幸福的家国情怀。

从教师层面来说，我园的育人目标是培养仁爱、专业、优雅、进取的高素质教师队伍。仁爱，中国古代儒家的一种含义极为广泛的道德范畴。孔丘把“仁”解释为“爱人”（《论语·颜渊》），即有“仁爱”之意，并把它视为最高的道德原则和道德标准，最高的道德境界。专业，主要指教师在一日生活中做幼儿全面发展的教育者、支持者、引导者，将专业化的要求、教师规范与准则落实到教育行动中。优雅，包括行为与心理的双层表达，教师成为知行合一的、内外和谐的人。进取，包含两个方面内容：第一是坚守教育初心，坚定理想信念；第二是要做敢干、想干、会干、能干的幼儿教师。

5. 风尚体系

育德幼儿园的园风是“明礼、厚德、质朴、求新”。“不学礼，无以立。”“礼”是中华传统文化的突出精神，是社会交往之道，它是在一定社会的道德观念和风俗习惯下形成。“厚德”，出自《周易》，意思是有大德。我们倡导师幼都要心胸宽广，不以个人得失为主，重公轻私，做一个厚德之人。“质朴”，出自董仲舒《春秋繁露・实性》“此皆圣人所继天而进也，非情性质朴之能至也”，形容一个人天真自然、心无旁念的一种自然状态，借此表示我园追求本真的教育、培育本真的儿童，营造自然的风气。“求新”，出自《易传》中的“天地之大德日生”。处在新时代，育德幼儿园正处在改革发展的关键期，无论是教育教学还是管理模式都需要不断革新、获取成长，这就需要每一位教职员工拥有求新意识、求新能力、求新行动。

我园的教风是“乐群、笃行、博爱、奉献”。“乐群”，出自《礼记・学记》“一年视离经辨志，三年视敬业乐群”，旨在传达教师与家长、同事能和谐相处，友好合作。“笃行”，出自《礼记・儒行》“儒有博学而不穷，笃行而不倦”，指使所学最终有所落实，做到“知行合一”。“博爱”，出自《说苑・君道篇》载师旷言云：“人君之道，清净无为，务在博爱，趋在任贤。”我们旨在传达所有职工要施以爱心，无私地关爱所有人，包括同事、幼儿及家长。“奉献”，最早见于《史记・刺客列传》：“诚得樊将军首与燕督亢之地图，奉献秦王，秦王必说见臣，臣乃得有以报。”主要指进贡、进献的物品，恭敬地交付，不求回报。在幼儿园教育里，旨在传递教师要有大爱，要有为人师的责任感，不求回报地做为人民满意的教育。

我园的学风是“知礼、悦言、美行、乐活”。“知礼”，出自《论语・尧曰》：“不知命，无以为君子也；不知礼，无以立也，不知言，无以知人也。”意思是不懂得礼节和没有良好的道德修养，就不能有所建树。在一日生活的浸润中，旨在让幼儿知礼、懂礼、用礼，传承礼仪素养。“悦言”，乐于表达。“悦”有喜欢、乐于的意思；“言”有说、谈论、表达等意思，旨在传达鼓励幼儿用绘画、语言、思维导图等多元形式、多样表征表达自我。“美行”，意思是高尚的操行，出自《荀子·宥坐》“今夫子累德积义，怀美行之日久矣”。对幼儿来说，无论是外在行为表现、抑或是品行都要善良、美好。“乐活”，就是要让每一个育幼园的孩子都能享受阳光快乐、自由创造、健康可持续性的生活。

6. 园训

我园的园训是“以君子之德，育民族之苗”。《礼记》中有一段孔子释君子之德的记载，“君子之德”主要有如下几点内涵：首先，君子有礼，敬天爱人；其次，君子博学，义以为质；最后，君子求诸已，自强不息。什么样的教育者才可以培养好祖国的栋梁？自然是有良好的德行、有高维的大智慧的人。“育民族之苗”，指的是牢牢抓住学前教育“拔节孕穗期”这一关键人生阶段，在铸牢中华民族共同体意识教育的滋养下让孩子们向阳而生，苗壮成长，用实践教育将铸牢中华民族共同体意识植根于幼儿的心田，培育出一株株民族之苗。

三、“德”文化落地生根

（一）精神文化建设

依托“文化+”策略集聚“质量+”效益，在集团“德”文化思想的引领下，统筹规划、顶层设计，4个园区形成了一园一品特色发展路径。

1. 育德家园

德是礼的基础，礼是德的外在表现形式，故育德家园定位为礼仪之家。

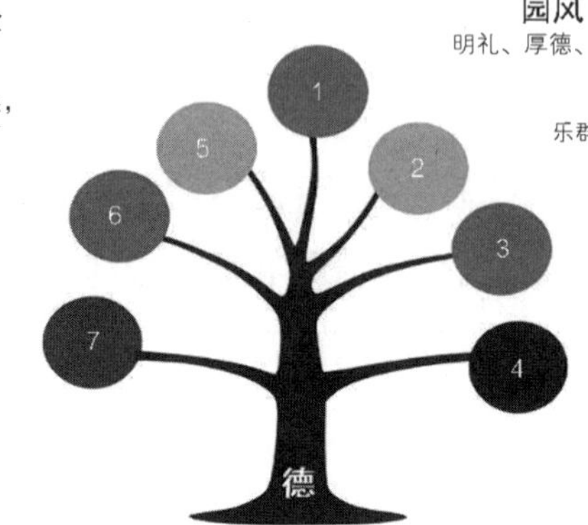

图 1 集体“德”文化体系树状图

2. 育德花园

《老子》一书提到“德合自然”，寓意道德要符合自然规律，引申为按自然规律办事，教育亦是如此。结合园区自然教育特色，育德花园定位为自然之家。

3. 育德欣园

“道德本于生，命而又高于生命。”人不仅仅是自然人，具有自然生命；道德作为精神生命，超自然生命，对善与美有着自觉追求。生命是道德的“根系”，道德是生命的“花朵”，结合园区发展特色，育德欣园定位为生命之家。

4. 育德森园

朱光潜在《谈美感教育》中提到“美育为德育的必由之路，是德育的基础功夫”。德育为美育发展提供基石，美育为德育注入精神的内涵，在“五育并举，融合育人”的背景下，育德森园定义为艺术之家，强调以美化人、以美润心、以美培元、以美助德。

（二）物质文化建设

1. 环境文化润德

园所文化的视觉表达是幼儿园精神的外在表达形式。突出绿化、美化、儿童化的整体原则，一步一景，一室一美，将园所的每一个角落都建成德文化的载体。突出儿童参与、多元互动、日常渗透与浸润，围绕“大德、公德、私德”打造了社会主义核心价值观为核心的“润德”教育，实现目及之处彰显“德”文化。开辟了致敬英雄板块，学习钟南山、袁隆平等国家英雄的伟大精神；开辟“厉害了，我的国”板块，了解我国航天发展、高铁发展历史，感受中国速度、中国质量；开辟了家风家训板块，感悟、传承习近平总书记的家国情怀；开辟了环保长廊，从了解生物多样性、了解环保知识等出发，了解绿水青山就是金山银山的理念，践行小手拉大手，带动家庭一起进行垃圾分类；开辟了食育长廊，布置了超大“中国地图”，让幼儿了解中国34个省级行政区、56个民族的风俗习惯、美食及文化。其次，师幼共同为“环境躯体”注入生命活力，一起通过自然界空间来对班级命名——海洋、森林、太空，并创设紫藤花架、秘密花园、种植区，一起布置班级自然角和四季桌等自然环境，一起协商、制定班级公约、区域公约、礼仪公约、温馨提示、爱的一米线、情绪角等，在师幼间、幼幼间营造了良好的礼仪氛围。

2. VI文化显德

育幼核心理念确定后，我们做了一套形象识别系统。首先就是园徽的设计与解读。LOGO由字母“Y”和“D”组成，取“育德”首字母作为创意来源，其中字母“Y”既像小兔子的耳朵，活泼可爱；又像刚生长的幼苗，代表新生事物，充满生机。“D”由外到内多层包裹中心的小“D”，象征育德和教师紧紧护佑在孩子身边。简单灵动的字母组合是紧紧相依的师幼之爱，是童眼世界里的美好期待，更是全体师幼的“育德”初心和使命，更是在集团化管理过程中凝聚人心、统整教育的灵魂。另外，在造型不变的基础上运用“梦幻蓝”和“梦幻粉”的颜色，使标志更加立体、活跃，有生机，更加突出了幼儿园充满活力的特质，也让标志看起来更加温馨、可爱。以此为基础，我园也延伸出了很多的文化产品，包括纸杯、办公用品、园旗、幼儿毕业证书、帆布包、笔记本等。

（三）制度文化建设

幼儿园健全管理制度体系，充分发挥德文化的对内导向和凝聚功能，赋予制度以灵魂，促使教师将自己的行为与幼儿园倡导的主流价值观相统一。

1. 精细化管理制度

结合“德”文化内涵，带领教代会成员完善了《保定市育德幼儿园集团化办园考核评价办法（试行）》《幼儿园章程》《幼儿园岗位职责及流程》《德文化落地考评细则》《幼儿园产假、哺乳假等实施办法》等制度文化体系，刚柔并济，以制度化与人性化相结合的管理办法让每一个人成长为有责任感的自我管理者。

2. 精细化培养制度

“德”文化引领下的教师培养，旨在尊重教师的发展阶段、发展特长，全面支持发展需求，助力教师走专业化发展道路。园内教师平均年龄为 31 岁，呈现年轻化特点。通过发放调查问卷，掌握教师年龄、特长、发展优势、自身不足、成长需求等，集团从整体出发，遵循“人人必入”的整体性原则，为每一位教师的专业发展提供适切的路径和机会，制订了“适应篇—基础篇—常规篇—进阶篇”梯层培养方案，形成完整的“教师成长流程图”，在每个成长阶段均有专业发展重点。《新入职教师一年发展规划》旨在通过每月一篇感悟、每人一节课等“10 个 1”的行动策略为新教师专业发展铺路，旨在加强其职业规范教育，掌握工作流程，熟悉规范条例；支持成熟期教师担任一项专题研修；提拔骨干教师成为中层干部、管理带领团队等，已有近 50%的教学、后勤、办公室人员走上科研助力成长的专业化发展道路。

3. 精细化奖惩制度

文化思想引领全体教职工争先创优，积极进取，为此形成了详细的教师绩效考核制度，涵盖思想政治、师德表现、日常出勤、课堂教学、月考核、日常技能考核、教研教改、安全、参赛获奖、发表文章、突出贡献等多方面内容，细化、量化评分标准，有效形成激励机制，鼓励教师在广阔舞台绽放风采。

（四）行为文化建设

“德”文化的建设来自“礼仪”特色教育成果的深化，在教育实践中，“德”文化的践行也以“礼仪”为载体，长达17年的教育实践探索，形成了育德幼儿园的德育教育体系。面对幼儿的一日生活，幼儿园形成了入园、喝水、进餐等“育幼十礼”，并从公共场所礼仪、幼儿园礼仪、家庭礼仪、节日礼仪4个维度制定出幼儿礼仪评价指标。在日常活动和游戏体验中，孩子们阳光自信、文明有礼，懂得爱自己、爱他人、爱家乡、爱国家；在形象礼仪、服饰礼仪、课堂礼仪、社交礼仪等方面形成了行为规范，成立了礼仪社团、谷磬社团、茶艺社团、读书社团等，老师们优雅明媚、精神舒展；在接送幼儿、沟通策略等方面形成《家长家庭教育行为规范》，让“孟母三迁、岳母刺字”的家教故事传诵万家，文化痕迹贯穿立德树人全过程。让每个人都成为育幼代言人，每个人都是行走的育幼品牌与形象。

（五）教师文化建设

教师团队是园所的核心竞争力，教师的精神文化是教育发展的根本。育德幼儿园多年来坚持以人为本，倡导“亲情家园式”的管理，师德为先，业务并重，融合精进，锤炼出了一支德高业精的教师团队。

1. 头雁领航

全面落实党风廉政建设，班子成员团结齐心、机制顺畅，成员各负其责、有为、善为，带头转变作风，身体力行，以上率下，发扬

“钉钉子”精神，树立了“严、细、实”的良好作风。

2. 强雁带动

一是培养一批骨干，带动一批青年；二是挖掘榜样故事，树立身边典型。贯彻“双培养”机制，深化中层干部精准化选拔与培养，发展的6名中层干部中包括党员3名、积极分子2名；在助力竞秀区疫情防控及党史理论宣讲活动中，闫敬丽、李晓霞、李艳辉等多名党员冲锋在前，扛起责任，展现担当。上级政府对育德幼儿园的倾心付出表示感谢，特地登门拜访，送上了荣誉奖牌，14名教师荣获“疫情防控最美志愿者”荣誉证书。

3. 群雁齐飞

以“立师德、塑师表、铸师魂”为主线，建立“四德”机制；聚焦“课堂—课题—教研”形成“1345”园际联动育人模式；形成“党工”联动，坚持“制度—社团—活动”三面引领，培育党和国家需要的“四有”教师队伍。

（六）家园社文化建设

拓宽幼儿园文化内涵，引领幼儿家长参与文化建设，促进幼儿园与本地区的人文特点和地域文化相融合，如在进行幼儿心理课程创设时期，通过家长教育直播课、故事书籍推荐等板块开展多元化家庭教育指导工作，设立一对一育儿个案咨询、夫妻专场、亲子专场等多种互动形式的心理活动，根据家长需求召开线上线下讲座等累计30余次，达成家园思想的统一；让家长以“美术社团”“帅爸足球社团”“护娃天使志愿者社团”的形式加入幼儿园的教育教学及管理工作当中，沉浸式感受文化、制度、氛围的熏陶；联合社区开展了“送法进万家，家教伴成长”为主题的家庭教育宣传活动、“一盔一戴”交通安全宣传活动、精神文明城市创建活动、红色教育故事宣讲活动等。近3年来，育德幼儿园连续被评为保定市“家校警交通安全护学队管理先进单位”，护娃天使社团的90余位家长被评为“家校警交通安全护学队管理先进个人”。入离园时校门口家长秩序排队的视频在网上播放量超过 10 万，引起了良好的社会反响，也进一步将育幼理念与行动传播到千家万户，建立起新型家园、社区共建共享的关系，引导家长与孩子共同成长，共同营造和谐文化氛围。

（七）课程文化建设

贯彻落实习近平总书记关于把立德树人融入教育全过程的重要讲话精神，以文化引领课程建设，基于课程背景及核心教育思想，利用“SWOT 分析法”，架构了融礼仪、心理、艺术、生活、体育、实践、特色活动为一体的“润德”课程，支持幼儿通过直接感知、实际操作和亲身体验等方式，在多样的活动中锻炼健康体魄、养成礼仪品格、增强审美情趣、拥有家国情怀、增长经验，成为德智体美劳全面发展的新时代好儿童。

1. 礼仪树形

道德是礼仪的基础，礼仪是道德的外化形式，坚持礼仪教育与德育工作全方位深度融合。在幼儿一日生活各环节做到随人、随事、随时、随地以多教育形式渗透礼仪规范。此外，将插花艺术、茶文化、刺绣、剪纸、围棋等特色教育资源运用到幼儿的活动中，增强幼儿对本民族优秀传统文化的认同，了解中国历史、文化和待人处事的方式。

2. 心理健心

我园坚持把幼儿的心理辅导、人格培养当作一项重要工程来抓，开设了“我的情绪日记”“心情园”“我的情绪小怪兽”“我的开心一刻”等 9 个班本情绪角；开展“每日五分钟”思考，结合绘本阅读、专题绘画活动带领幼儿正视、识别、表达、调节自身情绪，提高情绪管理能力；同时，根据教师撰写的“情绪故事记录”及日常观察记录，了解幼儿情绪背后的需求与动机，有意识地关注和支持幼儿的情绪发展。此外，透过“漫漫人生路”活动、绘画解读分析进一步将相关问

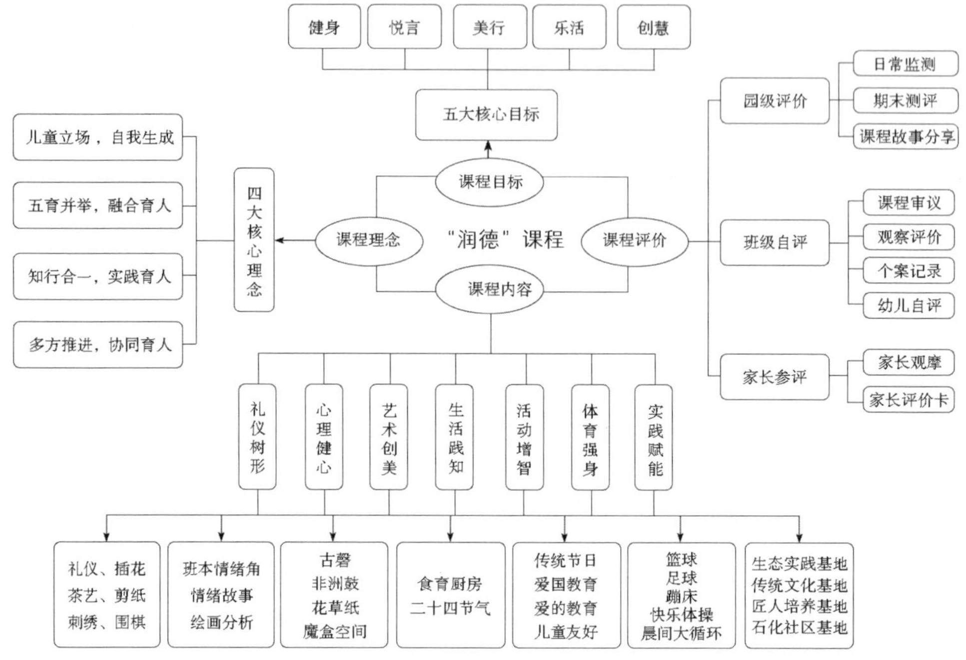

图 2 幼儿园课程体系架构图

题反馈给教师和主要养育人，改进与调节家庭问题，以促进幼儿身心健康发展。

3. 艺术创美

为幼儿开设了古磬、非洲鼓、花草纸和拓印等艺术类课程，根据幼儿不同年龄特点，每周、每班开设一次全员普及的艺术活动，给幼儿提供充分创造和表达的机会，在美的环境中陶冶情操，温润心灵，全面提升人格素养。

4. 生活践知

建立以"食物""食知""食趣""食操""食礼"为核心的食育实践模式，班级创设了 9 个食育小厨房，开辟了食育公共平台，创设《园长妈妈说节气》栏目，将饮食与二十四节气有效链接。通过近 3 年的摸索实践，食育园本课程正在积极组稿，目前已有素材教案 500 余篇，食育画册《我的厨房我做主》《我是育幼小厨神》正式成版。

5. 活动增智

（1）传统节日活动

通过清明节的踏青、端午节的赛龙舟、国庆节的祝福大中国等，孩子们了解各节日的名称、由来、故事、习俗，并用自己的方式致敬传统。过年时，根据幼儿特点设置了淘乐中国年、赏乐中国年和食乐中国年3个部分，通过筹备年货、售卖年货、制作传统美食这种体验式的教学方式让孩子了解中国传统节日，理解节日背后的文化底蕴。

（2）爱国教育活动

每周一升旗、每周一故事、每周一演讲、每月一电影，将红色资源融入日常生活，渗透爱国主义思想；举办以“中国绘”为主题的绘画展，为祖国70华诞献礼；以抗击疫情为主题带领幼儿用语言、绘画表达疑问与认识，完成了《孩子们的画和话》一书，通过直视、积极正面地看待这个世界，让孩子感受到祖国的强大、人民的力量。以中国共产党建党100周年为契机，组织开展“红心向党　健康成长”运动月活动，将体育精神与红色信仰相交融；组织“追寻红色记忆，共庆灿烂六一”主题活动，孩子们化身讲解员，讲述《两个小八路》《鸡毛信》等红色经典故事，领会革命英雄的精神。以2022年冬季奥运会“一起向未来”为主题，组织了“我的冬奥梦”系列活动，在冰雪课堂、冰雪手工、冰雪绘画、冰雪运动中，让孩子们树立小主人翁意识，宣传冬奥精神，厚植家国荣誉感与爱国主义精神。

（3）爱的教育活动

知礼、懂礼、用礼，以“爱”为核心主线，组织了“爱的密码”“爱的味道”“爱心义卖”等亲子活动；举办了“与礼童行，为爱加冕”等大型礼仪童话剧展演；开启了疫情时“会飞的信”特殊之旅等系列活动，让孩子们懂得了如何去感受爱、表达爱、拥抱爱、回馈爱，让爱的教育达到润物无声、育人无痕的效果。

(4) 儿童友好活动

以“儿童视角”为出发点组织系列活动。开展了“‘儿童友好’bus打卡”“拥抱六一的100种快乐方式”“童话世界里有你”等活动，在尊重、爱与理解的氛围中，蹲下来与孩子交谈，了解儿童的想法、听见儿童的声音、走进儿童的世界。

6. 体育强身

以体育德，健康成长。充分保障幼儿的户外活动时间和发展需求，开启晨间运动大循环；开设幼儿篮球、快乐体操等课程；组织幼儿拍球比赛、跳绳比赛，开展“萌娃足球杯”等大型活动；加强与俱乐部的内外联动，组建了啦啦操社团、跳绳社团、体操社团、足球社团、蹦床社团、篮球社团等开展特色体育活动；引进体育冠军进园所活动，实施幼儿体育综合培养教育。在强身健体的同时，让幼儿享受运动的快乐，更学会沟通、尊重、自信、坚持，在活动和比赛中演绎体育礼仪之美。

7. 实践赋能

(1) 生态实践基地

我们主张大自然是课本，兴建了育幼生态实践基地，组织田野探秘、田野吟语活动，带幼儿观察动植物的生长变化；根据时令特点，开展“我是快乐小农夫”系列活动，将食育教育、节气教育搬到田野里，带幼儿体验春耕、夏养、秋收、冬储的乐趣，使大自然成为活教材。

(2) 传统文化基地

孔子诞辰日之际，育幼园师幼及家长都会按照惯例走进莲池书院祭拜孔子，举行入泮礼。毕业季，育幼园大班的幼儿来到了如诗如画的新莲池书院举行毕业典礼，聆听经典、诵读诗歌，让古老的传统文化教育在不经意间流淌进孩子们的心里。

（3）小匠人培养基地

我园将位于千年古镇大激店村的九亩竹院中国匠人谷作为另一个实践基地，组织幼儿学习扎染、刻字印章，欣赏皮影，尝试刺绣、活字印刷术等，致敬古代发明，培养匠人精神。

（4）石化社区基地

我们与石化社区基地联动，带领孩子们走进社区、商超开展交通安全、创建文明城市、环保、红色故事等宣传活动，发挥自身的辐射功能，促进学习型家庭及社区的建设；另一方面，借助社区优秀资源，从幼儿兴趣和身心发展特点开展活动，促进幼儿社会性发展。

四、办园成效与展望

（一）辐射示范

在推进教育改革发展的澎湃大潮中，育德幼儿园砥砺奋进，逐梦前行，多次承担了衡水、河南、四川等地幼教同仁国培参观学习项目，并做优秀经验分享；市委市政府、区委区政府领导多次在儿童节和教师节期间来我园慰问；承接了第二届城市教育发展联盟大会、保定市教育局、保定市教科所、春炬园长工作室、洪玲园长工作室、竞秀区协作园等其他多项活动的调研及园所观摩，并做经验分享；先后数十次对江城、富昌等地的幼儿园开展教育帮扶指导工作，邀请其入园跟岗培训；先后接待河北大学、女子职业中专等学生近千余名的实习见习工作。其中，靖园长在 2021 年举办的全国“活教育”视域下的幼儿审美教育研讨会上进行了《礼仪教育之美》的报告，畅言新形势下的新教育，现场 20 余位专家及全国各地的 120 余名园长参加会议，1 万余名园长参加了线上学习，架起了幼教同行间相互交流的桥梁，同仁、专家都给予了充分肯定和一致好评。与此同时，透过镜头看儿童，我们用百余个视频、百余个平台，记录下儿童是天生的创造家，让儿童在阳光下成长，呼吁全社会给予幼儿全方位、全过程、全生命周期的呵护和守望。

（二）荣誉奖励

幼儿园努力办好人民满意的学前教育，受到了各级领导的肯定与社会的认可，先后被评为“河北省示范园”“河北省绿色幼儿园”“保定市师德先进单位”“保定市学前教育先进单位”“保定市语言文字规范化示范校”“保定市三八红旗手先进集体”“保定市巾帼建功先进集体”“保定市快乐体操示范幼儿园”“保定市‘家校警’”护学队优秀单位”“保定市学校安全工作先进集体”，且连续多年被评为“竞秀区教育教学工作先进单位”“竞秀区办园行为督导先进单位”“竞秀区教育科学规划课题管理先进单位”“校际帮扶先进单位”“先进党支部”等。

（三）未来展望

文化建设进入深入阶段，在集团“德”文化的引领下，各分园都已经确立园所特色定位。展望未来，我们将以文化引领管理，继续带领分园进行文化引领下的特色课程建设、环境创设等内容。

浓厚的文化底蕴为育德幼儿园的未来发展奠定了良好的文化根基，新时代的发展使命为育德幼儿园今天的发展增添了活力，高瞻远瞩的顶层设计让育幼人看到园所未来的发展前景。传承历史文化、制订发展规划、统筹设计文化、加强多元互动……最终构筑起“德”文化的完整体系，育德教育集团的实际探索才刚刚起步，它所面向的是时代的机遇与挑战。面向未来，乘着国家幼教飞翔之势，我们将博采众家之长，广纳百川之粹，坚持传承与创新并举，建设与发展同步，为实现教育梦不忘初心，砥砺前行，做学前教育的奋进者、创新者、领跑者。

沐尧古道　顺性而育

——顺平县幼儿园“尧顺”办园思想与实践

河北省保定市顺平县幼儿园　翟建贤　刘红霞　孙祥娟

顺平县是尧帝故里，历史厚重。尧之道乃中华文化之精髓，其倡导仁爱和谐、顺应自然，追求人、社会与自然三者间的和顺共处。顺平县幼儿园建园于1985年，其“尧顺”办园思想体系正是汲取本地尧文化的精髓，使之与本园历史相融合并切入未来发展之愿后，精心提炼而成。

以尧文化为基石，以“尧顺”为文化符号的办学思想体系，旨在坚守童年立场，在为孩子们乐享童年、快乐成长保驾护航的同时，重视其品德修养与社会适应能力的培养，助力个体未来的发展。在文化提炼过程中，我们最先是从课程建构入手，依托卓越课程内容，从多种课程类型中借鉴开展师幼互动的有效形式、内容、方法等，搭建了尧顺课程体系，并以此为契机，撬动教师教育观、儿童观、课程观等的系统提升。同时，我们同步从制度、环境、行为准则、家园协作等方面进行文化的系统规范与宣传。“周虽旧邦，其命维新。”“尧顺”办园思想的萌芽、成型，非一蹴而就。其承载着中华民族的血脉和无尚的智慧，承接着新时期党和国家对学前教育的新要求，需要代代顺幼人跨时空铸成合力，坚守、发掘、探索其深刻内涵。

一、办园思想形成的依据

尧顺办园思想的形成，根植于本园当前发展的需求，契合国家教育政策的总体导向，得益于本地源远流长的尧文化，同时也汲取借鉴了中外教育理论的精髓，满足了本园全体教职工对幼教事业发展的愿景与需求。

（一）现实依据：办园历史及现状

顺平县幼儿园成立于 1985 年，地处尧帝故里，是隶属于顺平县教体局管理的一所全日制公办幼儿园。成立之初，顺平县幼儿园园址在顺平县南街（现陈平路 66 号）。2006 年，响应县政府号召，规模扩至“一园两址”（即陈平路总园和花园小区分园）。2011 年，陈平路总园与花园小区分园统一迁至顺平县木兰东街 122 号，合并为顺平县幼儿园，办园规模迅速扩大。2018 年，依据顺平县教体局的统一规划，顺平县幼儿园接管尧城分园，再次变为“一园两址”的办园规模。2020 年底，尧城分园划归顺平县蒲阳镇总校管理之后，顺平县幼儿园恢复为“一园一址”，并全力走上了“内提质效，外塑形象”的内涵式发展之路。

顺平县幼儿园始终坚持党建引领全面管理工作，科学规范实施内部管理，注重文化体系建设，2013 年被评为“河北省示范性幼儿园”。幼儿园现占地面积 1 万余平方米，户外活动场地 4669 平方米，绿化面积 1774 平方米，拥有建筑面积总计约 5000 平方米的教学楼 2 栋、使用面积达 350 平方米的标准化幼儿食堂 1 个。园区内设有食育坊、美工坊、乐高坊等 7 个功能室。在园幼儿 700 余名，教职工 98 名，标准化教学班 20 个。

图 1　顺平县幼儿园旧园址（1986 年）

图 2　顺平县幼儿园（2020 年至今）

（二）政策依据：国家政策法规要求

长期以来，顺平县幼儿园以《幼儿园工作规程》《幼儿园教育指导纲要（试行）》《3—6岁儿童学习与发展指南》等文件精神为指导开展管理工作，并随着不同时期的要求完善、增加各类内部管理制度，努力改善办园条件，提升保教质量，逐步扩大县域公办幼儿园的影响力。

1. 制度初建与发展阶段（1985—2000年）

这一时期，在完成了初建时期的基本任务的同时，随着《幼儿园工作规程》《幼儿园教育指导纲要（试行）》的颁布，顺平县幼儿园逐步从日常化、生活化的管理模式，走向了依据文件精神办园，开始优化课程设置，引入游戏化教学，注重幼儿全面发展和兴趣培养，影响力得以彰显，教育质量得到极大程度的提升。幼儿的学习兴趣和主动性得到关注与激发，家园合作更加紧密。同时，存在吃不透文件精神，管理与实践“两张皮”的现象，对新教育理念和教学方法的接受与更新速度略显迟缓。

2. 制度规范化与标准化阶段（2001—2013年）

这一阶段，随着全社会对学前教育的重视程度不断提高，顺平县幼儿园也开始注重幼儿的个性发展和潜能挖掘，但存在过度追求知识传授的现象。随着《3—6岁儿童学习与发展指南》的颁布，顺平县幼儿园根据文件要求，细化了教育目标，加强了个别幼儿学习情况的观察评估，开始定期记录幼儿的学习与发展情况，为幼儿园的管理决策提供了科学的依据。此外，幼儿园进一步密切加强了与家庭的沟通与合作，以家园合力共促幼儿的发展。经过这一阶段的努力，顺平县幼儿园的教育质量得到了显著提升，幼儿的学习与发展更加全面和均衡，个性得到了充分发展，家长的满意度也逐年提高。

3. 深化制度改革与提升文化品质阶段（2013年至今）

这一阶段，随着国家相继颁布了《幼儿园保育教育质量评估指南》《幼儿园办园行为督导评估办法》等文件，顺平县幼儿园的质量提升与发展模式面临着极大的机遇与挑战，开始研究幼小衔接工作，关注家庭教育的质量，强化幼儿入学准备教育，如模拟课堂、校园参观等，让幼儿走进小学熟悉学习环境；定期举办家长培训、家庭教育讲座等活动，提高家长的教育素养和家庭教育能力。《保定市教育高品质发展三年提升行动实施方案》和《顺平县基础教育高品质发展三年行动实施方案》对顺平县幼儿园的质量提升起到了关键性作用。“一年强基础，两年提内涵，三年初成效”的工作思路，以及集团化办园、结对帮扶等形式极大促进了我园教育质量的快速提升。

（三）理论依据：教育理论支持

尧顺文化的实践深受各类教育理论的影响，但其中影响更为重要的是陈鹤琴的“活教育”理念、卢梭的自然主义教育观、皮亚杰的认知发展理论、维果斯基的最近发展区理论以及米德的自我发展理论。

1. 陈鹤琴的“活教育”思想

陈鹤琴的“活教育”理念强调教育应与生活紧密相连，让幼儿在实践中学习，探索未知。在尧顺文化建设中，我们不仅注重幼儿的知识学习，更重视幼儿的实践能力和创新精神的培养。通过组织幼儿参与社区服务、科学实验、艺术创作等活动，让幼儿在实践中发现问题、解决问题，培养他们的创新思维和解决问题的能力。

2. 卢梭的自然主义教育思想

卢梭的自然主义教育观主张教育应顺应儿童的自然本性，尊重其个性差异。在尧顺文化建设中，我们将这一理念进行了深入贯彻。如尊重每个幼儿的独特性和个性差异，注重培养他们的自主性和自我管理能力；强调顺应幼儿的自然发展规律，避免过早的学业压力，杜绝小学化等，让幼儿在轻松、自然的环境中自由成长。

3. 皮亚杰的认知理论

皮亚杰的认知发展理论揭示了儿童认知发展的阶段性特点，我们将这一理论用于指导课程设计与教学方法的选择上。如根据幼儿的年龄特点和认知水平，设计符合他们发展水平的园本课程和特色活动，注重培养幼儿的批判性思维和问题解决能力，通过设计具有挑战性的任务和项目，激发幼儿的学习潜力和创造力。

4. 维果斯基的教育理论

维果斯基的最近发展区理论强调教育应关注幼儿的潜在发展水平，通过教学促进幼儿的认知发展，我们将这一理论应用于个性化教学方案的制定上。教师通过对幼儿的观察和评估，了解幼儿的现有发展水平和潜在发展能力，为他们制订个性化的教学方案。确保教学始终处于幼儿的最近发展区内，从而最大限度地促进幼儿的潜能发挥。

5. 米德的游戏与自我发展理论

米德的自我发展理论认为，个体的自我发展是在与他人的社会互动中实现的。在尧顺文化建设中，我们注重培养幼儿的社会交往能力和团队合作精神及沟通能力和合作能力。通过组织各种集体活动、小组讨论等，让幼儿在与他人互动中学会分享、合作和尊重，培养其社会责任感和集体荣誉感，为未来的发展打下坚实的基础。

二、办园思想形成的过程

（一）名称由来

自 1985 年建园以来，顺平县幼儿园一直致力于为幼儿提供一个温馨、安全的成长环境，让幼儿拥有丰富多彩的童年体验，并始终遵照国家的大政方针坚守办园方向。近几年，随着社会经济的快速发展和学前教育理念的快速更新，本园的发展面临着极大的挑战。所以我园开始积极寻求新时期的发展之路，着手构建教育质量提升的系列工程。正是在深入挖掘本园历史，研究当前学前教育精神，结合本土传统文化，并在遵循幼儿阶段学习特点与成长规律的基础上，“尧顺”文化的建设思路不断清晰起来。

（二）内涵阐释

顺平县为尧帝故里，办园思想中的“尧顺”取贤君尧舜之名（舜与顺平县名中的“顺”字同音，又即尧顺），寓意着和谐、仁爱的精神。

尧是中国古代传说中的圣明君主，他以仁政、智慧和远见著称，被后世尊为“五帝”之一。以“尧”为办园思想的象征，旨在传承和弘扬传统文化中的仁爱、智慧、谦逊等美德，培养幼儿对中华优秀传统文化的认同感和自豪感。“顺”则体现了顺应自然、社会、人性的理念，意味着要尊重幼儿的天性及成长规律，以和谐、包容、开放的态度，为其营造宽松、自由、充满爱的成长环境。

（三）形成过程

“尧顺”办园思想是几代顺幼人基于本园管理体制与顺平县地域特点，在长期的办园过程中积累而成的对多类关系的认知，并基于此形成的教育观念及发展方向的理性认知。

1. 初心微明，朦胧坚守（1985—2012 年）

顺平县幼儿园建园初为完县幼儿园，教职工人数及幼儿数量都较少。这个时期，办园条件简陋，管理欠缺规范，园长和教师均是以自己的真实生活经验为模型来组织教育活动，教育参考资料少且零散，以家庭式看护为主，虽然对教育理念和文化建设的方向有了初步的认识，但还处于摸索和试错的状态。因深受本地尧文化影响，在教育中注重培养幼儿的品德与逻辑思考能力，师幼、师师关系和谐、温馨，朴素、自然的生活状态成为最常见的教育场景。

2. 雾中觅路，体系初建（2013—2020 年）

随着国家政策的不断完善和幼儿园教育的规范化发展，顺平县幼儿园围绕“遵循国策，规范发展”建立健全幼儿园的制度管理文化，学习用科学的理念和方法提高幼儿园的管理水平，开始有针对性地研究教学活动，提升专业水平，推动了幼儿园的可持续性发展。

3. 笃行致远，本真不渝（2021—2022 年）

此阶段，在基本的教育体系建设完成后，幼儿园需不断实践和探索，确保这些体系和理念能够得到有效的实施和持续的发展。注重传承和弘扬中华优秀传统文化，让幼儿在成长过程中感受到中华文化的博大精深。2020 年前后，经过长期对国家及省市学前教育发展的政策要求的学习，结合新时期学前教育的新理念，顺平县幼儿园结合本园实际情况提出了“做自然温暖的幼儿教育”的办园思想，并进行了初步的实践探索。

4. 文化铸魂，初心不改（2023 年至今）

2023 年，在反复思辨、论证的基础上，幼儿园在陈鹤琴老先生的“大自然、大社会就是活教材”理念中探寻思路，从幼儿身心发展规律出发，确定了以“沐尧古道，顺性而育”为理念的尧顺办园思想体系。目前，以“尧顺”为文化符号的办园体系，正在逐步从概念体系、VI 视觉符号以及课程建设等方面深入探索。

三、办园宗旨与理念

顺平县有得天独厚的文化历史资源，从逆畤邑到完县、顺平县，从夏商发展至今，尧文化源远流长，木兰精神历久弥新，丰富的民俗生活为顺平县幼儿园办园思想的形成积累了丰厚的底蕴。正是因为有此积淀，我园才得以将这一主张以办园宗旨、办园理念、园训的形式进行了界定，进一步为我园未来的改革、发展及自我评估工作指明了目标和方向。

（一）办园宗旨——以幼为本，以仁为基，培养全面发展的尧顺儿童

1. 以幼为本

“以幼为本”特别强调了顺平县幼儿园教育的核心是幼儿，关注每

个幼儿的成长和发展，尊重每个幼儿的独特性和个体差异，始终围绕幼儿的需求和兴趣，注重其参与和体验，并通过游戏、探索、实践等方式，激发幼儿的学习兴趣和积极性。

2. 以仁为基

“以仁为基”体现了我园教育的道德基础，即培养幼儿的仁爱之心和道德品质。让幼儿学会关心、尊重、理解他人，遵守规则、诚实守信、乐于助人，形成良好的道德品质和社会责任感。通过故事、游戏等形式，营造和谐的氛围，让幼儿在关爱和尊重中成长。

3. 培养全面发展的尧顺儿童

“培养全面发展的尧顺儿童”明确了我园教育总目标，意在通过教育培养幼儿身体、智力、情感、社会性等的全面发展，成为身康体健、活泼伶俐、品优德厚的尧顺儿童。

（二）办园理念——沐尧古道，顺性而育

顺平县是尧帝故里，我们汲取了尧文化中的仁爱、诚信、和谐等价值观，来熏陶和启迪幼儿的心灵，旨在为幼儿营造一个浸润于中华优秀传统文化，同时又不失现代气息的成长环境，让他们在尊重天性和个性的同时得到全面而均衡的发展。

1. 沐尧古道

“沐”为洗涤、浸润，象征着幼儿沐浴在阳光雨露中茁壮成长。而“尧”字寓意智慧、仁爱和公正。“沐尧”指幼儿在幼儿园得到了智慧与美德的熏陶，滋养身心。“古道”是传统与历史的积淀，象征着返璞归真、追求本质的教育理念。“沐尧古道”的办园理念是希望师幼能够沿着古道，回归教育本质，追求内心的宁静与和谐。

2. 顺性而育

“顺性而育”暗喻了我园的教育顺应幼儿的天性，尊重每个幼儿的个性差异和兴趣爱好，并根据幼儿兴趣、特长和潜能来制订教育计划，因材施教。同时，采用符合幼儿身心发展规律的教育方法和手段，让她们在轻松愉快的氛围中成长和发展。

（三）园训——博学厚德，和顺成长

“博学厚德，和顺成长”的园训进一步从意识与行为层面落实了顺平县幼儿园的办园宗旨、理念、目标，体现了我园切实从品德、情感、知识、社交等多层面培养与发展幼儿的能力的精神，展现出了我园教育的全面性和深度。

1. 博学厚德

顺平县幼儿园注重培养幼儿的责任感、合作精神和集体意识，让幼儿尽可能多地接触各种知识和经验，激发好奇心和求知欲，积累多种经历建立广博而深厚的童年经验，并通过绘本阅读、科学实验、手工制作等多元化的教育活动，培养孩子们对世界的初步认识和兴趣。用丰富的日常活动支持幼儿形成诚实、友善、尊重、勇敢等良好品质，为尧顺儿童成为未来社会的有用之才奠定基础。

2. 和顺成长

“和顺”指和谐与顺应，体现在两个方面：人际关系的和谐，教育幼儿要与他人友好相处、互相帮助、尊重他人；幼儿内心的和谐，即保持平和、积极的心态，面对生活中的各种挑战和困难。而“成长”是我园园训的核心目标，在“博学厚德”的基础上，强调幼儿在和谐的环境中，身体、智力、情感、社交等全方面的和顺成长。

四、办园目标与原则

顺平县幼儿园建园历史较短，鉴于体制与地域特点的影响，当前发展面临着机遇与挑战。在尧顺文化基调的基础上，我们提出了“和合为基，德润童心”的办园目标，将我园未来发展的总方向和教育追求蕴含其中，也体现出了我园的教育愿景、目标和期待。

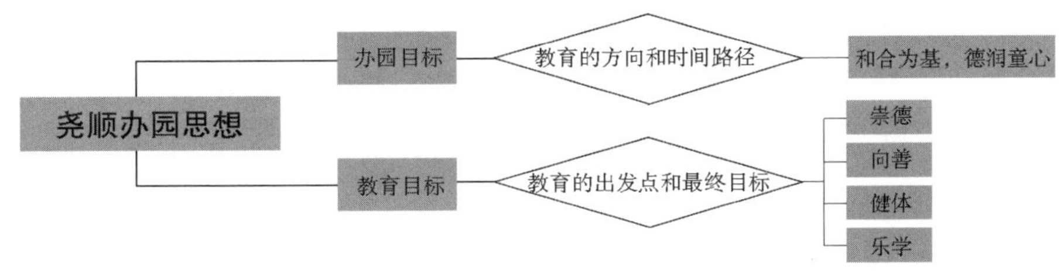

图 3　办园目标结构图

（一）办园目标——和合为基，德润童心

1. “和合”是基础和前提

“和合”即和谐、合作、融合，强调我园在家长、教师、幼儿三者关系中的期待，隐含着理想的教育要有效融合各类教育资源的思想。日常中，我园通过营造和谐温馨的氛围，让幼儿感受到家庭般的温暖和关爱。同时，教师间、师幼间、家园间建立良好的合作关系，共同为孩子们的成长和发展贡献力量；整合社区、家长以及社会的各种资源，为幼儿创造性地提供多样化的丰富、有趣的环境和体验。

2. “德行”是灵魂和核心

“德”是品德、道德。我园注重品德教育的渗透和融入，通过日常生活中的点滴细节、故事讲解、角色扮演等方式，用德育来滋润幼儿的心灵，引导幼儿从小树立正确生活态度。同时，教师用自己的品德和行为来影响和感染幼儿，让幼儿在耳濡目染中形成良好的品德修养。

（二）教育目标——崇德、向善、健体、乐学

“尧顺”办园思想最终要通过班级高质量师幼互动活动来根本性地落实，而教育目标就是我园在这一层面对尧顺思想的具体化和实践化表达。崇德向善的教育，旨在培养幼儿的道德品质和社会责任感；健体乐学的活动，意在促进幼儿身心健康和全面发展。

崇德，培养尊重、礼貌、分享与合作精神，强化责任感；向善，鼓励关心他人、乐于助人，培养同情心和公正意识；健体，注重身体

素质全面发展，通过体育活动和户外游戏锻炼运动能力，同时关注心理健康；乐学，鼓励主动学习、勇于探索，提供丰富学习资源，激发学习兴趣，培养创新思维和解决问题能力，让幼儿在学习中不断挑战自我，实现超越。

（三）风尚体系

1. 园风——和谐、舒适、共育

尧顺文化以《礼记·大学》修身齐家为基，营造和谐温馨环境，融入传统文化，家园共育促进幼儿品德养成，奠基未来发展。“和谐”是指倡导师生之间、幼儿之间和谐融洽的关系，形成温馨、友爱的园所氛围；“舒适”是指注重园所环境的安全舒适，确保幼儿在一个安全、健康的环境中成长；“共育”是指加强与家长的沟通合作，共同营造有利于幼儿成长的家庭、园所环境。

2. 教风——仁爱、启发、身教

秉持“因材施教，各尽其才”理念，传承尧顺文化仁爱精神，尊重个体差异，以智慧启迪求知欲望，用爱心浇灌成长根基。“仁爱”是指以仁爱之心对待每位幼儿，关注其情感需求，用温暖言行传递爱，尊重个体差异，因材施教，激发兴趣；“启发”是指鼓励幼儿探索，积极思考，培养其创新精神和实践能力；“身教”是指教师以身作则，为幼儿树立良好榜样。

3. 学风——爱知、协作、守则

“学如逆水行舟，不进则退。”以尧顺文化为基，倡导乐学协作，培养独立思考及团队合作能力促进共享成长。“爱知”是指鼓励幼儿养成好学的习惯，积极参与各项活动，提高认知能力和综合素质；“协作”指团结协作、分享、合作，培养集体荣誉感；“守则”指引导幼儿树立守则意识，遵守班级、园所、行为规范，养成良好习惯。

（四）园徽及释义

一代园徽以双柳汇心比喻各界关心，S 型玫红曲线（代表教师）与

Y 型嫩芽（代表幼儿）构成“顺幼”缩写，也展示顺平县幼儿园践行顺应天性的教育理念。绿色象征成长，粉桃融地域特色与艺术之美，棕基托举守护之力。同心构筑爱心家园，以专业之爱滋养童心。二代园徽在延续一代园徽桃花、柳树这些元素基础上，以双钩线“顺”字融垂柳寓意，凝练“尧顺”文化。桃花形外廓喻师幼共生，自然色系（粉、绿、橙）映照童真天性。取《咏柳》诗境与桃乡地缘，以草木生长之姿诠释“沐尧古道，顺性而育”理念，构筑自然浸润的童年精神家园。

图 4　一代园徽

图 5　二代园徽

（五）吉祥物

吉祥物整体设计以顺平桃花为元素，头顶为桃花花蕊；“顺悠悠”为男孩形象，喻“顺幼”新生，星眸承尧帝睿智，唇角坚毅显“和顺成长”之志；“桃嘟嘟”为女孩形象，呼应“桃都”地缘，倔强神态凝“乐学、健体”执着，稚气笑容化“沐尧古道”文化使者。顺悠悠的智性光芒与桃嘟嘟的灵性之美交融，童趣形态载“顺天应人”文脉，成就“尧风化雨，顺木成林”的教育意象。

图6 吉祥物“顺悠悠”

图7 吉祥物“桃嘟嘟”

五、保教工作与特色活动

（一）保教并重的具体措施

顺平县幼儿园在保育中融入教育内容，在日常生活中培养其社会适应能力。在教育过程中则关注幼儿的身心健康、情绪情感发展，及时给予相应支持。具体如下：

1. 保育工作

（1）倡导三种理念

一是尊重自然本性。倡导尊重幼儿的天性、成长规律及生理特点，通过科学膳食、定期体检、安全教育等确保幼儿按照自然的节奏健康成长。二是强调和谐共生。通过营造一个温馨、和谐、安全的成长环境，干净、整洁、舒适的生活环境，引导幼儿养成良好的卫生习惯。三是关注身心健康。注重幼儿的全面发展，关注其身心健康。通过健康检查、疾病预防、安全教育等措施，保障幼儿的身体健康；通过日常生活照顾、情感关怀等方式，关注幼儿的心理健康。

（2）坚持三项措施

一是科学膳食管理：制定营养均衡食谱，严格食材采购标准，保证新鲜安全，每周公布食谱，征集家长建议，对体弱儿定制健康档案；定期体检建档，跟踪身高、体重等发育指标；联合社区开展疫苗接种与疾病科普。二是安全教育与防护：加强幼儿园的安全管理，每月组织消防、地震等安全演练，提高幼儿应急能力；对幼儿进行安全教育，让幼儿学会识别危险并远离危险。三是日常生活照顾：创设安全、舒适的生活环境，配备舒适的床铺、安全的玩具等；引导幼儿养成良好的卫生习惯；关注幼儿的情绪变化，及时给予关爱和安慰，确保幼儿心理健康。

2. 教育工作

尧顺文化强调尊重幼儿的个体差异，通过观察和评估，了解每个幼儿的兴趣、特长和发展需求，为他们提供个性化发展支持。

（1）坚持两个理念

一是全面发展。尧顺文化倡导幼儿的全面发展，通过设置多个领域课程，促进幼儿的全面发展。二是家园共育。尧顺文化强调和谐共生，注重调动家庭的力量，通过家长会、亲子活动等形式，向家长分享教育经验和资源，增进家园沟通，共同推动幼儿的发展。

（2）坚持四项措施

一是个性化成长支持：建立幼儿发展观察档案，通过特色区角活动、跨班兴趣小组，满足个体需求，推行“学习故事”记录法；鼓励幼儿自主选择和探索，发挥他们的主动性和创造性。二是家园共育：开展“家长工作坊”分享科学育儿策略，组织亲子故事、亲子阅读、亲子运动会等活动进行互动；定期发放电子《家园联系卡》动态反馈成长表现，吸纳家长建议，优化课程设计。三是情感浸润与心理护航：关注幼儿的情感需求，开展情感教育课程，培养幼儿健全的人格和良好的心理素质；对有特殊需求的幼儿进行特别关注，为家长提供心理支持和辅导。四是全人发展课程体系：构建“五域融合”主题课程，采用项目式学习，游戏化实践，如“自然探秘营”等活动，厚植综合素养。

（二）特色课程

顺平县幼儿园已有40年建园史，根据国家在不同时期对幼儿园课程建设的不同要求，以及地方性政策特点，我园主要经历了4个比较有代表性的课程期，即建园初期及之后较长一段时间的“零散摸索期”、建园中期的“课程新探”及“三课融智”，目前为“特色探索”创行期。

1.“零散摸索”萌芽期（1985—1997年）

这段时期，课程资料少且零散，幼儿园只有五六位教师，90年代扩充到十几名教师，上级对幼儿园教育工作没有特别的要求。

2.“课程新探”扎根期（1998—2004年）

这段时期，幼儿园开始接触新的教育理念，开始有派出教师去其他地方学习的机会，“开设了珠心算班”“使用《现代英语》《音乐花园》《英语教材》《多元智能课程》《幼儿画册》等课程”。这段时期，本园开始尝试性地做出管理机制改革，教师的专业认识有所提升，但仍然处于零散状态，缺少系统认知。

3.“三课融智”成长期（2005—2019年）

这一时期，教学课程参考用书越来越多，且内容越来越丰富、操作性增强，多为《教师用书》与《幼儿用书》同时使用。“设了蒙氏班”“使用《南京小袋鼠课程》”“《亿童课程》”“开始有了绘本阅读”。这段时期，教师的专业认识普遍得到提升，幼儿园的教学呈现出了活泼、生动、多元的生态。

4.“特色探索”创行期（2020年至今）

目前，顺平县幼儿园正尝试融合本地民俗文化资源，本着突出课程游戏化、生活化的理念，以幼儿生活中的大事件、节庆节气、顺平民俗文化为三大课程资源，结合本园课程建设的现有基础和教师队伍的实际特点，从尧顺文化入手，打造“木兰课程”“桃乡课程”“尧土课程”三大特色课程体系，突显对新时期教育理念的乡土化探索，不断构建基础扎实、地域特点突出、师幼乐学爱教的新时期尧顺文化课程体系。

六、师资队伍管理与家园共育

“仁者爱人”，有礼者敬人。在尧顺文化的熏陶下，秉持“仁爱为本，和谐共生”的理念，我们不断提升师资队伍的素质，加强家园共育的深度与广度，为幼儿的发展奠定坚实的基础。

（一）师资培养与管理

顺平县幼儿园制订了一套全面而系统的师资培养与管理计划。不仅注重教师的基本职业素养培养，更侧重于教师专业能力的提升，多种策略促进教师的全面发展。

1. 强化职业要求

一是仁爱之心：强调教师对每一个孩子的关爱和尊重，定期组织教师参与“爱心教育”讲座，分享与孩子们相处的温馨故事，加深教师对仁爱之心的理解；在日常教育中，鼓励教师用温暖的语言和行动表达对孩子的关心，记录并分享“爱的瞬间”，营造充满爱的教育环境。二是敬业精神：设立“教师职业道德”课程，结合案例分析与角色扮演等方式强化职业责任感；设立“教育创新奖”，表彰在教育工作中表现突出、富有创新精神的教师。三是团队协作：推行“团队协作日”，集中解决教育教学中遇到的问题并分享成功经验组织团队建设，建立“教师互助小组”，促进跨年级合作，形成共研、共学氛围。四是持续学习：为教师提供参加专业培训、进修学习的资金支持；鼓励教师参与教育科研项目，提升科研能力和创新意识；定期组织教师进行教学反思和经验分享，促进教师之间的互相学习和成长。

2. 提升专业能力

一是分类培训：每学年制订系统化培训计划，邀请专家来园开展前沿教育理念讲座；支持教师参与外部研修，构建“理论＋实践”双轨成长路径。二是青蓝工程：签订青蓝师徒结对协议，明确带教任务与资源支持，如教学资料、教学设备等，并定期组织师徒交流会，分享教学经验，评估师徒成果，促进师徒共同成长。三是教学研讨：将每周四设立为“教学研讨日”，围绕教学主题进行深入研讨和交流；引入校外专家点评指导，推动成果转化为教学案例。四是多维观摩互学：开展常态化教学观摩，明确观摩重点；组织观摩后的“三问反思会”（亮点、改进点、迁移点），促进经验迭代；设立“优秀教师奖”“教学创新奖”等奖项，将教师的专业发展和职称评定与教育教学成果挂钩，激发教师的工作积极性和创新精神。鼓励教师参与各类教育竞赛和评选活动，提升教师的社会认可度和荣誉感。六是自主成长支持：搭建“教师成长资源站”，如图书资料、网络资源等，鼓励教师利用碎片时间学习；开展“每月一书”共读、教学日志漂流活动，强化反思习惯。

（二）家园合作

陈鹤琴先生曾说：“幼儿教育是一种很复杂的事情，不是家庭一方面可以单独胜任的，也不是幼儿园一方面可以单独胜任的，必定要两个方面共同合作才能得到充分的功效。”

一是成立家委会，建立家园共同体。每学期选定“家委会”“班委会”，通过家委会商议全园大事，了解班级家长情况。二是开设家长学校，提升共育理念。定期组织家长学校活动，邀请教育专家、学者或经验丰富的教师为家长讲解育儿知识，分享教育心得，让家长了解最新的教育理念和方法，提升家庭教育的质量。四是招募家长志愿者，营造共育氛围。幼儿园招募家长志愿者，组织他们参与园内的各种活动，如协助组织活动、担任临时辅导员、参与校园安全巡查等。五是搭建家园沟通渠道，形成高效配合模式。通过家长会、家访、家长信箱等方式，加强与家长的沟通。定期向家长汇报幼儿的在园情况，了解家长的需求和意见，及时解答家长的疑问，共同解决幼儿在成长过程中遇到的问题。六是拓宽宣传途径，展现网络效应。利用官方网站、微信公众号、APP 等平台，发布园内的新闻、活动信息、教育资源等，让家长更加便捷地了解幼儿园的工作。

七、办园成果

（一）核心成果

一是理念更新。尧顺办学思想强调以幼儿为中心，倡导个性化教育，注重培养幼儿的创新能力和批判性思维。理念的更新带动了全面管理工作的提升，为持续发展奠定了基础。二是方法革新。尧顺思想提倡用启发式、探究式的教学方法，鼓励自主学习、合作学习；提倡班级教育与大环境里的实践相结合，让幼儿在生活、实践、操作中学习与成长，平衡了传统集体教学的不足，激发了个体主动性。三是体系完善。尧顺思想是一个完整的思想体系，以此为基础，我们构建了包括集体、区域、户外、生活活动为一体的完整教育框架，强调教育的连贯性和系统性，为不同特点幼儿的学习提供了多元化的选择机会。四是教育资源的优化。尧顺思想注重资源的整合和优化，通过信息技术手段提高了教育资源的利用效率，实现了教育资源的均衡分配。

（二）实践成果

一是管理质量显著提升。基于尧顺办园思想，幼儿园的保教质量、幼儿的综合素质、教师的专业水平都取得了显著的成绩。二是教育改革的推进。尧顺办园思想引领我园管理模式的改革，产生了积极的教育影响。三是幼儿成长的促进。在尧顺办园思想的指导下，我园幼儿的综合素质得到了全面提升，创新能力和实践能力明显提高，为其未来的学业发展和社会适应能力奠定了基础。四是教育公平的实现。通过优化教育资源、完善教育体系等措施，更能关注到不同能力水平幼儿的教育问题，让每个幼儿都能在幼儿园享受到科学、优质的教育。

顺平县幼儿园尧顺办园思想是一种独特的教育理念和实践尝试，具有广阔的发展前景和重要的社会价值。未来，随着教育改革的不断深入和社会需求的不断变化，尧顺文化将会为本地幼儿的全面发展和尧文化、木兰文化等的传播、传承做出更大的贡献。

第二篇

追本溯源　向光而行

引本源之泉　注渊深之根力

——安国市幼儿园“源”文化立根教育办园思想与实践

安国市幼儿园　李　伟　杜维静　王　静

文化是扎根于骨髓、种植于灵魂深处的信仰。在文化理念的指引下，幼儿园才会走上可持续发展之路。安国市幼儿园在“源”文化理念引领下，以“立根教育”为目标的办园思想，强调培养继承和弘扬中华优秀传统文化、担当民族复兴大任、推动文化传承创新、培育社会主义现代化的时代新人，是幼儿园落实立德树人根本任务的具体体现。

一、溯“源”始，寻纪元，守文化植理念之根

（一）“源”文化立根教育溯源

根深者叶茂，源浚者流长！“源”文化立根教育的成长与发展是精神的积淀与文脉的传承。

安国市幼儿园（以下简称“市幼”）1959 年始建于河北省安国市舍二村，最初命名为安国县直机关幼儿园，1991 年更名为安国市幼儿园。1992 年迁于现址顺城街，占地面积 1800 平方米，建筑面积 1100 平方米，设小、中、大及混龄 11 个教学班，在园幼儿 350 余名，教职员工 66 人，是安国市最早的公办幼儿园。2023 年 11 月，安国市第五幼儿园（以下简称“五幼”）投入使用，占地面积 9139 平方米，建筑

面积5175平方米，与市幼协同发展，获评教育部园长培训中心教学实践基地，石家庄学院、保定学院、保定幼专等高校国培、实习生实践基地；成立“河北省张春炬名园长工作室工作站”“安国市名师工作室”；多次向幼教同仁提供观摩跟岗学习现场；成立帮扶工作小组，送教下乡、入园诊断精准帮扶。1993年被评定为河北省一类幼儿园，2011年高标准通过河北省示范性幼儿园验收，2021年通过复检。

1.“源”文化立根教育背景

（1）爱与责任是初心（1959—1992年）

1959年园所初建，无园舍、无教师、无设备、无资金，物资匮乏，条件艰苦，老一辈的教育工作者靠的是对孩子们的爱与责任、对工作的一腔热忱！爱与责任是教育的初心，亦是“源”文化立根教育提出的原点。

（2）幼儿发展是中心（1992—2017年）

市幼人关注幼儿个性与兴趣，关注其自身成长与发展，“幼儿为本”的理念基础初见端倪。开展“乐器进课堂”“舞蹈进课堂”“国学进课堂”等特色教学活动；依托家乡特色，研发药乡文化课程；响应国家“京剧进校园”号召，立足“普及、激趣”两原则，全园开设京剧课程；创办园刊《星星卡》《爸爸妈妈看过来》；设立家长信箱等。教育主体是幼儿，强调以儿童兴趣为中心，注重儿童经验为中心，聚焦儿童活动为中心。幼儿发展是教育的目的，亦是“源”文化立根教育提出的中心。

（3）文化引领是核心（2017至今）

时代的发展、理念的更新带给市幼人新的命题，在延续和改变中间寻找平衡，在回溯和思考中找寻园所发展定位。深刻理解国家政策文件，深感文化才能引领园所发展走向深远，文化建设势在必行。

市幼班子带领全体教师重新梳理顶层设计，以幼儿的利益与需要优先，营造适宜的自然环境和人文环境，与制度文化的建设和精神文化氛围的营造相得益彰，使已有的相关“文化”得到完善、创新、发展，形成尊重与关爱的和谐育人文化。期间经历了自我否定的颠覆之痛、嫁接孕育的分娩之痛、重塑建构的生长之痛。正所谓思变则通，安国市幼儿园“源”文化立根教育从萌芽到雏形，由点及面逐渐形成稳步发展，立根教育课程模式也逐步架构和实践，市幼人一边学习一边思考，一边实践一边创造，为园所发展、幼儿成长注入了源源不断的生命之泉。

2.“源”文化立根教育定位

站在教育发展的新起点，市幼人始终带着“护根者”的信念，用“大道至简”哲学辩证思想，承前启后探本溯源。

（1）幼儿园精神的传承与彰显

老一辈市幼人做幼教的初心是“一切为了孩子”，靠的是对孩子们的爱与责任；随着时间的推移、时代的变迁，“童趣世界　人才摇篮”成为前辈们的信念追求，关注幼儿学习的起点“兴趣”，教育主体依然是幼儿，但内涵愈加科学深远；基于新时代“儿童为本”的不同追求与内涵，关注新时代人才需求与幼儿的发展的关系，市幼人提出并践行“源”文化立根教育理念，关注幼儿作为独立个体的成长与发展，关注幼儿自主学习与游戏的有机融合，保持幼儿在教育中不可撼动的唯一地位。因此，“源”文化立根教育理念的提出符合市幼人精神的传承与坚守。

（2）中国传统文化的追寻与思考

文脉传承是每个中国人责无旁贷的使命，创新是传承的动力，聚焦幼儿需要和适宜的文化精髓，与幼儿生活相结合甄别汲取优秀养分，帮助幼儿立民族自信之根、家国情怀之根、品学兼优之根、健康体魄之根、良好习惯之根、好奇探索之根……最终目的是独立生存，并让中华优秀传统文化成为孩子生命当中不可或缺的文化基因。立足国家、立足传统、立足本土，用辩证的思维、开放的视角、融通的态度，培养现代中国人、未来中国人、社会主义建设者和接班人。“源”文化立根教育理念的提出基于对中国传统文化的追寻与思考。

（3）国家方针政策的引领与践行

《幼儿园工作规程》《幼儿园教育指导纲要》《3—6 岁儿童学习与发展指南》《幼儿园教师专业标准（试行）》《幼儿园保育教育质量评估指南》《家庭教育促进法》等纲领性政策，为“源”文化立根教育的提出提供了政策支持与指导。基于教育改革的需求、社会价值观的塑造、多元文化的融合、教育公平的追求、家庭社会的期望、教育实践的创新、国际趋势的影响等要求，结合市幼实际，不断修正文化体系、教育内容方法和科学实践、教师队伍建设的标准和依据、质量评估操作路径等。因此，“源”文化立根教育理念的提出符合科学发展观指引下的时代意义。

（4）家乡地域文化的浸润与坚守

市幼位于河北省保定安国市，安国古称祁州，药业历史源远流长，素有天下第一药都之称，“草到安国方成药，药经祁州始生香”是对千年药都的美誉。千年中医药文化传承赋予药都教育人光荣的历史使命。因此，“源”文化立根教育理念的提出符合药乡地域文化的浸润与坚守。

3.“源”文化立根教育循迹

（1）泉脉寻根，寻溯文化

2017 年 9 月，文化梳理工作正式拉开帷幕。我们面向社会公开发布征集令，开展访谈幼儿园老园长、老教师等寻根溯源活动，梳理出了市幼不同时期的文化根基。寻着老一辈市幼人艰苦奋斗、创业实干、一切为了孩子的精神泉脉，“源”文化立根教育构想初确立，这是历史的积淀与精神的传承。

（2）冲脉初成，确立文化

2018 年 9 月，结合国家纲领性文件政策，梳理幼儿园文化脉络。

"幼儿为本"意识凸显，课程开发意识萌芽，"源"文化立根教育理念初形成，更关注幼儿个性和助力幼儿发展。

（3）贯脉力行，优化文化

2019 年 6 月，"源"文化立根教育理念逐步完善发展，伴随教育教学改革不断深入，立根教育课程模式宏观架构微观实施，理念与实践不断优化践行。

（4）融脉拓升，更新文化

2023 年 11 月，五幼开园，传承与创新并行，"源"文化汇聚五幼确立"渊"文化，源汇渊融，静水流深。

（二）"源"文化立根教育理念体系

1. 办园理念

以"幼儿发展"为源，用传统文化浸润孩子的心灵；立"德行"之根，用教育的智慧承载教育行为。

立足幼儿为本，落实立德树人；立足于乡土乡情，落实文化自信；尊重生命本态，遵循生命发展自然规律。顺势而为不对抗，顺其自然不内耗，顺应规律不高控；用"不教"的教育，以教师的无为支持幼儿更"有为"；教师负重载物，深沉少语，幼儿自然而然，成其自然。

2. 共同使命

通过优质的教育服务，促进幼儿健康成长，为家庭带来幸福美满，进而推动社会和谐发展。

3. 育人目标

让每位幼儿都能在尊严中生活，为生活赋予明确的目标，有智慧应对生活的挑战，在成长的道路上充满活力与信心。

4. 课程模式

立根课程模式是"生活蒙学、自然养正、顺势而为、源远流长"。"生活蒙学"指让生活承载教育，让孩子学会生活、生存，敬畏生命；

“自然养正”指在大自然中、在自然的状态下习得能力、知识与良好品行；“顺势而为”指顺应规律，顺应天性，抓住关键期教育，关注整体尊重差异；“源远流长”指秉持“源汇渊融”的理念，经历“坚守、传承、创造、发展、沉淀”的过程，让本真教育滋养孩子的一生。

5. 园训

对于幼儿，我们倡导“尊重、信任、自由、快乐”。“尊重”指尊重年龄特点、成长规律、人格品格，让幼儿学会自尊、尊敬他人；“信任”指相信幼儿是有能力的主动学习者，放手幼儿主动探索，以独特的方式创造世界；“自由”指发挥自身的自然力量，建立在规则下的、充分的自由，支持幼儿自主并逐步自律；“快乐”指让幼儿学会管理情绪，保持乐观积极的心态；通过努力获得成就感和满足感。

6. 园风

我园园风的核心理念是“爱、顺、启、伴、成”，贯穿于日常教育和生活的点滴之中，具体表现在：以智慧的方式去关爱孩子，让孩子真切地感受到爱并尽情享受这份爱；尊重孩子的天性，遵循教育和成长的规律，让他们自然地成长；启迪孩子的心灵，激发他们的创造力和思维能力，开启智慧之门；陪伴孩子一起游戏、学习，成为他们成长过程中的亲密伙伴；助力幼儿健康成长、学有所成、品德高尚，最终走向成功。

7. 教师发展目标

“以爱育人、以梦导航、以力筑基、以温暖心”是我园教师发展的总目标，即锻造一支“有真爱、有理想、有力量、有温度”的幸福幼儿教师队伍，使每一位教师成为内心丰盈、温暖而又坚韧逐光的幸福幼教人。

（三）“源”文化立根教育意蕴

1. “源”的字源释义

“源”，水流起头的地方，引申为事物的起源或根本。幼教是人生基础教育、源头，市幼是安国幼教的源头，是龙头引领，是幼儿快乐成长的桃花源。市幼人始终坚守以“幼儿发展”为教育本源。

“源”为水而润物无声，水利万物而不争，儿童的主体地位不可撼动，成人不居功、不占有、不控制，将教育的过程变得水到渠成，载舟水行是教育艺术的体现；“源”为根而深厚坚固，根深才能叶茂，牢固根基才能够稳定发展，本源泽心是教育目的的体现；“源”为新而生生不息，寻大道而无为，循道而行，源头有源源不断的供给和滋养，顺势而为，孕育生生不息的创新发展活力，无为载行是教育本质的体现。

2. “立根”的词源释义

立，自立、独立；根，草本的根，事物本源，基础牢固、蓬勃发展；立根，扎根、生根，顶天立地、独立自主。幼稚教育尤为根本之根本。

“立根”是力量之源，种树必培根，种德必养心，拥有向下扎根的力量方得向上生长的繁华；“立根”是成长之源，生命因沉淀而厚重，因积累而坚实；“立根”是生存之源，帮助幼儿立民族自信之根、家国情怀之根、品学兼优之根、健康体魄之根、良好习惯之根、好奇探索之根……最终目的是独立生存和社会担当。

3. “源”文化立根教育意蕴

“源”文化立根教育在幼儿园教育中是教育理念和实践方式的结合。“源”文化提供了价值观和行为准则，立根教育将这种文化融入教育实践中。“源”为教育的起点或根本理念，强调从幼儿出发寻找教育的本源，是教育行为和思想的出发点；“立根”在此基础上确立教育的目标和方法，为孩子的全面发展提供支持，打好基础。其逻辑关系是相互促进、相辅相成，旨在通过文化的传承和创新，实现教育的深远目标。

（四）“源”文化立根教育理论基础

1. 陈鹤琴的“活”教育思想

“活”教育以大自然、大社会为出发点，提出要做一个现代中国人，要有健全的身体、创造的能力、服务的精神、合作的态度、世界的眼光，为立根教育确立了理念方向和育人目标；陈鹤琴的课程理论以环境为中心，强调自然和社会环境是幼儿园课程系统的中心，让幼儿获得直接经验，基本原则是“做中教、做中学、做中求进步”，教育要源于生活，依靠生活，改造生活，这一理念帮助我们确立了“立根教育模式”；“活”教育“五指教学法”及“教学四步骤”为幼儿园课程建设与实施提供了理论依据；十七条教学原则让我们颠覆“统一、高控、全揽”的教育行为，助力理念与实践知行合一。

2. 蒙台梭利教育理论

立根教育是蒙台梭利教育理念的本土化创新，坚信儿童具有与生俱来的内在生命力，激发和促进儿童内在潜力的发挥，践行混龄教育模式，关注环境对幼儿吸收性心智的浸润，使其按照自身规律获得自然和自由的发展。

3. 卢梭的自然和仁爱教育

借鉴卢梭自然教育理念，开发幼儿园自然体验课程；仁爱教育是教师文化形成的依据之一，儿童教育顺其自然方能成其自然，察幼儿自然天性，顺儿童亲身经历，获自然应有之果。

二、顺“源”势，谋计远，创实践循育人之根

回眸、内观、展望！团队不断地聚心、聚情、聚力，怀着共同的文化信仰和教育情怀，在园所管理、教师发展、课程建设、环境创设、家长工作几方面深耕，逐步形成共同的文化价值和集体人格。

（一）探本溯源，锚定目标，构和谐家园

1. 以人为本，坚守教育初心

人是第一资源。我园注重人的选用、留用、培养与评价，坚持党建领航、守初心铸教育之魂，将培育和践行社会主义核心价值观融入日常管理全过程；强师德、铸师魂、立足岗位做贡献，提出“爱源于懂，德源于专业”师德口号；以“自燃、可燃、决燃”作为教师自我检视准则，建立集青年教师、成熟教师、骨干教师、实习教师为一体的螺旋式教师服务管理模式，使员工始终保有乐观向上的心态，快乐工作，幸福生活。

2. 向上管理，建构科学体系

完善制定各项管理制度，深研管理模式，制定园本教研制度、安全工作制度、家长联系制度、各项考核制度、会议学习制度等分层分级管理制度，畅通谏言渠道，通上彻下、见微知著，洞见症结、对症下药。

3. 关注细节，细化流程管理

我园将与幼儿一日生活相关的各项工作过程流程化、精细化、常规化，制定幼儿一日常规细则、教师守则、教师梯队建设细则、财务管理细则、晋升考核细则、课程实施体系及细则等，借以调动、聚合最优力量。

（二）正本清源，笃行致远，培专业发展

“一群人，一条心，一辈子致力做好幼儿教育一件事!”一支基于问题研究的学习型团队，形成了学、思、研一体化的系统方略，聚焦德能、慧能、才能梳理形成团队建设与专业发展文化。

1. 教师队伍发展目标

以习近平总书记提出的“四有”好老师为发展先导，以教师行为准则为“神韵”的修炼基点，依托“教师有专业素养，有职业幸福感”发展愿景，确立教师专业发展总目标、分层目标和个性化发展目标。

(1) 教师专业发展总目标

“以爱育人、以梦导航、以力筑基、以温暖心”是我园教师专业发展的总目标。教师以真爱为教育的基石，以“真爱幼教、真爱幼儿、真爱生活”为出发点，用关怀和理解去培育每一个孩子，让爱成为教育的原动力；教师要以理想为指引，怀揣情怀、肩负起责任，明确教育的方向，激发幼儿的梦想和志向，引导他们勇敢追梦，成为未来的领航者；教师要以力量为支撑，保持“专注、坚韧、灵活和开放”的品质，通过专业能力和教育实践，为幼儿打下坚实的知识基础和能力基础；教师要以温度为氛围，保持“乐观、共情、包容和尊重”的态度，言行温和、温柔，营造温馨、包容的教育环境，让每个孩子都能感受到教育的温暖和关怀。

(2) 教师专业发展分层目标

青年教师扎根蓄力，夯实专业根基，内化教育理念，提升专业技能，两年内成长为成熟教师；成熟教师借力长力，扎实稳步提升，加强实践创新，利用自修加培训，三年内逐步成长为骨干教师；骨干教师发光助力，授业教学相长，通过带新教师、授课培训发挥辐射作用，深入课题研究，提升自身素养，三年内成长为研究型名师。

(3) 教师专业发展个性化目标

创立“三段成长机制”：发现教育美好，关注自身成长的自发阶段；对问题深度探寻与反思，由知到行指导教育行为的自觉阶段；由行到真知，系统科学的教育观念形成的自由阶段。

2. 教师发展体系建构

(1) 优化教师培养模式

关注教师队伍结构，善用优长，补足短板。制订“新生力量”“骨干力量”“中坚力量”培养计划；实行参与式培训、专题讲座、网络培训等培训模式；制订强基学习方案、成立基创科研小队，成立自然生态、混龄教育、思政课程、幼儿体能训练、京剧特色、家庭教育6个基创科研小队；确立“青黛澜源”“香橼惠风”“紫苑心清”三层学习小分队，建立分层读书制度；成立生活、自然、京剧、乒乓球、网球、朗诵、骑行兴趣小组，给予生活温暖，促进心灵成长。

（2）优化科研培训路径

构建园级教研引领，以年级组为阵地、班级教研为常态，“每月四研、研训一体双循环”的教研形式，独创“五步研讨法”“辩论式教研”“渐进式教研”“融合式教研”“沉浸式教研”“微格式教研”。首创由家长参与讨论的“沉浸式大教研”被借鉴并推广；成立“茜草专家团”“青黛澜源骨干团”研发团队。

围绕“理念、落实、研究、指导”破解“瓶颈”问题，保定市重点课题“在幼儿园一日活动中培养幼儿自主性的实践研究”“幼儿园开展自然教育的实践研究”，河北省课题“游戏化背景下幼儿园自然体验活动的实践研究”均顺利结题，河北省高等学校人文社会科学研究课题“乡村振兴视域下农村幼儿园自然教育课程实施路径研究”立项研究中。

（3）优化教师评价机制

我园建立了科学的教师评价机制、教师升级通关考核制度、骨干教师“传帮带”制度、实习教师阶段性考核制度等。

（三）源头活水，溯流而上，重课程实践

幼儿园课程是园所文化与幼儿教育实践的中介和桥梁，是园所发展的核心。市幼立足全面发展的儿童观，教师帮助、支持、助力幼儿学习与发展的教师观，坚定儿童视角的教育观，形成了因地制宜、贴近儿童生活的课程观。

1．立根教育课程整体定位

幼儿成长需求是核心，国家方针政策是前提，本土文化与园所特质是保障。以《3—6 岁儿童学习与发展指南》五大领域为依托，践行于基础课程和主题课程之上，结合幼儿园的地域特色和园所特色，传承中求创新，变革中求发展。

2. 立根教育课程模式

立根教育课程模式是“生活蒙学、自然养正、顺势而为、源远流长”：回到教育现场，让孩子在生活中学会生活、生存；在大自然中、自然的状态下习得知识，形成良好品行；顺应孩子成长规律、特点，顺应孩子天性，抓住关键期教育，关注整体，尊重差异，让儿童、教师、家庭的关系聚拢共生，让教育走向深远。

3. 立根教育课程内容体系

(1) 传承中求创新

依托药乡文化，构建园本课程。研发编写《药乡童谣》园本教材1—3册，结合二十四节气开发药膳食育课程；开发祁州药铺、药膳坊等活动区域，用“心、肝、脾、胃、肾”中医五行规划药材种植区，着力将景观、科普与教学融为一体；与自然生态课程结合，从“八大祁药”入手开展“小药童”班本主题教学活动；将五禽戏与护心肝脾胃肾操相结合创编养生操和午睡苏醒操；定期组织孩子社会实践，多维度体验、感受中医药文化的博大精深。

深耕戏曲文化，传承国粹经典。2009 年，响应“京剧进校园”号召，市幼立足“普及、激趣”两原则开设京剧课程，打造戏曲文化走廊和戏曲小舞台；创编园本教材，原创幼儿戏曲课间操，初步尝试将戏曲旋律和古诗词相结合的实践研究；小戏骨多次登上国家级舞台，荣获国家级奖项。

(2) 变革中求发展

思变则通，颠覆式改革逐步本土化、本园化、自成体系化。实现从借鉴成型课程到园本课程开发到班本课程实践的质的飞跃。

创新教育模式，实践混龄教育，2017 年在河北农大幼儿园倾力帮助下，混龄教育模式落地生根；拓展园外基地，实施自然教育，2019 年 3 月向园外拓展自然树林、沙河河套两个教育基地，开展混龄模式下自然生态教育，深掘大自然之于儿童教育的价值；创建生活实习场，

图 1　《卖水》选段排练

践行生活教育，以个人到集体、从服务自我到服务他人、从知识技能到科学人文三维度创设生活实习场，帮助幼儿从中获取多样的直接经验，在生活中学习和使用已有知识去解决实际问题。

探秘科技世界，实现科普教育，创设自然科探博物馆，开设自然科学课程；关注自然科学与生命教育的整合，注重种植、养殖活动中的观察与探究等；培养具有科学探索精神、操作实践能力、独特科学想象力的未来科技人才；融入戏剧新样态，助力艺术教育，2024 年 4 月启动“剧绘课程”，将绘本和戏剧融合，围绕绘本品读、戏剧体验、戏剧表达与创作三个层面的教育活动，以童本化、生活化、游戏化的方式，初探戏剧课程整体的架构与实施的多种样态。

4. 立根教育课程改革历程

回顾七年课程改革之路，立根教育课程模式走过了教师本位阶段、儿童本位阶段、师幼对话阶段三段发展历程，调整育人课程体系和评价体系，注重持久性、深入性、整合性，在“大游戏”中实现五育并举，促进幼儿的全面发展，逐步实现“大自然”“大教育”与“儿童全面发展”的融合。

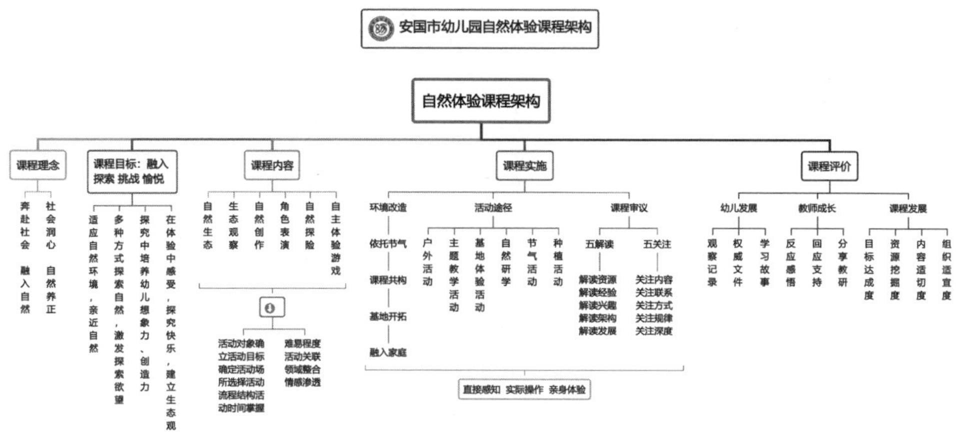

图 2　自然体验课程架构

（1）“三个联结”与“四个回归”的课程体系

以“儿童发展”为核心，实现“儿童与自我、儿童与自然、儿童与社会”的联结，将回归传统、回归自然、回归生活、回归儿童和立根教育有机结合起来，形成“源”文化引领的立根教育课程体系。

（2）“拼合—整合—融合”的课程探索

经历了模仿照搬、借鉴应用、迁移经验、生发创新，幼儿园课程从“分科”到“综合”，从“重教”到“重学”，从“拼合”到“融合”，从“一园一本”到“一班一本”，从“预设”“生成”到“预设/生成结合”，实现了从关注文本到关注儿童的视角、言行、观点的转变。

（3）“儿童视角”与“教师专业”的课程文化

“源”文化立根教育引领的儿童文化和教师文化被高度重视，带来了课程的真正变革和重生。变“教师主动教，幼儿被动学”，教师高结构、高控制的预设性活动，到以“是什么、为什么、怎么做”为问题导向，幼儿成为课程的主人，师幼共做、共情、共学、共研究，实现师幼的共生共长与情感的互通共鸣。

5. 立根教育课程内容与实施

（1）聚焦制定课程实施目标

结合《3—6岁儿童学习与发展指南》和各年龄段、各领域的核心经验，现阶段幼儿的已有经验，定位幼儿最近发展区，梳理课程参考目标。

（2）聚焦课程日常监控

教师以年级为单位讨论交流，从广度、深度、融合度审议确定课程结构；班本主题师幼共同讨论，聚焦幼儿学习生长点，以问题为导向逐步开展；注重过程性监测、主题后汇报研讨、分享，调整和创生课程。

（3）聚焦时间自主把握

将大块、整块的时间给孩子，一日活动安排从“板块割裂”走向“板块融合”，一日生活环节自然过渡，取消集体如厕、饮水等环节，孩子活动更从容、更自主。

（4）聚焦课程精准定位

在班本课程推进过程中，聚焦“三个平衡”的课程定位，即集体教育活动、区域活动、生活活动之间的平衡，能在生活活动中进行的不在区域活动中进行，能在区域活动中进行的不在集体教育活动中进行；主题课程中教师预设和幼儿生成之间的平衡，以幼儿在活动中的问题为明线，活动中获得的经验为暗线，活动在前目标在后，以幼儿“大生成”为开端，重点呈现幼儿的经验变化和反思，在活动进程中进行基于目标导向的“小预设”；主题课程中教师放手与幼儿自主的平衡。老师摒弃统一、高控全揽，尽力做到空间等高、时间等待、思想留白、行动放手止语，以身作则，观察反思。

6. 立根教育课程评价

我园建立了教师主动发展的评价、幼儿个性化发展的评价、课程传承与创新发展的三维评价体系，使课程、教学、评定这三者之间呈现出一种新的循环回路的动态关系；评价方式从单一走向立体，从片面走向全面，评价方式动态调整，让评价从“评判”走向“理解”，从“表面”走向“内涵”，从“固化”走向“发展”，达到“以评促学、以评促教、以评促质”的成效。

（四）酌水知源，潜移默化，创环境育人

1. 环境创设定位

创设“能探索、有挑战、可生长”的育人环境，让幼儿在有营养，高品质，可供探索、模仿、吸收的环境中浸润，在温暖、温馨、温和的人文环境中发展，在多元、开放、流动的物质环境中成长。

（1）多元、开放、流动的物质环境

营造“安全有序有节律，自然朴实艺术化”的空间，强调在与环境互动中完成幼儿的探究合作与自我丰盈。做到学习型区域和创造型区域相结合，开放、半开放、封闭空间相结合。

（2）温暖、温馨、温和的人文环境

营造“自由平等有准备、和谐舒适有美好，自然鲜活有关爱”的环境，研究“看得见的环境”与“看不见的环境”之间的关系，重视人文环境对幼儿潜移默化的影响。

2. 环境创设实施路径

（1）能探索，多元活动空间激发幼儿创造

一切学习行为的发生原点都是兴趣，能激发幼儿兴趣、吸引幼儿主动参与的环境才是好环境。

市幼面积小、设施旧，但我们一直在“大与新”上做文章，本着“小空间大利用，小角落巧改造”的原则深度开发立体空间资源，发掘环境的多重性能，以“互通互融、自然野趣、开放多维”为原则，固定空间向上延伸、有限空间切换功能、户外空间有效联通，整体去“硬化、塑化、工业成品化”，变“沙化、土化、自然生态化”，完成了“平面拓展、立体延伸、南扩西移”三部曲。

图 3　爬树体验活动

基地环境“原始、自然、开放、冒险”，支持幼儿将游戏玩大，选取安国近郊的原始、自然环境作为教育基地，引领幼儿到更开放、冒险的自然环境之中，在不断尝试、体会和历练中学会正确判断和应对危险、规避危险，自然习得相应的安全知识和自我保护方法。

（2）有挑战，多元体验空间让主动学习成为可能

研究“环境、幼儿、成人”的三角关系，根据课程实施的需要规划和调整幼儿学习和生活的空间，重新认识明晰“儿童主体性环境”的概念。适宜儿童生活、迎合儿童需要、适合儿童发展、研磨“展示性、操作性、支持性、提示性”四类环境的育人功能，深研环境规则的适切性与灵活性，为幼儿刻意制造“不方便”，设计具有挑战和

进阶性的活动。提供“一低、两可、三多”材料，满足不同能力孩子的发展需求。尊重幼儿的节奏，鼓励冒险和实践，支持幼儿探究、试错、重复等行为，助推课程生长，彰显儿童参与、儿童逻辑和儿童审美。

（3）可生长，个性发展空间尊重儿童的不一样

提供多种选择机会，支持幼儿兴趣的不一样。丰富的环境和材料为幼儿提供多种选择，满足幼儿不同的兴趣和学习方式，能够更积极地参与学习和活动，发展自己的独特才能和潜力。引导幼儿回顾自己的学习过程，思考自己的做法和成果，发现问题并寻求改进的方法。

提供不同层次的材料，支持幼儿能力的不一样。提供多样化的学习机会和空间，提供不同难度层次的材料，给不同能力孩子探索、游戏、解决问题的自由，让环境切实支持儿童发展。依坡而建的地道、童趣小屋，树荫下的大灶、炭烤池，相邻相伴的沙池、鹅卵石水塘，不同质地的地面，立体、多元的童趣空间，谋划水塘上不同难度的桥——石拱桥、荡桥、绳桥、独木桥等都是证明。

适度环境留白，深化幼儿多种不同可能。保留空白墙面与空间，让幼儿参与到环境的布置中；提供宽敞的艺术创作区，支持幼儿自由创作；开放融通的活动区域，如角色扮演、搭建游戏等，大片的空地让幼儿自由地做他们想做的事情，环境留白为此创造了多种可能性。

3. “源”文化立根教育标识系统

一代园标彰显老一辈市幼人以关爱呵护幼儿成长为己任的情怀与使命；二代园标承袭“幼苗”元素的同时注入新思想，灵感来源于“幼儿为本”的“幼”字，“药乡葫芦”是幼儿形象，“药乡人参”是教师形象，释义师幼携手共同成长；“1959”是幼儿园成立的年份。

银杏树，中国古老树种，取幸福安康之意。银杏果实药用价值高，叶落枝挺，展现坚韧与沉着，见证了市幼的发展与变迁，成为我园的园树。

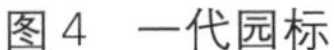
图4　一代园标

图5　二代园标

银杏娃娃“元元”，“元”音同“源”，一颗充满无限能量的白果种子寓意儿童是完整的个体且独一无二。

园歌深刻诠释了幼儿园作为孩子们成长乐园的独特魅力，它从多个维度彰显了幼儿园对孩子全面发展的积极影响，是幼儿园文化的重要体现与生动注脚。

（五）同源共脉，和衷共济，聚多元合力

我园用真诚链接与家长的亲密关系，用专业的教育理念引领家长育儿，巧用社区、乡镇、农村等一切资源，使家园社协同发展更加“接地气”。

1. 拽着家长走

家庭是幼儿园重要的合作伙伴，本着尊重、平等、合作的原则争取家长的理解和主动参与，线上线下相结合、有形无形相结合、整体分步相结合，利用晨间、离园等环节、活动平台宣传、常态化活动、多种方式沟通，与家长建立积极的情感链接。首创将家长行为理念凝练到办园思想之中，形成“爱、顺、启、伴、成”的成人守则，将幼儿园的理念和方法潜移默化地渗透到整个育人过程。

2. 领着家长走

家长教养观念与方式的转变是核心任务，家园聚合的核心是教养观念和行为的一致，幼儿园成立家教分享名师讲师团，基于家长需求精准授课；首创体验式家长课堂，落实体验式家长会；基于成长的一致性要求，提出了家庭成员家教观念一致新的目标要求。

3. 坚定地一起走

教学相长成就点滴收获。一批一批优秀的家长不断涌现，真正成了我们志同道合的伙伴，坚定地一起稳步前行。为优秀家长提供平台，深入家教课堂一线，深入园务活动一线，深入课程研究一线，实现家长自治，引领辐射带动，深度参与助推了老师们更自律、更专业、更追求自身的提升。

4. 多元助力走得远

充分利用社区资源开展幼儿园的体育活动为教育赋能：走进社区宣传亲子阅读；带领幼儿参观药厂、药景，了解中医药文化，培养幼儿爱祖国、爱家乡的情怀；选择近郊农村成立基地，开展自然体验课程。多元助力让我们走得更远，更稳健。

三、聚“源”实，深基原，创内生立品质之根

“源”文化立根教育办园思想不仅仅是指导工作的风向标，更是一份面向未来的航标，为幼儿园带来了宏观策略的引领，当《幼儿园保育和教育质量评估指南》不过分强调外部对内部的监督和审视，更要求幼儿园自我审视反思自己的教育实践，不断地思考在“忙、盲、茫”的工作中，在“浮、复、缚”的裹挟时，坚守初心，回归原点！

（一）爱与诚，源于幼教初心

儿童是学前教育的直接对象，实践的起点是儿童，终点依然是回归儿童，但终点处的儿童必将是生机勃勃、焕然一新的。继续审视儿童在人类社会发展中的特殊地位，以科学儿童观、儿童本位与社会本位、师幼互动与观察、幼儿游戏与幼儿园环境、文化与课程、儿童过

程质量检测与评价等主题研究会密集开展。

（二）道与术，源于大道至简

“大道至简”的朴素辩证哲学思想亘古不变，教育其实很简单，“不折腾”是核心要义。宏观架构与微观创生是创新发展的车之双轮、鸟之两翼，宏观架构战略统领，除了要盘清家底、摸清底数外，更重要的是明晰目标与方向，找准问题；微观创生策略布局，向细微处看，用理性思维引领指导我们的感性工作。

（三）知与行，源于深研专业

激励教师进行自我评价，实践“外评内省”激发教师成长内生力；引导教师在自我反思与借助他人反思中，不断调整教育认识，完善改进教育行为，使教师的成长由“外因”向“内生”转变；激发教师成长的内驱力，为教师的持续成长注入源源不断的动力。激情奋进、高歌猛进下，冷静梳理、理性思考，寻找突破现状、拐点的核心力量，在实践中反躬自问，自我觉醒。

（四）守与创，源于思想解放

聚焦“守”与“创”两个关键词，市幼继续守初心、守文化、守成果、守安防，厚植大教育理念；五幼初建，上下同欲、攻坚克难，在创意、创生、创设、创恒、创举上精准发力，心无旁骛地去引导幼儿的发展。全面开花，可成；全神贯注，可大成。

一元复始，万象更新；征程未央，未来待续。市幼人将以教育者的情怀、担当者的定位、开拓者的气魄、奋进者的姿态助推学前教育高质量发展。幼儿园就应该是这样的：

不用刻意去做什么，
踏踏实实和孩子们过好每一天，
用心准备每个节日，
用爱丰富每个细节，

用行动诠释生活的真实和美好。
用本源之泉浇灌孩子的成长，
一点一滴地慢慢沉淀到孩子的心底。
让我们一起安住于当下，
做，有温度的教育，温暖现在，不惧将来！

和浸润　爱为魂

——唐县县直机关幼儿园“和”文化办园思想与实践

唐县县直机关幼儿园　张　莉　孙静敏　张会敏

唐县县直机关幼儿园创办于1978年，历经3次搬迁，2006年搬到现址，占地4050平方米，建筑面积3400平方米，幼儿园绿化率达30%以上，现有教职工60余人，在园幼儿590余人。建园45年来，幼儿园始终坚持依法办园、科学管理，落实立德树人的根本任务，全面贯彻党的教育方针，在总结中提升，反思中奋进，凝练出“和”教育办园理念。坚持以“和浸润　爱为魂”为园训，以“热爱儿童、研究儿童、服务儿童、成就儿童”为育人目标，培养健康自信、宽容友爱、主动探究、积极勇敢的儿童，让其在这里童心飞扬，快乐起航！

一、“和”教育思想的提出

（一）“和”教育的奠基——播种（1978—1995年）

唐县县直机关幼儿园最初于1978年10月1日成立于唐县仁厚镇刘家庄村，占用一所旧医院；1981年迁到唐县仁厚镇枣园村，当时只有3个教学班，7名非专业教师；1986年第一位幼师专业毕业生分配到幼儿园；直到1995年10年间，经历了3任园长的多方奔走、不懈努力，陆续有23名学前教育专业的教师充实到幼儿园师资队伍中，教学班也扩展到9个，幼儿达到300余名。园所领导与教师尊重每一位幼儿，为幼儿打造快乐童年，为幼儿园“和”教育的开展奠定了基础，播下了希望的种子。

（二）“和”教育的启航——培育（1996—2006 年）

随着学前教育专业教师的不断增加，幼儿园的发展也如虎添翼，从制度管理、教育教学、后勤保障等各方面日益规范，“和”教育有了滋润的土壤，吹响了启航的号角。2006 年幼儿园迁入国防中路 50 号，有了宽敞的教学楼，办园规模进一步扩大，条件进一步改善，师资力量、师资水平进一步提升。在第四任园长闫建玲的带领下，园所管理始终坚持以人为本，全体教职工齐心协力，群策群力，为幼儿营造了宽松、和谐、愉快的学习环境。

2006 年，基于历史积淀和教职员工共识，我园凝练提出了第一代文化理念——一切为了孩子，2007 年顺利被评为保定市一类幼儿园，从此踏上了一个新的台阶。

图 1　幼儿园教学楼

（三）“和”教育的征程——花开（2007—2020 年）

从 2007 年开始，幼儿园逐步扩至 15 个教学班，在园幼儿 600 余名，设备设施配置同步完善。2014 年后，幼儿园陆续引进 26 名青年教师，师资队伍进一步壮大，构建起老、中、青结合的阶梯型师资队伍，通过师徒结对、强弱帮扶等模式促进青年教师专业成长，并采取“引进来＋走出去”双向培养机制提升教师专业水平。

2016 年，立足“一切为了孩子”宗旨，融合地方文化特色，升级形成第二代“和合文化”办园理念，确立“让孩子健康快乐成长”的核心目标，同步设计首代园标，突出了健康、快乐、智慧的育人定位。

图 2　唐县县直机关幼儿园园标

2017 年，张莉园长主持全面改革，系统规范园所文化与管理体系，重构“儿童为本”的育人环境，带动办园质量显著提升。2018 年，在前两代文化基础上，我园凝练第三代“用爱启迪　用心教育”理念，确立“心至善、体至健、爱至深”园训，构建健康教育与早期阅读双特色课程，着力培养身心健康的阳光儿童，目标是建设管理科学、队伍专业、质量优质、环境和谐、幸福温馨的保定西部区域一流幼儿园。

2020 年，经过全园教职工的共同努力，幼儿园高标准通过河北省示范性幼儿园验收，顺利晋升为省级示范性幼儿园。

（四）“和”教育的守望——收获（2020 年至今）

2020 年至今，幼儿园持续创新发展。2023 年，整合“和合文化”

"用爱启迪用心教育"两代理念，在国家立德树人根本任务指引下，依托《幼儿园教育指导纲要（试行）》及陈鹤琴的"活教育"理论，结合园所历史底蕴、地域特色，将"和"文化全面融入幼儿园文化建设，结合"和谐、和美、和睦"等含义，为幼儿打造快乐和谐的童年乐园，"和"教育理念应运而生。

图3 "和"文化理念图

二、"和"教育思想的诠释

（一）"和"的内涵释义

1. "和"的释义

"和"是异体字"龢"的简化字，"龢"为形声字，从龠，禾声。"龠"是一种管乐器，"龠"中有三"口"，"三"为众，意为多个出气发声之口，众口齐鸣，莺歌燕舞；"冊"意指很多乐管依次排列，"人"为集合、聚集。因此，"龢"指多人一同吹奏乐器，节奏一致，旋律和谐。

由本义和谐引申到平和、温和、柔和。“和”，从禾，从口，为大地生“禾”可养天下之“口”，人人有饭吃，则天下和平。《国语·周语》：“乐和则谐，政和则平。”音乐合拍就是和谐，政策和顺就有和平。因此，“和”有和谐、调和的意思。“和”是天地的法则，也是做人的道理。自然环境讲“和”，万物共生共荣；人际关系讲“和”，大家和睦共处；吃饭吃菜讲“和”，营养均衡，滋味调和；修身养性讲“和”，不骄不躁，心情怡和。

“和”有温和的意思，取中和、不偏重之意；孔子说“礼之用，和为贵”，因此，“和”也有和谐、和睦、不争之意；传统京剧《将相和》以“和”字为纲，有忍让、退让、和好之意；《岳阳楼记》中有“春和景明”，宋濂的《送东阳马生序》中有“与之论辩，言和而色夷”，说明“和”也指天气温和或人的态度谦和。

“和”者，则是希望幼儿从小养成内心平和、诚实宽容、善于合作、健康自信、积极勇敢的良好品质。

2.“和”的伦理价值

儒家哲学是一个伦理体系，旨在通过道德建设和道德教育来建立一个和谐的社会。仁义礼智信和，指出一种和谐的状态，也指明仁义礼智信是以“和”为目的和归宿的，是这些品质所达到的终极效果。孔子在《论语》中说“礼之用，和为贵”，意思是礼的宝贵功用是达成和谐。儒家主张修齐治平，平天下不是要征服，而是要天下大同，世界永久和平。

道家关注自然大化，庄子说“万物为一”，主张回归自然，返璞归真，无为而治，让人性保持在一种朴素的状态，这样就能够天下太平了。

3.“和”的地域文化

帝尧是华夏民族的文明始祖，其母亲为庆都，相传庆都山的名称来源于帝尧之母，这里也是帝尧出生的地方。唐县，是唐尧的封地，

《名胜志》记载："唐县，为古唐侯国，尧之始封也。""唐尧"文化的核心是和合精神。

（二）"和"教育的理念构成

1. 文化理念——和

习近平总书记在党的二十大报告中发表关于以文化人、以文育人的重要论述。幼儿园强化文化引领作用，以《中国儿童发展纲要（2021—2030年）》和《幼儿园工作规程》等政策文件为指导，融合陈鹤琴"活教育"、陶行知"生活即教育"、卢梭"自然主义"理论，构建"自然为本、启探索之路、创和谐乐园"三位一体育人体系。通过环境浸润、生活渗透、活动深化、家园协同四大路径，培养健康自信、宽容友爱、主动探究、积极勇敢的新时代儿童。

2. 办园宗旨——热爱儿童、研究儿童、服务儿童、成就儿童

在"和"教育理念的指引下，遵循"以幼儿为本"的原则，为幼儿创设宽松、和谐的环境，让其自由玩耍、大胆表达。在环境文化中注入教育，一日生活中注重品格养成教育，家园合作中优化协同教育，合理评价中推进教育成果，促进幼儿身心全面发展。

3. 办园目标——和谐园所、和乐儿童、和美教师、和善家长

确立四维目标体系：环境目标——打造师幼和乐、家园和善、人与自然共生的和谐园所；发展目标——培育具备生活自理能力、文化认同意识、生态保护观念的和乐儿童；团队目标——建设仁爱有识、专业进取的和美教师团队；协同目标——构建协同共育、理念共生的和善家长共同体。

4. 育人目标——培养健康自信、宽容友爱、主动探究、积极勇敢的儿童

以《纲要》《指南》为指导，遵循幼儿发展规律，通过游戏活动、户外运动、合作探究等多元方式，引导幼儿自主表达与发现，培育积极心理品质与良好行为习惯，促进身心全面协调发展。

5. 园训——和浸润、爱为魂

“和浸润”，以“活教育”为理论基础，融合本土资源，遵循“以自然为本、启探索之路、创和谐乐园”的原则，树立亲近和保护自然的理念，达到人与人的和谐、人与自然的和谐，让幼儿在和谐愉快的氛围中养成健康自信、宽容友爱、主动探究、积极勇敢的心态，为终身发展奠定基础。

“爱为魂”，我园在保障安全的前提下，开展劳动教育，培养幼儿自理自立能力，养成热爱劳动的习惯；开展感恩教育，弘扬中国传统文化，培养幼儿爱父母、长辈、老师和伙伴，爱班集体、爱家乡、爱祖国的情怀，树立文化自信和民族自豪感，推动中华优秀传统文化的传承和发展。

6. 园风——和谐、向美、启智、润心

在“和”教育的引领下，我们致力打造“以人为本”的“和”教育管理环境，全园教职工凝心聚力，坚持目标引领，共同制订各种计划，以安全为前提，树立科学评估体系，创设宽松、温馨的园所环境；教师注重每一位幼儿的个性化需求，以温暖、关怀和鼓励的态度引导他们迈向成功之路。

7. 教风——仁爱、有识、求真、至尚

“仁爱”指要有仁爱之心；“有识”指要有扎实学识；“求真”指要有理想信念；“至尚”指要有道德情操。

（三）“和”教育的政策和理论支撑

1. 政策支持

通过探究“和”文化的内涵，了解“和”是中国传统文化的基本精神之一，也是一种具有普遍意义的哲学概念，对中国文化的发展具有广泛而久远的影响。

作为中华优秀传统文化的核心和精髓，“和”文化在中国源远流长。在中国人民对外友好协会成立 60 周年纪念活动重要讲话中，习近平总书记指出："中华文化崇尚和谐，中国'和'文化源远流长，蕴含着天人合一的宇宙观、协和万邦的国际观、和而不同的社会观、人心和善的道德观。""以和为贵""与人为善"等理念在中国代代相传，深深植根于中国人心中。在庆祝中国共产党成立100周年大会上，习近平总书记进一步强调："和平、和睦、和谐是中华民族5000多年来一直追求和传承的理念。"准确理解、系统阐释中国"和"文化蕴含的"天人合一的宇宙观""协和万邦的国际观""和而不同的社会观""人心和善的道德观"，有助于深入领会中华优秀传统文化的核心特质和当代价值。

《幼儿园教育指导纲要（试行）》中也明确指出："幼儿教育是基础教育的有机组成部分，是学校教育制度和终身教育的奠基阶段。幼儿园教育应为每一个幼儿的近期和终身发展奠定良好的素质基础。"《3—6岁儿童学习与发展指南》中提出，幼儿园教育的目的是"以为幼儿后继学习和终身发展奠定良好素质基础为目标，以促进幼儿体、智、德、美各方面的协调发展为核心……让幼儿度过快乐而有意义的童年"。

2. 理论基础

（1）"活教育"思想

陈鹤琴先生倡导的"活教育"思想，提出"大自然、大社会都是活教材"，主张带幼儿在大自然、大社会中通过直接感知、体验获得经验，发展丰富的观察力、想象力和创造力。

（2）自然主义教育思想

教育应服从自然法则，顺应人的身心自由发展，尊重儿童的自由，让儿童享有充分自由活动的可能和条件，并在教学过程中采取自然的、自由的教学方法以适应儿童的身心发展水平和个别差异。

（3）儿童中心论

树立以幼儿为中心的儿童观，采取以做为中心的教学方法，为幼儿创设良好的教育环境。遵循儿童立场，教师站在儿童的视角，体验儿童的内心世界，满足儿童的兴趣和成长需求，达到促进儿童发展的目的。

（四）“和”教育文化内涵解读

1. 以和至诚的精神文化

“天地至诚”，至诚是儒家的最高思想境界。至诚无息，至诚无妄，至诚无欺。《中庸》指出要人无妄、无欺、无息。在人与自然、人与社会、人与人的和谐相处中放下各种错误的思想观念，对己对他人诚实，达到忘我无他的合一境界。

中华优秀传统文化蕴含的天人合一的宇宙观，历来强调“天人合一”“道法自然”“与天地参”“不违农时”“以人为本”“众生平等”等自然生态观。正所谓“天下同归而殊途，一致而百虑”，儒、释、道三家在人与自然关系的终极理念上是基本一致的，都致力于阐发一种天人合一的文化精神与价值理念。

在幼儿园教育活动中充分融入品德教育和优秀传统文化教育，培育幼儿对祖国、对家乡的热爱；传播优秀传统文化，丰富幼儿教育内容，树立文化自信。

在幼儿园一日生活中，充分发挥小值日生的作用，让幼儿养成乐于助人的优秀品德。

同时，还通过家长学校、家长会、家园共育活动等加强与家长的交流，让其在家庭教育中能够充分融合对幼儿良好品德的培养。

2. 以稚至真的物质文化

为给幼儿创设和谐博爱的乐园，对原有的外部环境和内部环境进行升级和改造，打造了和爱亭、戏水区、泥沙区、空中阁楼、和爱园等自主游戏区；将自然物中的元素——草、树、花、藤、石、沙、水、木等融入幼儿园的环境，让幼儿在春有花、秋有果的四季更替的生态环境中亲近自然，探究自然，感受自然。

3．以爱至尚的制度文化

以爱至尚，体现教师崇尚和谐的行为和仁爱乐观的态度。以仁爱之心接纳、理解和支持教师，用爱的温暖影响和带动她们。按年龄组细化《教师一日行为规范》，对入园、游戏、离园等环节提出具体要求，让师幼关系在制度中实现爱的传递，教师用仁爱之心建立良好的师幼关系。

图4 给小树挂树牌

4．以诚至远的行为文化

行为文化是幼儿园主体所体现出的文化形态，是师幼的生活方式、行为方式以及在此基础上形成的园风、教风、班风、学风等幼儿园气氛。

深入挖掘建园以来本园的传统习惯、根植当地经济、社会和文化生态系统的唐尧文化精神的教育价值，弘扬优秀传统文化。教师通过一日活动和主题活动的开展，注重教学生活化、游戏化、多元化，促进幼儿良好行为习惯的养成和学习品质的发展。

三、“和”教育思想的践行

（一）和谐的园所

1. 学思并重，制订前瞻规划

以“和”文化为基础，在办园目标和育人目标的指引下，通过园务会、教代会等多种方式了解幼儿园目前的发展现状，分析园所发展所面临的问题和挑战，时刻关注幼儿园发展规划实施的过程与成效，不断优化和调整工作计划。

2. 多措并举，实施多元管理

（1）党建引领，增强发展活力

结合幼儿园实际，定期组织教师集中政治学习，发挥党员带头作用，切实把思想和行动统一到政治层面。

（2）强化管理，提高保教质量

按实际需求制订园务计划，定期开展卫生、业务评比活动；按照《幼儿园保育教育质量评估指南》要求注重过程性评估，从而提升保教质量。

（3）常抓不懈，提升安全管理

幼儿园时刻把“安全第一”的思想放在首位，制定《安全工作检查制度》《重点部位消防安全制度》《人、物检查管理制度》等制度，安全小组成员定期对园所设备设施进行全面排查，发现问题及时维修；定期对全体教职工进行安全教育；同时，将幼儿安全教育纳入一日生活活动。

3. 和爱并济，打造自主文化

园标延续第二版园所文化的园标，进一步赋予它新的含义。大树代表和爱的幼儿园大家庭，团圆、圆满，繁荣生长。大树上的各种图案基本囊括了幼儿身体健康、诚实宽容、友好合作、主动探究、积极勇敢的优秀品质，诠释了“活教育”思想的“人与自然、人与社会、人与人的和谐共处”。标志中隐含着一个“圆”，是“和教育”文化的图形表现，而蓬勃舒展的树冠是圆形的一部分，代表幼儿在和教育文化的浸润下汲取了充足的营养而生长。“和”教育文化是中华传统文化和中外教育思想在幼儿园实际工作中的传承和践行，是根植于师幼内心的精神体现。

为达到和谐舒适、自然温暖的效果，幼儿园环境装饰中大面积使用原木色。园标是幼儿园品牌形象的核心标识，广泛应用于 VI 系统办公场景中。

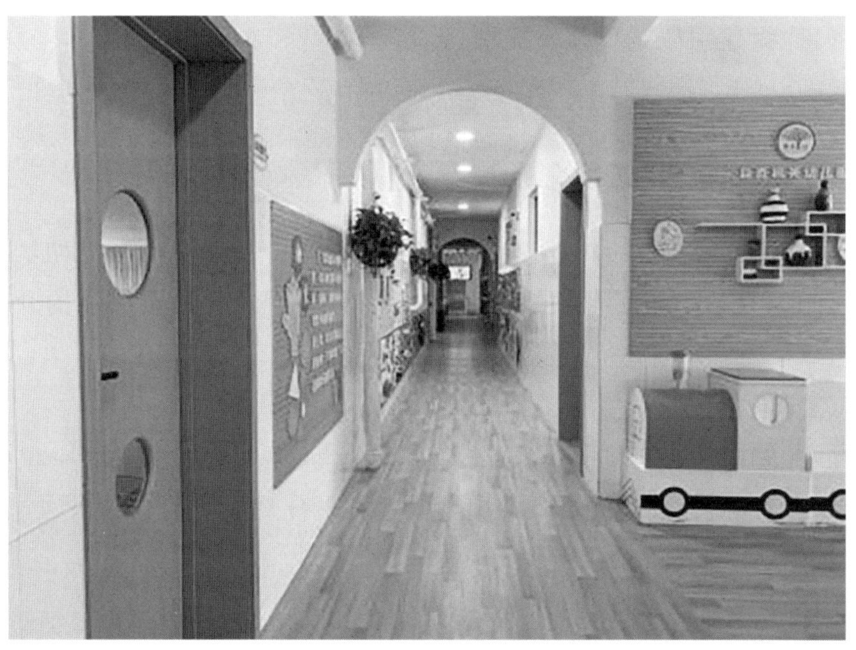

图 5　幼儿园廊道环境

（3）文化文创产品

“尧尧”代表唐县。唐县是“唐尧”封侯之地，传说尧帝是中上古时期部落联盟首领，15 岁封为唐侯，20 岁即位，建立古唐国，德才兼备，治国勤奋，校正历法，访贤禅位，唐尧文化是唐县最具优势、最具核心的文化。吉祥物采用尧帝少年时期的形象，衣领的谷穗象征着丰收与喜悦，服饰朴素简单，体现弘扬俭朴、仁厚美德的精神文化。经过小朋友们的推选，作为幼儿园的吉祥物。

图6　吉祥物“尧尧”

4. 动静并融，创设童趣环境

努力为幼儿创造一个充满关爱、自由和安全的“和”环境，让他们在幼儿园里感受到家的温馨和幸福。幼儿园户外打造了幼儿非常喜欢的戏水区，有幼儿命名的“和爱亭”，小鱼在小池塘中畅游，水车悠闲的转动，鸭群低头

图7　幼儿园水系

畅饮……幼儿在这里游玩嬉戏，走在各种材质铺设的小路上，探索发现的印记；塑胶操场上是幼儿快乐运动、释放天性的天地，环形跑道和赛道能充分满足幼儿每天两小时的运动量；建构乐园空中楼阁、偌大宽敞的沙池、刺激好玩的骑行区、充满诱惑的泥土区是幼儿户外活动最喜欢的地方；庭院的东北角的“和爱园”是种植的乐园，幼儿在里面播种、收获，感受大自然的馈赠和劳动的快乐。

（二）和乐的儿童

党的二十大报告指出：“教育是国之大计、党之大计。培养什么人，怎样培养人，为谁培养人是教育的根本问题。育人的根本在于立德树人。”为深入贯彻落实党的二十大精神，落实党和国家的教育方针政策，结合我园“和”教育文化，以培养和乐儿童为目标。

1. 乐观自信，育健康身心

《幼儿园教育指导纲要（试行）》指出，幼儿园教育要以游戏为基本活动。《3—6岁儿童学习与发展指南》也指出：“幼儿每天户外活动时间不少于两个小时，其中体育活动不少于1小时。”2016年中共中央、国务院印发《“健康中国2030”规划纲要》，提出是实施“健康儿童计划”，各类儿童运动兴起，幼儿体育活动受到广泛关注。体育活动是促进幼儿身心健康，培养其意志力和创造力，增强自信心，发挥主观能动性的重要手段之一。

幼儿园开展丰富多彩的体育锻炼活动，保证幼儿每天户外活动两小时。坚持开展适合其年龄特点的体能操、体适能课、班级自主运动会等，此外，在恶劣天气，坚持利用走廊、门厅、活动室等室内空间开展室内体育活动。

2. 宽容友爱，铸高尚品德

《幼儿园保育教育质量评估指南》指出要“注重幼儿良好品质和行为习惯养成”。在一日生活和各项活动中，充分挖掘节日的教育价值，开展主题教育。利用妇女节、重阳节等时机，实施感恩教育，引导孩子学会爱、表现爱；利用国庆节、中秋节、春节等传统节日，引导幼儿感受我国传统文化的魅力，培养爱家爱国的情感。

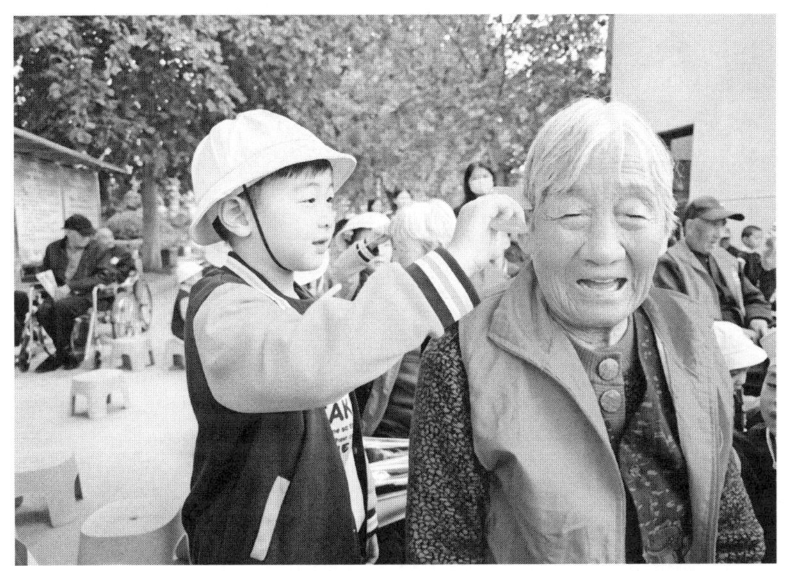

图8　给敬老院老人梳头

3. 主动探究，促学习能力

各项活动的开展追随儿童的好奇心和探究兴趣，并注重活动的育人价值。设置支持幼儿深度学习的活动区，在活动中，幼儿动脑筋、想办法，亲身体验，与同伴、教师交流，进一步激发幼儿的学习兴趣与探究欲望，逐渐养成积极思考、主动探究的习惯，从而成为具有自主解决问题能力的儿童。

4. 大胆表征，练逻辑思维

在活动中，教师注重倾听，尊重幼儿的个体差别，分析幼儿的多元表征，给予幼儿充分的展示空间和机会，鼓励幼儿勇敢表达自己的想法，并能用语言、绘画、思维导图等自己喜欢的方式表征出来，从而锻炼幼儿的逻辑思维能力。

图 9 “如何让鸡蛋浮起来”小实验

（三）和美的教师

1. 尊重爱护，做“仁爱”教师

用仁爱之心建立良好的师幼关系，提升教师的归属感、职业幸福感和从教的责任感，把幼儿园建成师生的温暖之家。教师每天与幼儿一起游戏、聊天，在一日生活中观察幼儿、支持幼儿、陪伴幼儿。

2. 一专多能，做“有识”教师

高尔基曾经说过：“爱孩子是母鸡也会做的事情，要教育好他们，就需要渊博的学识和科学的方法。”幼儿园教师要“一专多能”，也就是要有爱的情怀、多样的实践技能来支持幼儿的学习。

3. 无私奉献，做“求真”教师

为全面贯彻党的二十大精神和习近平新时代中国特色社会主义思想主题教育，深化“学习身边榜样”，持续发挥优秀教师的示范引领作用，带动更多的教师恪尽职守、爱岗敬业，为幼儿园各方面工作贡献自己的青春和力量。

4. 认真学习，做“乐教”教师

引导教师发挥专长，精中求进，体验职业幸福感，激发教师成长的内驱力，积极参加线上、线下各种培训及教研，提升自己的理论知识及实践能力。

（四）和善的家长

《幼儿园教育指导纲要》（试行）指出：“家庭是幼儿园重要的合作伙伴。应本着尊重、平等、合作的原则，争取家长的理解、支持和主动参与，并积极支持、帮助家长提高教育能力。”幼儿园家园协同以“一心、一愿、一课堂、两关、两访、两委会”为主旨，真诚地与家长沟通，通过多元共育的形式，让教育的价值实现最大化。

1. 参与管理，助力园所发展

（1）家委会

赋予家委会委员决定权、参与权，年初，邀请家委会委员共同参与、制订幼儿园工作计划；开展社会实践活动时，家长们纷纷响应，与教师携手为幼儿的健康保驾护航。

（2）膳委会

幼儿园定期邀请膳委会成员走进幼儿园食堂，查看饮食原材料的采购储存情况，了解幼儿膳食制作过程等情况，同时，也对我园食谱给出建设性意见，充分发挥了膳食委员会的监督管理作用，为每一位幼儿的安全饮食架起了一道爱的屏障。

2. 协同助教，丰富课程资源

我园积极探索协同育人的途径与模式，充分利用各方资源，在“请进来”“走出去”等多元渠道中，开展“走进养老院”“参观白求恩纪念馆”“走进绘本馆”“走进自然”等社会实践活动，激发幼儿的学习兴趣和社会交往能力，从而最大限度地促进幼儿健康、全面发展。

图 10 幼儿刨红薯

3. 沟通共享，促进家园合力

幼儿园每学年都进行家长半日开放、家长会、亲子运动会等活动，家长们用正面的视角、零距离感受幼儿园常态的教育教学活动和幼儿在园生活、运动，亲眼见证幼儿各方面的发展，共同助力幼儿健康成长。

图 11 家长开放日

4. 提升内涵，构建幸福家庭

幼儿园亲子活动向家庭延伸，家长与幼儿一起游戏、学习，有助于加强幼儿及家长之间的感情，体验亲子之间的互动乐趣，促进幼儿与家长之间关系的和谐稳定发展。

（五）“和”教育课程

1. 课程理念

遵循“和”教育文化理念，以幼儿发展为本，尊重个体差异，满足发展需要，符合年龄特点，关注经验水平，挖掘优质资源，体现师幼共建，凸显多方参与，构建园本课程。

2. 课程目标

“和”教育文化理念下的综合实践课程的实施，充分利用各种教育资源，以游戏为基本活动，保护和尊重幼儿的好奇心和探究兴趣，发现和支持幼儿有意义的学习，促进幼儿全面和谐发展。

3. 课程架构

唐县县直机关幼儿园的课程架构如图 12、图 13 所示。

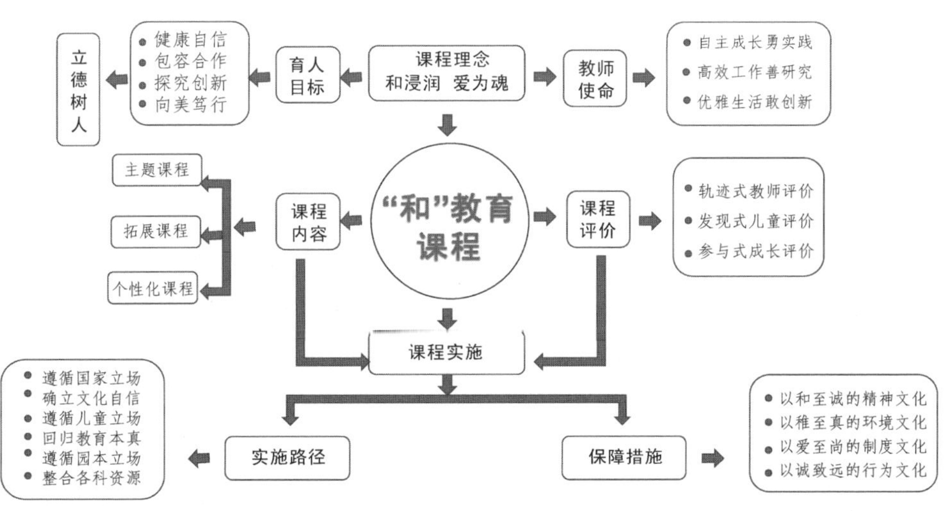

图 12　“和”教育课程理念图

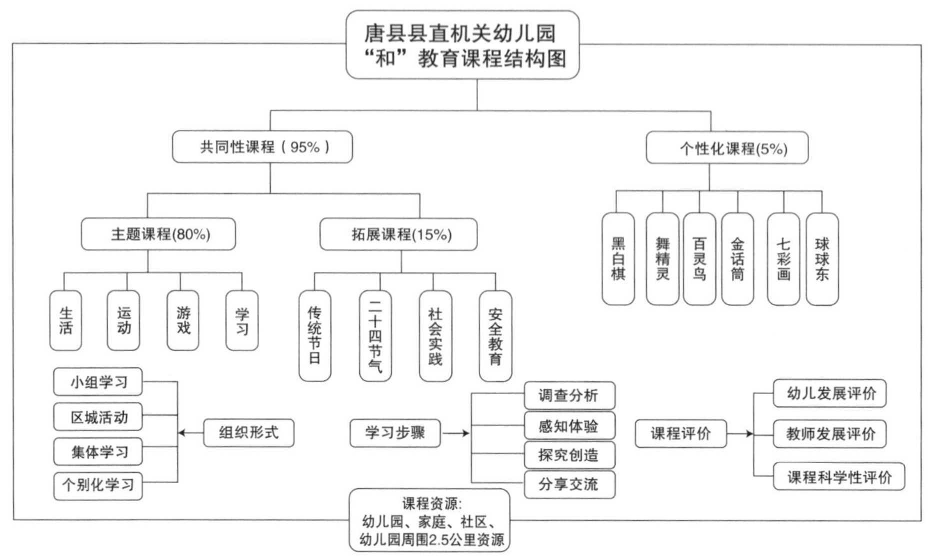

图 13 “和”教育课程结构图

4．课程内容

课程内容包含主题课程、拓展课程、个性化课程，以幼儿发展为主，尊重幼儿的个体差异，了解幼儿的学习特点和身心发展水平，满足每个幼儿对安全与健康、关爱与尊重的需求，提供平等的学习机会，激发幼儿积极主动地学习。

5．课程实施

根据《唐县县直机关幼儿园课程结构》总体要求，制订“和”教育课程计划。充分利用课程资源，建立课程审议机制，收集整理课程资源，纳入资源库管理，加强课程的研究和开发。尊重幼儿的学习方式，优化教与学的过程。加强与社会、家庭的合作，双向衔接，共同促进幼儿的健康成长。

6．课程评价

依据《幼儿园教育指导纲要》《幼儿园保育教育质量评估指南》建立促进幼儿和谐发展和教师自主发展的评价体系。课程评价的要点，以人为本，关注过程，多方参与，促进发展。课程审议遵循“三阶”审议的原则，针对幼儿的实际情况，对课程内容做出动态调整。通过观察、调查等方法了解幼儿及家长的需求，开展基于幼儿兴趣的课程内容并注重建立幼儿成长档案。

四、“和”教育思想的成效

（一）全方合力促成效

1. 园所的特色发展

通过科研成果的推广应用，引领幼儿园特色教育的发展，促进幼儿教育质量的提升。目前有省、市、县级规划课题 7 项，44 人次参与到课题研究中，其中 5 项课题已经顺利结题，2 项课题正在进行研究。

2. 幼儿的全面发展

幼儿积极参加各项活动，在河北省首届线上亲子运动会、河北省围棋段位赛等多项活动中获得奖励，并用多种思维导图对所参加的活动进行归纳、总结、整理。

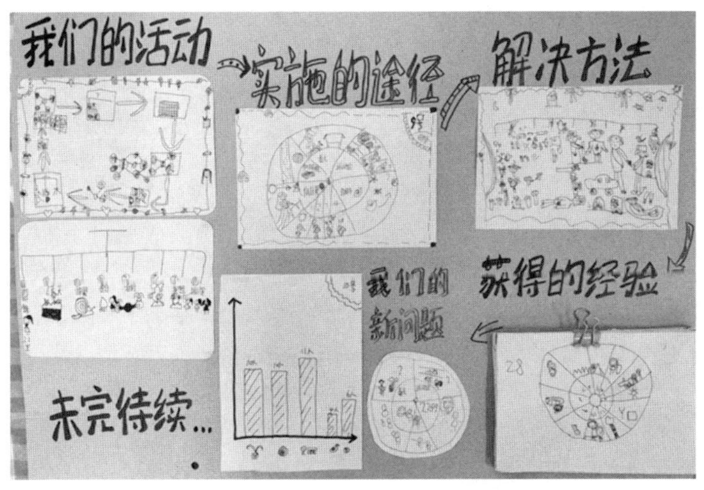

图 14　“我上大班了”主题活动复盘

3. 教师的专业发展

教师刻苦钻研业务，目前我园有保定市骨干教师 8 人、市师德标兵 3 人、县骨干教师 11 人、县优秀教师 29 人；近两年来，11 名教师在国家级、省级刊物发表论文 15 篇。在各类征文评比活动中，15 名教师获得省级奖励，20 名教师获得市级奖励，23 名教师获得县级奖励。

（二）辐射引领

1. 名园长工作室引领

2019 年至 2023 年，张莉园长参加保定市贫困县张春炬名园长工作室学习，2022 年参加河北省张春炬名园长工作室学习，幼儿园均挂牌“张莉工作站”。

图 15　“张莉工作站”授牌

在工作室主持人张春炬书记的引领下，张莉园长带领团队不断自我加压、深度挖潜，在理论水平、办学水平、发挥辐射带动作用上均有很大程度的提高。

（1）专家引领，同伴互学，转变教育观念

张莉园长自参加工作室以来，与工作室成员共学共研、相助共进，在文化建设、课程架构、环境设计等方面协同发展，同时，带领园内教师和工作站成员通过线上培训和二级培训的方式进一步转变观念，确立儿童立场。

（2）科研兴园，主动学习，实现内涵式发展

在工作室活动影响下，张莉园长带领团队坚持做研究型教师，聚焦工作中的具体问题，以课题研究为抓手，做到教师人人积极参与课题、骨干教师主持申报课题的良好学习局面，从而带动幼儿园工作改进和教师团队专业发展。

2. 区域性辐射带动

在河北省张春炬名园长工作室精神指导下，张莉工作站充分发挥省级示范园辐射带动作用，采取入园指导、召开现场会、入园跟岗等多种形式帮扶县直 5 所幼儿园、带动 5 个乡镇的幼儿园，努力做到“做强自己，带动一批，辐射全域”。

3. 承接国培项目

幼儿园多次承接“工作坊”“送教下乡”等多种国培项目，张莉园长也在国培项目中开展幼小衔接、区域游戏等专题讲座。

回顾幼儿园发展历程，随着参加河北省张春炬名园长工作室学习的不断深入，文化建设从顶层设计到末端落实日趋成熟。

立足园所实际，深挖“和”教育主题课程；关注教师成长过程，激发教师持续动力；建立多元评价体系，实现评价育人的功能；深入开展“和”教育实践，形成教师故事、教学案例、区域故事系列理论成果。

奋进中的唐县县直机关幼儿园按照《幼儿园工作规程》要求，加强科学管理，提高保教质量，确保幼儿健康成长，支持教师专业成长，

发挥家园社协同育人功能，示范引领辐射带动区域教育。在实践中奠基、厚实“和”教育文化，进一步建构以和至诚的精神文化、以稚至真的物质文化、以爱至尚的制度文化、以诚致远的行为文化，不断提升人才素养和服务水平，向更高的目标迈进。

以石养德　成其自然

——保定市曲阳县永宁幼儿园“石”文化办园思想与实践

曲阳县永宁幼儿园　石静霞　甄丽岩　甄会兰

一、石文化提出背景

（一）历史渊源：千年石雕之乡的文化血脉

曲阳自西汉起便是中国石雕艺术发源地之一，素有“雕刻之乡”美誉。北岳庙的汉代石狮、元代观音像等文物印证了其2000余年的石雕技艺传承。明清时期，曲阳石匠更参与故宫、颐和园等皇家建筑雕刻，天安门前的金水桥、人民英雄纪念碑都刻下了曲阳人民的智慧，曲阳雕刻技艺被列入国家级非物质文化遗产。新中国成立后，曲阳艺人参与了人民大会堂、军事博物馆、人民英雄纪念碑、毛主席纪念堂等首都十大工程的建设。

曲阳不仅是石雕之乡，更是宋代五大名窑之一——“定窑”的所在地。定瓷“白如玉、薄如纸”的工艺与石雕文化交织，形成了“石与土共生”的地域文化特质，北岳庙吴道子的画作与石雕艺术融合，形成了艺术创新的文化源头，为我园“石文化”教育提供了多元素材。

（二）地域资源：自然与人文的双重馈赠

曲阳盛产汉白玉、花岗岩等优质石材，县域内采石场、雕刻工坊遍布，曲阳人自幼耳濡目染于“叮当凿石”之声中。永宁幼儿园依托这一资源，将石头从“生产工具”转化为“教育载体”。当地70%以上的家庭从事石雕相关行业的工作，许多幼儿的家长即为石匠。幼儿园通过“亲子凿石体验”“匠人爷爷进课堂”等活动，让儿童在触摸、创作中理解祖辈“精益求精”的工匠精神。

（三）教育价值：“石文化”的育人内核

1. 科学探究与自然启蒙

通过观察石材纹理、硬度实验，认识岩石分类与地质演变；利用石磨、石秤等传统工具，感知物理力学原理。

2. 艺术创造与审美培养

开展卵石彩绘、微雕创作，激发想象力；赏析曲阳石雕名作，培养传统美学感知力。

3. 品德塑造与文化认同

以“石”喻德：借“磐石之坚”引导幼儿学习坚持，用“玉石之润”传递谦和品质；通过方言石谣、石匠故事增强家乡归属感。

曲阳县永宁幼儿园的“石文化”，既是千年石雕文脉的活态延续，也是“以儿童为本”的教育创新。它让幼儿在敲打、描画、探索中，既触摸到家乡的温度，又孕育出探索世界的勇气——正如曲阳汉白玉，质朴中蕴藏光华，厚重里见证成长。一言以蔽之，即“石中有天地，文化润童心”。

二、石文化核心理念

曲阳县永宁幼儿园“石文化”秉承“一石五韵”的内容，将地域特色与教育目标深度联结：以曲阳千年石雕技艺为根，在凿刻体验中传承“非遗匠心”，唤醒文化基因；借石材纹理、地质奥秘，激发探究思维，在玩石中渗透科学启蒙与生活智慧；以“磐石之坚、玉石之润、基石之稳”涵养坚韧、谦和、协作的品格根基；融合传统石艺与现代生态教育，培育兼具乡土情怀与创造力的未来人；让每一块石头成为文化传承的密码、品格生长的土壤、探索世界的钥匙，塑造如曲阳汉白玉般“质朴有华，温润有力”的新时代儿童。

以“石文化”为基色，融合地域文化基因与学前教育规律，我园提炼出完整办园理念体系，形成了具有鲜明标识的教育框架。

（一）办园思想

我园的办园思想凝练表达为：“以石养德，成其自然。”“以石养德”，指借石之品德，涵养幼儿质朴品格；“成其自然”，指遵循儿童成长规律，在自然探索与文化浸润中实现生命自主生长。

（二）办园理念

我园的办园理念为：“石韵育根，匠心塑魂。”

以曲阳千年石雕文化为底色，以“石”为育人载体，传承非遗匠心，滋养乡土情怀，培育兼具传统文化底蕴与未来创新能力的完整儿童。

（三）办园宗旨

“石中育德，自然生慧；根植乡土，玉成未来”是曲阳县永宁幼儿园的办园宗旨。

“石中育德”，指以石为镜，塑造“如磐石般坚韧、如玉石般谦和”的品德根基；“自然生慧”，指通过对石头的自然探究活动，激发探究力与创造力；“玉成未来”，指让每个孩子如曲阳汉白玉，历经教育滋养，终成独特光华。

（四）办园目标

“打造五园合一的五生共同体”是曲阳县永宁幼儿园的办园目标。“五园”即文化传承园、自然生态园、智慧探究园、幸福成长园、示范辐射园。

文化传承园：深耕曲阳石雕、定瓷非遗资源，培育幼儿文化认同与乡土情感，尊重生命独特性，唤醒文化内生力量，打造生命共同体。

自然生态园：构建野趣自然的游戏场域，支持幼儿在风雨中成长，发展身体韧性，践行“自然成器”教育观，守护护自然伦理，践行可持续发展，打造生态共同体。

智慧探究园：以石为媒介激发科学思维与艺术创造，落实内养五德，外显五行的素养目标，多元主体，共享生长，打造生长共同体。

幸福成长园：建立尊重、信任的师幼关系与家园共同体，滋养幼儿情感健康，扎根真实生活，传承石文化基因，打造生活共同体。

示范辐射园：形成可推广的县域文化办园范式，助力曲阳县乡村振兴与教育均衡，适应未来挑战，打造生存共同体。

（五）育人目标

培养“内养五德，外显五行”的“10＋”儿童是曲阳县永宁幼儿园的育人目标。

“内养五德”，指内修石德铸品性，如曲阳石历经千年技艺不改其志，似汉白玉融合中外思想新生不息，借石之仁、义、智、勇、坚的品格，塑造幼儿精神内核。“仁”如石脉，滋养万物，仁爱之心、合作分享；“义”如石界，明辨是非，具有规则意识；“智”如石纹，洞察奥秘，探究思维，善于解决问题；“勇”如石刃，破茧向前，勇于尝试，突破自我；“坚”如石峰，屹立风雨，抗挫耐劳，持之以恒。

“外显五行”，指外融自然展气象，以自然为课堂，孕育美、雅、真、朴、新的生命表达。“美”，即审美感知，艺术创造；“雅”，即言行得体，仪态大方；“真”，即真诚坦率，保持本真；“朴”，即质朴无华，勤俭节约；“新”，即创新思维，突破常规。

让每个孩子成为曲阳的“活态文化传承基因”，将曲阳“石”从物质符号升华为教育符号，使儿童在凿石成器的叮咚声中传承文化根脉，在山野探究的汗水里积蓄未来力量，最终实现“从石中看见历史，在自然里预见未来”的教育理想。

（六）园训

“石不语，自有德；童无拘，自成器”是曲阳县永宁幼儿园的园训。

石头承载天地造化，其纹理即“无字教科书”默默承载文化的厚重品格，不语是对生命自有节律的敬畏；石头用自身存在传递宇宙秩序与精神品格，无需刻意宣教，有德就是最深邃的言说；尊重儿童天性，在自然探索中自主成长，无拘是尊重生命节律，教育需如曲阳石匠“因石造型”而去“因材施教”；相信儿童内在力量和潜能，不需要精雕细琢，拒绝流水线上铸造标准件的教育模式，而是在天地间用教育守护每块原石在自主磨砺中的自成大器。

园训的 12 个字是“石文化”教育哲学的高度凝练，将石头的物理属性、精神隐喻与儿童成长规律深度融合，承载自然主义教育观与儿童发展哲学的深刻洞见，借石之沉默坚忍，言说教育需“去说教、重浸润”。以童之自由无拘，印证成长应“去枷锁、尊天性”。园训石德童性，本自一体，不教之教，方为大成。让每块原石在天地的浸润中，发现自己内蕴的山河壮阔。

（七）园风

“自然、质朴、厚重”是曲阳县永宁幼儿园的园风。

“自然”，指以天地为师，野性成长。打造自然环境，顺应儿童天性，在风雨野趣中淬炼生命力，打破温室的教育桎梏，凭自然之心书写未来。

“质朴”，即返璞归真，本心即道。剥离浮华矫饰，真教师在真环境中用真教育培养真儿童，滋养生命本真，借质朴之光点亮心灵。

“厚重”，指文化铸魂，承重致远。以石载千年文脉，在文化浸润与责任但当中积淀精神厚度，教育如基石，以厚重之石奠基教育。

（八）教风

“温润、坚实、传承”是曲阳县永宁幼儿园的教风。

"温润"承玉德，石之美者为玉，玉有九德，对应师德，教师当内铸师魂，如玉之仁，滋养生命，似曲阳汉白玉般触手生温，光华内敛，温润仁爱，以无言之爱浸润童年，做到真正有温度的教育。

"坚实"效石骨，教师要外修专业，如石之骨，专业承托。教师要铸就坚定的教育信念、坚实的专业定力、扎实学术韧性和务实的教育作风，为儿童的成长提供有力的专业骨架支撑。

"传承"续文脉，教师秉承曲阳石匠"师徒相授，千年不绝"之脉，薪火相传，文脉永续，教师言传身教，进行文化、教育、品德的传承。

（九）学风

"独立、本真、创造"是曲阳县永宁幼儿园的学风。

石立天地，自成气候。"独立"旨在锻造儿童如石头"不倚不附，自立乾坤"之性，培养其自主决策、问题解决、责任担当的能力，呼应园训"童无拘，自成器"。

石纹天成，自然求真。"本真"旨在锻造儿童对应石头"瑕瑜皆真，不事雕琢"之质，守护儿童真实情感，自然流露，个体节奏，朴素表达，成就儿童最好的自己。

石破天惊，创造未来。"创造"旨在锻造每一个儿童都是积极主动有能力的学习者，激发儿童文化传承，再造想象，共创未来。

让儿童在敲打石块的叮咚声中听见文化回响，在山野寻石的汗水里读懂自然法则，成长为如曲阳汉白玉般——"外显质朴，内藏光华"的华夏新生代。

三、石文化实践体系

（一）课程体系

在石文化理念下，永宁幼儿园创建厚德载物的园所，身心发展的儿童，内外兼修的教师团队，知行合一的家长。顺其幼儿身心发展的自然规律，尊崇幼儿自由本真的天性，让教育回归自然生活，建构多样性、传承性、整体性、层次性的自然生态式课程体系，创造自然生态环境，实施自然生态教育，进行自然生态管理，形成自然生态评价。综合利用各种教育资源，自然化、生活化、游戏化、满足幼儿多方面发展的需要，让孩子度过一个快乐而有意义的童年，让自然教育成为孩子们后继学习和终身发展的基石。在陈鹤琴“活教育”的思想下，遵循大自然大社会都是活教材的教育理念，永宁幼儿园结合曲阳地域雕刻文化，在“自然教育、教育自然”的文化目标下培养身心发展的“10＋儿童”，形成了“自然生态课程”。

1. 因其自然，进行自然教育

结合幼儿园对面180亩的“潮悦公园”和20亩“自然王国”，整合利用丰富多样的自然空间环境和自然物种资源，形成永宁幼儿园“潮悦无边界——自然教室”“自然王国游戏空间”，并结合幼儿园内部15亩的“自由空间”和“自主乐园”，在自然的环境中，利用天然材料，进行自然教育，鼓励、引导幼儿亲近自然，在感受天文、地理、动物、植物等的过程中，与自然生命、自然物质、自然现象、自然社会积极互动，珍惜生命，培养幼儿形成人与自然和谐共生的生态理念。

2. 顺其自然，实现教育自然

顺应幼儿内在的自然，把握幼儿身心发展的自然规律，尊崇幼儿自由本真的天性，通过直接感知、实际操作、亲身体验等方式让教育回归自然化、生活化、游戏化，建构多样性、传承性、整体性、层次性的自然生态式课程体系，创造自然生态环境，实施自然生态教育，进行自然生态管理，形成自然生态评价。综合利用各种教育资源，满足幼儿多方面发展的需要，培养自然质朴的孩子，为孩子后继学习和终身发展奠定良好的教育基石。

3. 成其自然，成就自然发展

关注每一个孩子的个性发展，尊重个别差异，支持孩子自然发展的天性，因材施教，持续的、渐进地看到每一个孩子发展的闪光点，引领孩子在自己自然发展的水平上按照自身的发展速度和方式，自然而然地从原有水平向更高水平发展，成就每一个孩子，成长为一颗颗自然质朴的小石头，独立、坚强、自由、自主的成长，长大后无论从事任何社会职业，都能在自己的岗位上闪闪发光，为社会作出属于自己的最大贡献！

（二）课程目标

永宁幼儿园在石文化“以石养德成其自然”理念下的“自然生态”的课程的实施，尊重幼儿的人格和权利，尊重幼儿身心发展规律和学习的特点，以游戏为基本活动，保教并重，关注个别差异，重视幼儿的学习品质，结合3—6岁儿童学习与发展指南的五大领域，培养“温润仁爱、责任担当，聪慧睿智、勇敢自信，坚强独立、身心和美，语言文雅、科学求真，自然质朴、艺术创新”的可持续发展的儿童，从“立德树人”两个核心维度促进幼儿情感态度、知识、能力等多元发展，使幼儿在快乐的童年生活中获得有益于身心发展的经验，成为德智体美劳全面和谐发展的社会主义建设者和接班人。具体目标如下：培养出对人、对己、对社会有责任心，有爱心，乐于合作交往的自然质朴好儿童；培养出有好奇心，会探究事物，不怕困难，敢于探究，乐于尝试且具有初步的分析问题和解决问题能力探究型好儿童；在野趣环境中培养出敢于冒险和挑战，动作发展协调灵敏，有自我保护能力的好儿童；培养出能感受、欣赏大自然中的美，喜欢用自然材料去表达创造各种艺术的审美好儿童；在自然劳动培养出具有良好劳动习惯，掌握基本劳动技能，尊重劳动人民，珍惜劳动成果的好儿童；在自然环境中培养出能根据各种自然现象、自然物质、自然材料进行儿歌故事创编，乐意与人交流想法，用语文明礼貌，表达清楚的好儿童。

（三）课程内容

1. 自然生活

遵循陈鹤琴先生提出的“活教育”思想，顺应儿童自然的生活规律，教育内容和儿童的生活相联系。在一日生活中，老师有目的、有计划地挖掘生活中的教育价值，在一日生活的八大环节中，培养儿童良好的生活习惯和学习习惯，重视有价值的生活事件，与家园社形成生活活动的实施合力，关注三者之间的经验链接和补充运用，主要通过晨间签到、天气播报、新闻播报、班级公约、餐前播报、安全教育、食育活动等最终建立幼儿生活中的教育高质量发展。

2. 自主学习

利用本地特有的自然资源，进行“自然生命、自然物质、自然现象、自然社会”四大板块的自然主题探究活动，自然生命包括植物、动物、人、微生物；自然物质包括沙、水、土、石、矿物质；自然现象包括日月星辰、风霜雨雪等；自然社会包括社会职业、社会事件、社会热点等，进行主题活动，融合区域游戏，让区域游戏成为幼儿小组和个别化学习的主场地，自然主题活动和区域融合，和五大领域融合，把自然和教育有机融合，实现以幼儿直接感知、实际操作、亲身体验为主体，培养孩子积极主动、认真专注、不怕困难、敢于探究、乐于创造的学习品质，并从自然学习中了解人与自然的和谐关系，树立人与自然和谐共生的理念。我园致力于培养石文化理念下外显五行的“10＋”儿童。

3. 自由游戏

利用幼儿园三自空间“自主乐园、自由空间、自然王国”和“潮悦无边界自然教室”进行自主游戏，秉承“自由、自主、愉悦、创造”的游戏精神，利用自然环境，创造孩子的真游戏，让幼儿在与自然环境的互动中自然而然地生发多种多样的真游戏，实现环境的自然、游戏的自然。“三自空间”满足了三个年龄段不同的游戏需求，注重给孩子提供自己选择、解决问题、与人合作、表达交流的机会，主要培养内养五德的“10＋”儿童。

4．野趣运动

利用三自空间和潮悦无边界自然教室，开展自然野趣运动，保证每天一小时的运动时间，结合健康领域的三个子目标，创设各种自然的、富有挑战的、层次丰富的户外体育运动，让孩子获得身心和谐的发展。

课程实施路径三板块分为集体活动、小组活动、个别活动；课程设置三要素为小班点状课程、中班线装课程、大班网状课程；幼儿学习四步骤根据幼儿的身心发展规律和学习特点，分为兴趣需要、感知体验、探究创造、表达表现四部曲；课程实施审议三部曲，即每学期的园级审议、每月年级组审议、每周班级审议，审议内容包括课程目标、课程资源、内容形式、环境材料 4 个板块。

（四）课程评价

1．自评目标

每次主题活动结束后，班级教师先进行自评，自评本次活动的目标达成、内容适宜、过程科学、预设生成四个部分的情况，并对大家做课程汇报，整理成册。

2．互评内容

年级组之间进行互评，主要评价内容分为问题生成、共同兴趣、探究机会、经验获得四部分是否适适宜的内容。

3．他评实施

园级领导进行两次过程性他评，主要从师幼互动、教师态度、保教行为、支持策略四个部分来评价教师的教学实施过程。

4．生态公平

家长进行评价，主要从资源利用、共同参与、科学指导、有效链接四个部分来进行循环往复的生态评价。

（五）实践体系

永宁幼儿园建构了“一总两分四梁八柱十美”的石文化实践体系，提出了内外兼修的文化目标，综合利用各种教育资源，自然化、生活化、游戏化、满足幼儿多方面发展的需要，让孩子度过一个快乐而有意义的童年，让自然教育成为孩子们后继学习和终身发展的基石。

1. 厚德载物的园所

创建“厚德载物的园所”包括内润精神文化、外建物质文化两方面。

在内润精神文化方面，我园主要做到了 5 个方面：“仁的中心”，即以人为本的一个理念；“义的制度”，即自上而下、自下而上的制度两定；“智的评价”，自评、互评、他评相结合；“勇的管理”，创立了勇于执行的管理四环；“坚的思想”，即坚守传承的思想五则。

在外建物质文化方面，我园主要从以下 5 个角度着手：“美的艺术观”，即美美与共的艺术观；“雅的融合观”，体现了小环境、大教育的融合；“真的儿童观”，从儿童视角去创设物质环境；“朴的课程观”，坚持大自然、大社会都是活教材；“新的教育观”，即由老师的教转为幼儿主动地学。

2. 身心发展的儿童

我园旨在培养“内养五德，外显五行”的全面发展的儿童。“仁、义、智、勇、坚”的“五德”体现在培养目标上分别表现为：爱祖国、爱自然、爱社会、爱父母、爱他人的“五爱儿童”；负责任、守规则、善合作、乐交往、会生活的“五守儿童”；好奇好问、积极主动、认真专注、敢于探究、乐与创造的“五学儿童”；勇于向前、勇于挑战、勇于尝试、勇闯困难、勇于试错的“五勇儿童”；自立、自尊、自信、自强、自主的“五自儿童”。“美、雅、真、朴、新”的“五行”体现在儿童身上分别表现为：身美、行美、心美；雅言、雅意、雅趣；真学习、真经验、真发展；顺其自然、成其自然、自然而然；新智慧、新创造、新未来。

3. 内外兼修的教师

我园坚持培养“内铸师魂、外修专业”的内外兼修的教师，对应育人目标，我们要求教师在“内铸师魂”方面，以仁爱之心，凸显爱幼如子之仁；在道德情操上，凸显爱园如家之义；扎实学识，凸显爱岗敬业之智；内涵修养，凸显爱友如己之勇；坚定理想信念上，凸显爱国守法之坚。

在“外修专业”方面，我们要求教师做具行为之美的教师、有学识之雅的教师、做求知之真的教师、做爱幼之朴的教师，成发展之新的教师。

4. 知行合一的家长

结合我园的培养理念，我们希望我园的儿童家长具有以下内在品德：四德并存之仁，争取成为社会的好公民；家园共育之义，争取成为园所的好家长；科学育儿之智，争取成为孩子的好爸妈；理解接纳之勇，争取成为老师的好伙伴；互相信任之坚，争取成为家长的好朋友。在行动方面，我们希望家长做“五行”家长：示范引领之“美”，努力做到“10＋”儿童的示范者；助教支持之“雅”，努力做到身心成长的支持者；资源共享之“真”，努力做到全面发展的帮助者；家园互助之“朴”，努力做到社会交往的引领者；共同成长之“新”，做快乐童年的陪伴者。

四、石文化成效与展望

以石载道，以童续脉，构建传统文化与现代教育融合的典范，曲阳县永宁幼儿园从“石文化”到“石教育”的蜕变。

2023 年 10 月，我园召开了“曲阳县文化育人现场会”，带动了全县校园文化建设的发展；举行石文化绘本《小石头》的新书发布会，该书由中国少年儿童出版社出版，作者贾为；贾为作词、蔡海波作曲、中国爱乐乐团伴奏、中国少儿广播合唱团演唱的园歌《我是一颗小石头》唱响园所文化；由1000多名家长和孩子共同参与投稿的园宝《小石头》已经面世；第一届《小石头》绘本创编活动圆满落幕，获奖作品已经由小石头书社印刷投放到各个班级。

未来，我们继续深耕“石文化”引领下的石教育模式，实现突破性，创建“三石育人”模型，将从“石文化园”扩展至“教育生态圈”。具体规划如下：

在深度发展计划方面，开发“AR石雕考古”数字课程，扫码触发历史场景复原，实现课程升级；建设“儿童石艺工坊”文旅点，幼儿作品直供曲阳石雕产业链，实现社区融合；与意大利瑞吉欧幼儿园共建“东西方自然教育比较研究中心”，实现国际对话。

在人才梯队建设方面，设立“石文化教师书院”，5年培养100名非遗教育骨干；资源沉淀，建立“幼儿石艺作品数字博物馆”，实现文化创新成果的永久保存、全球共享；评价改革推行“成长石”动态评估系统，用3D扫描记录儿童刻痕变化反映发展。

追寻光　成为光

——石家庄市第二幼儿园“旭”文化下之光教育办园思想与实践

石家庄市第二幼儿园　张丽芳　李　晶　陈欢欢

石家庄市第二幼儿园始建于1948年4月，前身是石家庄保育院。历经12次搬迁和多次更名，现占地面积2803平方米，建筑面积3000平方米。自2011年起，先后接管石家庄幼儿师范高等专科学校附属幼儿园、新华区丽都幼儿园和新华区柏林幼儿园，开启了一园四址、托幼一体的集团化办园进程。截止到2023年6月，集团共有托、幼儿1200多名，教职工160人，其中在编教师48人，正高级教师1人，高级教师4人，一级教师17人，河北省骨干教师2人，市级骨干教师、保教能手10人，本科学历达到90%以上，研究生1人。

一、办园思想提出的背景

（一）幼儿园发展历程

1. 之光教育的奠基——养护生命，渴望幸福（1948年4月至1950年4月）

1948年2月，陕甘宁边区保育院的创始人之一李之光在石家庄郊区赵陵铺创建石家庄保育院，几经辗转至烈士陵园内。李之光院长把伟大的母爱和温暖，奉献给保育院里的烈士遗孤和将士子女，大家亲切地称她“妈妈同志”，毛主席赞扬她“工作认真负责，耐心细致”。李之光院长的精神奠定了之光教育的基础，也成为照亮二幼人的一道光。

2. 之光教育的苏醒——稳定规范，幸福萌生（1950 年 5 月至 1989 年 7 月）

图 1　第一任院长李之光和孩子们

1952 年，保育院施行托幼分设，将 3—6 周岁的幼儿迁至青年街（今人民商场北侧），成立石家庄市幼儿园，归市教育局主管；1960 年地市合并后，更名为石家庄市第二幼儿园，由市教育局直属管理。“文化大革命”期间，幼儿园正常的教学秩序受到冲击，直至 1979 年各项工作才逐渐恢复稳定，并将“保教质量”作为之光教育的一项重要指标，之光教育逐渐被唤醒。

图 2　1950 年 5 月保育院旧址

3. 之光教育的起航——文化引领，质量为先（1989 年 8 月至 2017 年 6 月）

1989 年 8 月，市二幼迁至柏林北区，当时只有 4 个配套班级，建筑面积 1440 平方米。开园时，市教委原主任徐英杰提出“家园、乐园、校园”的办园目标，之光教育的文化之船自此起航。

图 3　1989 年 8 月迁址柏林北区

1997 年，市政府投资扩建新房，建筑面积达到 3000 平方米。1999 年率先通过河北省示范性幼儿园验收。同年，幼儿园由新华区教育局属地管理。

2011 年 5 月，河北省时任副省长龙庄伟来园调研并题词“儿童乐园”，自此，幼儿园正式确立“之光教育”办园思想体系，通过完善标识系统显著提升了办园品质和文化内涵。

4. 之光教育的展望——旭日东升，厚积薄发（2017 年 7 月至 2020 年 5 月）

2017 年 9 月至 2018 年 8 月，幼儿园进行了教学楼的危房加固工程。在此期间，全体教工开展研学之旅，走遍省内的优质名园；分组走访离退休教职工，记录奋斗故事；领导班子完善办园思想体系，并设计、创建了石家庄市第一个“园史馆”。

图 4　危房改造后的幼儿园全貌

同时，市二幼园长张丽芳加入了河北省保定市“春炬园长工作室”，省骨干教师付红红加入“河北省张春炬名师工作室”。两个省级工作室的联动，将之光教育的发展推向更深层次的思考，并提炼出“旭”这一高光核心词。

“旭”在古文字中字形如太阳，象征幼儿园阶段的教育如旭日一样，是人生教育的起点，代表“太阳初升，幸福苏醒”，是之光教育的目标。之光教育在“旭”的照耀下熠熠生辉，“旭”也在之光教育的支撑与衬托下更加美好。

5. 之光教育的集团化发展——资源共享，提升质量（2020 年 6 月至今）

2019 年，石家庄市新华区教育局陆续回收小区配套幼儿园 50 所，由此拉开了市二幼集团化发展的序幕。

市二幼总园

幼专附属园

新华区丽都幼儿园

新华区柏林幼儿园

图5 一园四址园貌

表1 石家庄市第二幼儿园幼教集团“旭”文化的传承与发展

项目	二幼总园	柏林园	丽都园	幼专园
办园理念	追寻光 成为光	养正于苗 百木成林	养正若水 润泽无声	养正于蒙 立幼于专
办园宗旨	让每一个幼儿拥有闪闪发光的幸福童年	让每一个生命都精彩绽放	让每一个生命都闪耀光彩	让每一个孩子都幸福成长
办园目标	办一所温馨自然、师幼开心、家长喜欢的好幼儿园	办一所生机盎然的儿童乐园	办一所灵动怡然的都市乐园	办一所有温度的儿童乐园

续表

项目	二幼总园	柏林园	丽都园	幼专园
育人目标	培养闪闪发光的幸福好儿童	培养勇于担当、健康自信的松柏好儿童	培养勇于担当、健康自信的灵动好儿童	培养勇于担当、健康自信的温暖好儿童
教师专业发展目标	培养一专多能、充满活力的“四有”好老师	培养一专多能、尚美崇健的“四有”好老师	培养一专多能、至善若水的“四有”好老师	培养一专多能、又红又专的“四有”好老师
园风	团结奋进　和谐创新	立德树人　传承创新	海纳百川　润物无声	团结奋进　和谐创新
教风	认真负责　耐心细致	知行合一　乐学善思	持之以恒　乐学善思	认真谦逊　乐学善思
学风	自由　自主　合作分享	自由　自主　合作分享	自由　自主　自信自然	自由　自主　合作分享
园训	健康　快乐　自信感恩	健康　乐观　坚毅勇敢	健康　活泼　坚毅包容	自信　和谐　乐享启智
吉祥物	兔子“旭旭”	百灵鸟“苗苗”	水滴娃娃“丽丽”和“嘟嘟”	兔子“优优”

（二）幼儿园发展现状及取得的成就

1. 硬件环境

走进市二幼，No. TWO 标识和园名引人入目；东墙上一轮红日冉冉升起，“旭”文化得到了最大的具象化；南墙上 3 块“时光印记”，记录着幼儿园 30 载发展历程。器械区和运动区合理分布；初园沙水有趣，果蔬丰茂；旭园典雅温馨，充分显示了一所具有历史底蕴和现代结合的幼儿园朝气蓬勃的幸福气息。

市二幼的丽都分园、柏林分园按照新的建筑标准设计，硬件环境做到高起点，在文化内涵的打造上延续了总园“旭”文化的办园思想。

2. 成绩荣誉

市二幼在河北省示范园、河北省卫生保健示范园、河北省“家园共育”示范园、河北省三级先进档案单位等荣誉的基础上，又荣膺全国“家园共育”百所数字幼儿园、全国心系系列“三优”教育基地、中华爱国工程联合会全国示范幼儿园、中国校园媒体创新管理十佳学校；河北省巾帼文明岗、石家庄市精神文明单位、安全文明校园、托幼机构先进单位、史志鉴编纂工作先进单位以及新华区各级各类先进单位等荣誉称号。

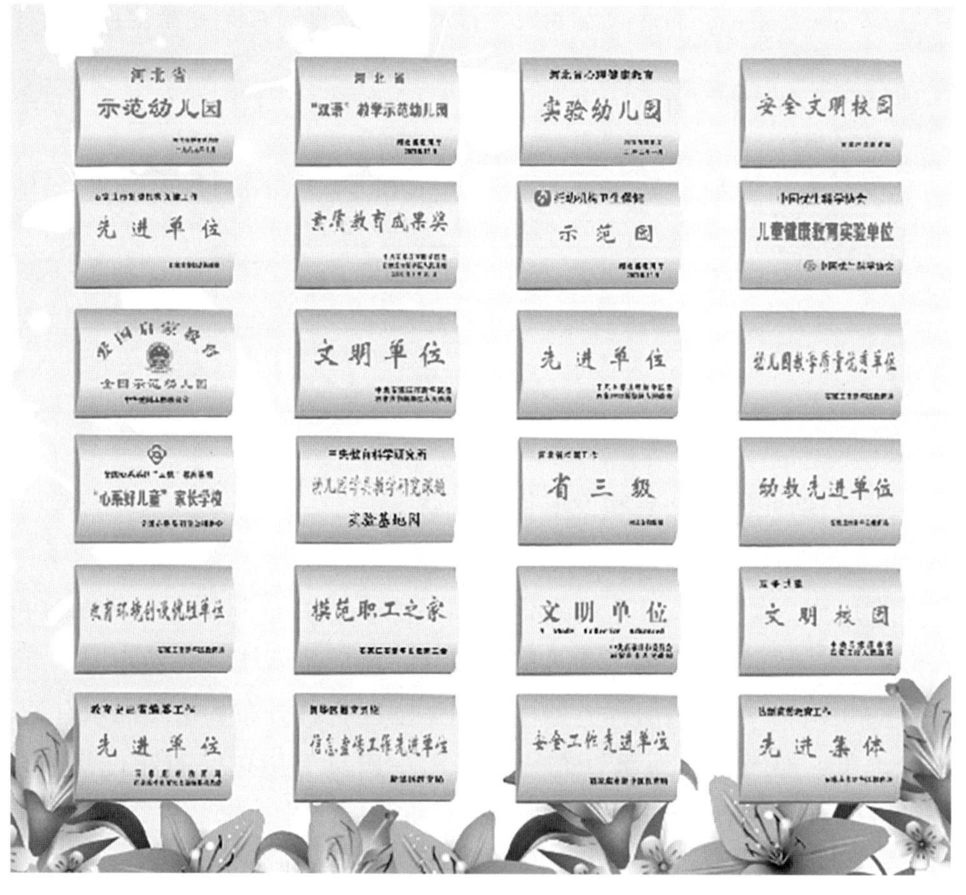

图6　石家庄市第二幼儿园荣誉墙

3. 科研成果

市二幼承担的国家、省市规划重点课题“河北省学前教育改革与发展动力体系研究”子课题“在亲子教育活动中指导家长策略的研究”；“十二五”重点课题“和谐德育研究与实践”子课题“幼儿早期阅读兴趣之培养的实践研究”，“基础教育阶段有效实施家庭教育途径与策略的实践研究”子课题“幼儿交往规则意识及能力的培养”；“十三五”规划重点课题子课题“提升幼儿园教师设计和实施食育活动能力的研究”，河北教育装备“幼儿园空间创设与改建对幼儿身心发展的价值研究”顺利结题。2023 年依托南实幼国家级优秀成果推广工作，完成了“幼儿自主性绘画活动中师幼互动策略研究”微课题工作，并被评选为“南实幼国家基础教育优秀教学成果推广应用先进单位”。2023 年 4 月，在河北省教育装备“十四五”规划课题中立项“依托农耕园探索实现劳动育人价值策略的实践研究”，目前正在中期研究中；课题组自主编撰的《幼儿园劳动体验探究——食育活动》以及与石家庄幼专共同编著的《幼儿园品德启蒙活动实践》顺利出版。

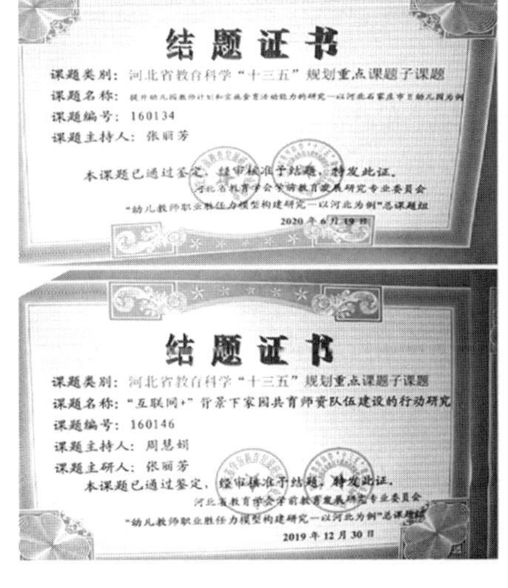

结题证书

课题类别：河北省教育科学“十三五”规划重点课题子课题
课题名称：提升幼儿园教师计划和实施食育活动能力的研究—以河北石家庄市二幼儿园为例
课题编号：160134
课题主持人：张丽芳
本课题已通过鉴定，经审核准予结题，特发此证。
河北省教育学会学前教育发展研究专业委员会
“幼儿教师职业胜任力模型构建研究—以河北为例”总课题组
2020 年 6 月 19 日

结题证书

课题类别：河北省教育科学“十三五”规划重点课题子课题
课题名称：“互联网+”背景下家园共育师资队伍建设的行动研究
课题编号：160146
课题主持人：周慧娟
课题主研人：张丽芳
本课题已通过鉴定，经审核准予结题，特发此证。
河北省教育学会学前教育发展研究专业委员会
“幼儿教师职业胜任力模型构建研究—以河北为例”总课题组
2019 年 12 月 30 日

河北省幼儿园专用活动空间首批子课题
结题验收名单

序号	课题号	子课题名称	幼儿园名称
1	2004356015	幼儿园空间创设与改建对幼儿身心发展的价值研究	石家庄市新华区丽都幼儿园
2	2004356011	基于幼儿核心素养主题课程视域下幼儿园阅读室的创设与重构	石家庄市第一幼儿园
3	2004356210	幼儿园体验式绘本馆设计与实践研究	辛集市清河湾幼儿园

图 7　课题结题证书

二、办园思想的理论诠释

（一）“旭”文化核心的来源

市二幼是一所伴随着新中国成立而诞生的红色幼儿园。基于首任院长李之光的精神，幼儿园凝练出以“旭”为核心的“之光教育”办园思想。

（二）之光教育提出的依据

1. 社会背景的需要

党的十九大报告提出，坚持在发展中保障和改善民生，增进民生福祉是发展的根本目的。当前人民对幼儿园的期待已经从“幼有所育”转为“幼有优育”，这就意味着幼儿园必须坚持儿童为本、游戏为主，坚持以“高质量”作为办园的基本要求。

2. 生命质量的需要

教育应当把培养优秀的人性、培养有质量的生命作为第一目的。为此，市二幼将之光教育的价值观定位为“追寻光，成为光”，关注师幼生命成长，激励每个人成就闪闪发光的人生。

3. 教育归真的需要

当前，中国传统的成人本位文化对幼儿的桎梏，以及教育自身内卷等因素使大量幼儿出现幸福失落现象。因此，教育需要关注幼儿的身心发展特点，顺应发展规律，回到教育本来的原点。

4. 园所发展的需要

市二幼确立了“旭”文化下的之光教育办园思想，既顺应教育的本真意义，又折射了人性教育的回归，凸显了“儿童立场”的教育理念，寻觅出一条幼儿幸福成长的道路。

（三）之光教育的释义

所谓之光教育，就是以基础教育为原点，以幸福为核心，强调受教育者内在情感需求的现代教育，秉持充分展现幼儿自主意识的教育理念。

图8　幸福的老师和孩子

“旭”文化是办园思想的核心与灵魂，而之光教育则是践行这一文化的抓手与载体。“旭”作为顶层设计理念，如同太阳般照耀着之光教育的各项活动。全体二幼人秉承李之光院长“认真负责、耐心细致”的工作作风，以之光精神为指引，将各项教育活动汇聚成缕缕阳光，从散而聚，聚而成光，汹涌的能量让旭日蓬勃而发。

（四）之光教育理念的内涵

1. 关注生命

之光教育的主要目标是阐释、关注生命。关注生命就是教育既要充分唤醒幼儿的生命意识，树立现代的生命观，使幼儿拥有真正感受生命尊严的生活方式，又要关注教师工作的情绪、质量，让师幼共同走向幸福生活的理想彼岸。

2. 走进生活

幸福是之光教育的核心目的。教育是实现幸福的重要途径。陶行知先生所说，“生活即教育”“社会即学校”，之光教育走进生活，就是要求教育要创造出幸福生活，并且通过生活实践转化，从而获得幸福底蕴。

3. 提升精神

习近平总书记说：“人无精神则不立，国无精神则不强。唯有精神上站得住、站得稳，一个民族才能在历史洪流中屹立不倒、挺立潮头。同困难作斗争，是物质的角力，也是精神的对垒。”教育要超出单纯对自然生命展开养育的范畴，从而引起个体的精神，归根到底是要尽力提升人的精神。

图 9　教师节教师宣誓活动

（五）“旭”文化下之光教育办园思想的内容与含义

市二幼秉持“立德树人，看见成长”的教育观，致力于培养身心健康、具有社会责任感的合格公民；坚持“支持助力，看见教师”的教师观，通过多元途径促进教师专业成长，助力其实现自我价值；践行“理解尊重，看见儿童”的儿童观，既关注儿童外在行为表现，更重视其内心世界与发展点滴；落实“五育并举，看见发展”的课程观，以德育为引领，统筹智育、体育、美育和劳育的纵向建设与横向融合，构建让幼儿成长可视化的教育体系。这四个维度有机统一，共同构成了我们“看见教育”的完整理念框架。

三、幸福之光教育的践行

（一）幸福是一股力量，构建品味高雅的之光文化

1.“旭”文化建设从标识系统开始

市二幼的“旭”文化源于教师用温暖唤醒童心的教育实践。这一理念的确立首先体现在园标的设计上：创意融合英文“No.”与阿拉伯数字“2”，巧妙借用“TWO”与“兔”的谐音关系。园标以十二生肖中的“卯兔”为核心意象——兔耳造型既构成胜利手势“V”，象征党的引领，又呼应“卯时”（日出时分）的寓意，寄托对幼儿成长的曙光期许。这只兼具“胜利兔”与“希望兔”双重身份的简笔卡通形象，生动诠释了“旭”文化的内涵：既展现党呵护下园所发展的亲和力，又通过国际化设计语言，彰显立足传统、面向未来的教育追求，让抽象理念通过童趣视觉符号深入人心。

图 10　幼儿园园标

图 11 幼儿园吉祥物——兔子“旭旭”

园标以橙、绿、蓝为基调，生动展现出市二幼以爱和幸福为基础，以幼儿的健康成长为根本的教育理念。主基调蓝色，象征了幼儿园深厚的历史积淀和沉稳广博、海纳百川的胸怀；绿色象征着生命的健康、顺应幼儿自然的成长；橙色象征着温暖和幸福。

2015 年，幼儿园把“幸福兔”标识在网上进行注册，让这只可爱的兔子成为“市二幼唯一”，由此衍生了更多的文化应用。吉祥物“旭旭”以平面方式呈现，展示着幼儿园篮球、食育、阅读等课程特色。

2. 升级校园幸福环境，提升办园品味

市二幼落址柏林北区已经 30 多年，经过不断的升级改造，本着“生命、成长、自然”的环创理念，采用有生命力的材料，围绕“幸福生活”主题，将绿化、美化、儿童化的童真气息同环保安全、符合幼儿身心健康发展特点有机结合，以优美的园所环境让师幼从心底油然产生幸福之感。

初园里，长廊与花草果蔬交相辉映，鸟语虫鸣；旭园融合了农耕与现代的文明，照壁、根雕、石磨，和忙碌的孩子们构成一幅和谐画面。

图 12　旭园活动之小雪腌菜

一楼的迎旭厅以天然白桦木打造，巧妙融入鸟窝、松鼠等自然元素；长廊的笑脸墙记录着师幼互动的温馨瞬间。“花园・乐园・家园”的办园理念，就这样无声地浸润在每一个精心设计的角落之中。

在升级改造环境的过程中，幼儿园增设成人洗手台避免弯腰劳累，改用抽屉式床具减轻教师负担，打造教师阅读坊和午休室，为教职工创造舒适的工作环境，让幸福关怀浸润每个细节。

图 13 幸福园里麦子熟了

2019 年，幼儿园在石家庄市太平河畔首创了幼儿园劳动实践基地——幸福园，孩子们在这里阅读天气和大地，认识农具，学习耕作，享受大地的滋养和恩赐。

3. 幸福文创产品，放大文化效应

2011 年，全园师幼共同创作园歌《幸福的约定》，每周一升旗仪式上，悠扬的旋律回荡在幼儿园中。2012 年和 2018 年，幼儿园先后拍摄两版文化宣传片《感知幸福，从这里开始》，以儿童视角展现师幼日常的幸福点滴。2012 年 9 月，创办园报《幸福兔园报》，成为展示园所文化的重要窗口；疫情防控期间，报纸升级为电子期刊《幸福启航》，更多家长和社会大众通过云端了解二幼温暖的教育故事。这些文化载体共同编织出幼儿园独特的幸福教育图景。

2019 年、2021 年市二幼集团自编自导，分别拍摄了千人快闪《我和我亲爱的祖国》和《唱支赞歌给党听》，让大家感受到新时代二幼人百舸争流、勇往直前的精神。

图 14　《幸福兔园报》创刊

图 15　《幸福起航》电子期刊

（二）幸福是一种行动，打造多元发展的“之光”课程

幼儿园在课程设置上着眼于幼儿的终身发展和幸福未来，立足国家“立德树人”的教育方针，培养健康、快乐、自信、感恩、闪闪发光的幼儿。

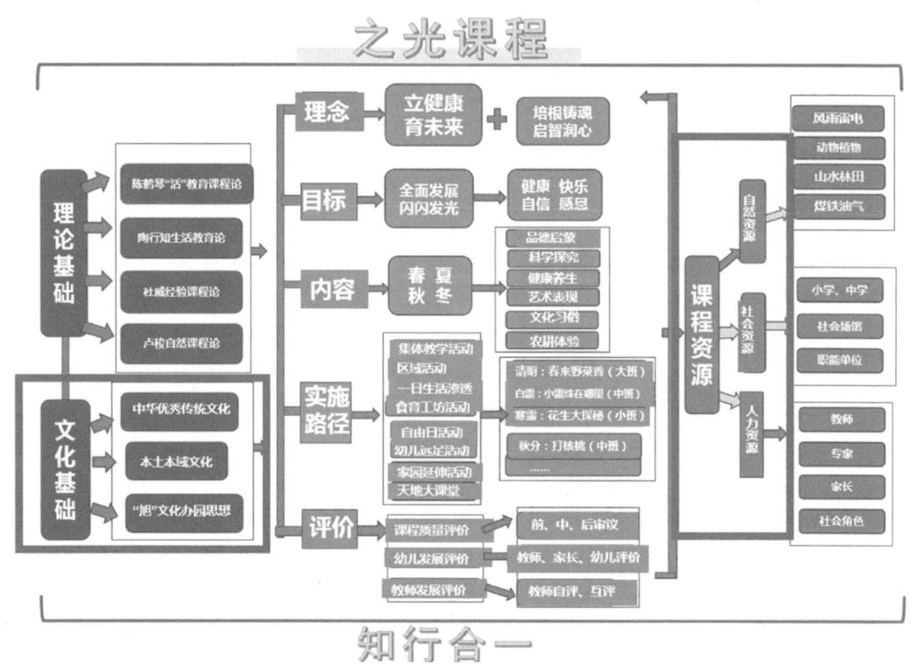

图 16 “之光课程”网络图

1. 儿童为本，把握园本课程的目标取向

自 2018 年起，市二幼开启了食育课程探究之旅，并将二十四节气与传统饮食文化相融合，构建了小、中、大班阶梯式课程体系。孩子们在幸福园种植蔬果，在食育工坊体验切擀揉搓、蒸炒煎炸等完整烹饪过程，从制作到分享再到收纳，全方位感受食育乐趣。课程延伸至家庭，孩子们回家帮厨实践，既巩固了劳动技能，又促进了亲子互动，实现了“园所体验—家庭延伸”的食育闭环。

图 17　食育工坊里制作沙拉

2. 知行合一，明确课程实施的创生取向

市二幼在实施园本课程过程中，积极构建多元资源支持体系：家委会成员通过助教、亲子活动等形式深度参与课程建设；定期开展“每月一远足”活动，带领幼儿走进社区自然环境开展实践学习；同时邀请周边中小学教师入园交流，搭建幼小衔接的桥梁，促进教育连续性发展。

逐步减少集体教学比重，根据幼儿兴趣和能力开展动态的主题探究活动，通过及时更新活动材料，实现生活、教学与游戏活动的有机融合。在一日活动安排上，将集体与分组、室内与户外、轮值与自主、音乐与表演、体育与智力等各类游戏形式科学搭配、灵活穿插，从而激发幼儿参与热情，引导幼儿在愉悦的环境中实现自主发展。

自 2019 年起创设“周五分享日”，幼儿可携带玩具、穿着喜爱服装，在全园 14 个活动区自主探索。活动中教师定点观察记录幼儿的“哇时刻”，活动后通过多元表征方式引导幼儿分享游戏故事，既促进幼儿个性化发展，又为后续游戏活动埋下伏笔，形成良性循环。

幼儿园组织餐前播报活动，内容包括热点新闻、当日天气和餐点、节气和谚语介绍等，为每个幼儿提供了表现的机会，收获展现自我的幸福感。

开设舞蹈、国画、语言表演、软陶等艺术课程，组建跳绳、篮球等专业运动队，为幼儿潜能发展搭建了平台。

3. 发展为本，彰显园本课程的特色构建

幼儿园遵循以“幼儿发展为本”的基本理念，为每一个幼儿的健康成长提供条件，挖掘优质资源，构建园本特色课程。

（1）篮球课程——走强健体能之路

市二幼开展了“幼儿园篮球活动组织实施策略的探索与研究”的课题研究，组建师幼家长篮球队并聘请专业教练指导。幼儿园还将篮球技能与游戏化教学有机融合，让幼儿在游戏中、趣味中进行技能练习。原创篮球操《篮球宝贝》获2016年石家庄市少儿才艺大赛特等奖，并在省市电视台播出，展现了篮球教育的丰硕成果。

图18　幼儿花样篮球展示

（2）书香满园——走内涵发展之路

市二幼自 2011 年起打造书香校园，将整个园所构建成一本立体生动的“图画书”。各班通过“图画书阅读主题墙”有机融合阅读与表达、绘画、科学探究等活动，为幼儿搭建多维度的阅读体验平台。正如朱永新教授所言：“没有阅读的学校永远不可能有真正的教育。”园所早期阅读特色成果《书香乐园，点亮童心》先后被石家庄日报“特色教育”专栏和河北长城网专题报道。

（3）信息化建设——走科技发展之路

市二幼早在 2004 年就率先实现教育信息化转型，成为全市首家建立幼儿园网站和远程视频系统的园所。通过改建微机室、配备教师电脑等举措，既为幼儿创设了数字化学习环境，也构建起教师资源共享平台，实现了硬件设施智能化、保教活动多样化、科学管理系统化、家园共育一体化。2013 年，张丽芳园长作为北方地区唯一幼儿园代表，在第十三届中国教育信息化论坛上发表《为梦想插上翅膀》典型发言，为此，《中国教育报》进行了专题报道。

（4）食育课程——走健康生活之路

经过 7 年的深耕实践，市二幼打造出独具特色的食育课程品牌，每周营养食谱、节气养生专题、季度科学营养计算及学期健康测评都成为保障幼儿健康成长的桥梁。幼儿园联合省级医院开展小儿推拿等活动，让中医知识走进家庭和班级。同时通过园内中草药种植和小动物养殖等实践活动，让幼儿亲身体验自然生态，全面践行“食在健康，育在未来”的大健康教育理念。

4. 科学审议，提升园本课程的评价取向

（1）构建多层次教研组织，拓宽多角度研修路径

由园长、教学园长、教研组长和骨干教师组成领导决策团队，负责顶层设计与统筹规划；以年级教研组为基础组建课程实施团队，具体推进教学实践；同时引入家长代表和专家顾问形成质量评估团队，

通过定期研讨、问卷调查等方式开展过程性评价与持续优化，最终达到促进幼儿享有高质量发展与实现幼儿园教育品质全面提升的目标。

（2）整体规划研修主题，任务驱动，固化成果

幼儿园建立三级教研体系：教学主任带领教研组长确定课程主题、教研组长组织年级组制定主题网络图、班级教师根据幼儿特点细化实施。主题结束后，年龄组教师再次进行集体审议，根据幼儿具体情况对内容进行增删和适度调整，同时形成本主题的课程资源包。

（3）加强课程中审议，促横向融合、纵向深入

各研修小组采用集体备课形式，认领活动内容，撰写活动设计。每周一，教学主任与各年龄组进行沟通，询问实施中存在的问题和困难并予以帮助。同时，每两周进行一次大教研，促进平行班之间的融合及年龄班间的纵向深入，为课程研究提供全景式研修轨迹图。

图 19 园本课程教研活动

(4) 撰写观察故事，提升课程实施的反思能力

教师观察、捕捉幼儿在活动中的教育契机，解读、分析行为现象，从而挖掘教育价值。通过“观察故事”的撰写，教师对于幼儿各项活动进行有效观察与指导，从而提升评价、分析能力，最终提升课程的反思能力。

(5) 科学审议，确立课程质量评价体系

日常活动中，教师在自然状态下观察幼儿，通过谈话、调查了解幼儿已有经验，评价课程与幼儿发展之间的关系。幼儿园聚焦课程活动组织与实施对教师进行评价，同时教师对自己的日常工作展开自我评价，也为课程的适宜性、目标达成度提供了依据。

市二幼从课程实施过程、幼儿发展、教师发展3个方面入手，健全了教育评价制度，加速了课程实施的进程，让更加科学的教育方式为幼儿成长保驾护航。

(三) 幸福是一个承诺，成就一专多能的“之光”教师

1. 做“有德”的教师，爱岗敬业、为人师表

习近平总书记指出：“好老师应该取法乎上、见贤思齐，不断提高道德修养，提升人格品质，并把正确的道德观传授给学生。”幼儿园将师德师风同考核、评优奖励相结合，逐步完善了师德建设制度。通过开展专题讲座与学习、演讲、征文、签订承诺书等活动，鼓励教师不断增强师德修养。

2. 做“有爱”的教师，尊重爱护、支持陪伴

幼儿园启动了之光教育系列活动，如“我对之光教育的解读”“打造有温度的之光教育——开学典礼”“用温情和慧心建设优秀团队——园本培训”“我讲我的精彩故事”等，让教师了解、感受之光教育的内涵及意义，进而体会和践行幼儿园核心文化达成共同愿景，实现文化归一。

3. 做“有识”的教师，一专多能、向阳而生

幼儿园秉持“以人为本、以园为本、以需求为本”理念，着力培养“一专多能”型教师。对外聘请高校专家开展专题培训，依托工作室传播先进理念；对内实施“木林森”计划，省市级名师、名园长认领 1—3 名教师，分岗位、分层次精准培养。同时，通过师徒结对、名园跟岗等方式促进教师专业成长。

图 20　老党员丁文芝讲述奋斗故事

幼儿园成立了公众号团队、承接文艺演出的“幸福兔艺术团”、承担教科研及带教的“幸福兔工作坊”等。教师根据自己的爱好、能力加入，按照习近平总书记提出的“四有”幸福教师，完成自己专业的“幸福画像”。

（四）幸福是一种理念，引领以人为本的“之光”管理

在市二幼集团化管理中，领导班子担负引领着集团和全体教师发展的重任：正确把握集团办园方向，坚持依法办园，建立健全集团各

项规章制度，实施科学、民主管理，激发教师自主成长的内在动力，推动集团可持续、高质量发展。

1. 党建引领，群团共建

市二幼党支部不断增强理论学习的指导性和规范性。党支部邀请获得“光荣在党五十年”勋章的老党员、省劳模等离退休职工进行党史宣讲，以红色精神鼓舞每一位二幼人。同时，坚持把群团工作纳入整体规划，形成了“党建带群团、党群共发展”的工作格局。

2. 层级管理，责权分明

集团建立以书记为首的“层级管理”体系，通过“领导包园制”和“干部双肩挑制”明确责任。每位班子成员负责一所分园并深入班级群，指导日常管理，提升办园质量。并且，实行月度考核公示和年度述职制度，推动管理从规范化向精细化、人本化发展。

3. 齐抓共管，擘画蓝图

2021年是集团全面发展的开局之年，在调研基础上合理分析，撰写了上万字的“十四五”发展规划。各园认真撰写本园年度计划，聚焦质量稳步推进。“十四五”规划的总目标：到2025年，形成较完善的集团化管理机制、“一园一品”初现风格、分园全部通过省级示范园验收、集团品牌具有一定广誉度，办人民满意的高质量托幼一体化的学前教育。

4. 依法办园，制度先行

市二幼每年都会将部级以上关于学前教育的文件汇编成“口袋书”发放给老师们进行学习。2021年，集团对各岗位管理制度、师幼日常行为规范制度、各类教育实施制度进行了汇编，形成了规范、合理、完善的334条制度与章程，并通过多元化的评价制度来实现“增强自信、感受幸福”的管理理想。

5. 生命至上，安全为重

各园构建“健康＋安全”双保障体系：在健康管理方面，以中医理论为指导，研发特色膳食和养生茶饮，每日公示餐点并通过新媒体平台向家长推送营养知识；在安全管理方面，组建家长巡逻队和安委会，联动辖区派出所实行网格化管理，细化安全预案和岗位职责，实现安全工作全员参与、全程覆盖，为幼儿健康成长筑牢双重防护网。

6. 以人为本，民主自治

市二幼通过民主管理和人文关怀构建和谐校园文化。在决策层面，所有发展规划和重大事项均通过职工民主参与，确保职称评聘、评优帮扶等工作公开透明。同时创新实施带薪“中高考假期”等特色福利制度，及时关怀离退休及困难职工。

园所定期举办单身联谊、新年联欢会等特色活动，通过运动会、表彰会等平台让每位教职工展现自我。特别设立“幼儿代表大会”和“园长接待日”，建立常态化沟通机制，充分吸纳师幼意见，营造团结向上的园所氛围。

（五）幸福是一次融合，开展亲密无间的多维共育

1. 挖掘园内资源，实现家园幸福互动

近年来，市二幼积极推动家园共育，邀请近百名各行各业的家长走进课堂，开展了“爸爸升国旗”“爸爸讲绘本”“爸爸篮球赛”等特色活动。家长们不仅参与每月远足志愿活动，还协助管理“幸福园”农耕项目，深度介入教育教学、卫生保健等工作，从旁观者转变为教育合伙人。同时，通过半日体验、运动会等亲子活动，实现了家园教育的深度融合，展现了幸福教育的独特魅力。

2. 链接园外资源，实现多方共建

市二幼自 1999 年创新设立“家长学校”，定期开展分龄家长讲堂，内容涵盖《指南》解读、入园适应、幼小衔接等专题。同时积极联动周边中小学及消防、邮政等社会单位，整合优质教育资源，拓展幼儿社会实践空间，构建多元化的教育生态体系。

图 21　召开新学期“四委会”

3. 建立沟通平台，确保信息畅通

市二幼采用信息化与面对面相结合的方式加强家园共育。通过网站、公众号等平台提供科学育儿指导，并开展线上讲座；同时组织预约谈话、上门家访，并公开园长邮箱，确保家长诉求及时响应。这种多元沟通机制既提前化解矛盾，又提升了教育协同性。

四、办园思想的成效展望

（一）办园成效——之光教育结硕果

1. 教师专业发展

近年来，在国家、省、市、区各部门的竞赛、评选活动中，多位教师取得优异成绩，并且在《中国教育报》《早期教育》《幼儿教育》等幼教报刊发表多篇论文。

2. 幼儿全面发展

市二幼依托二十四节气体验课程，通过“五育并举”“五域并融”的亲身体验实践活动，让每一名幼儿彰显新时代好儿童的精神和活力，多次在河北电视台、新华区才艺大赛活动中精彩亮相。

图 22 幸福的石家庄市第二幼儿园的孩子

3. 园所特色发展

如今，市二幼集团“运动＋食育”的健康特色已经成为一张靓丽的名片。各分园在特色上另有创新：幼专园以军体课程为载体，打造品德启蒙新典范；丽都园大力弘扬“传统体育游戏”，传承中华优秀传统文化；柏林园努力培养具有松柏精神的好儿童；集团所有幼儿园全部打造书香校园，无论寒暑“每月一远足实践”，有力诠释了“大自然、大社会都是活教材”的育人理念。

4. 集团和谐发展

今天的市二幼集团托幼一体化的管理得到社会的高度认可。柏林园托育中心成为河北省五星婴幼儿照护服务试点园。通过近 3 年的实践，我们深刻体会到了“旭”文化对集团发展的核心力量，充分印证了之光教育理念下“和”的成果。各园在集团发展之下同频共振，将“健康安全优质”的要求作为集团发展的主旋律，唱响着集团发展的最强音。

（二）辐射引领——之光教育春满园

近 10 年来，市二幼作为新华区教育局第一共同体辐射引领 10 所民办、村集体幼儿园发展。坚持实施“四个一”方案：每月一次入园诊断、每月一次主题培训、每月外出参观一所园、每月接待一次园参观活动，构建了立体化的互助共同体。

2019 年 4 月，以市二幼园长命名的“石家庄市张丽芳名园长工作室”正式授牌，张丽芳园长成为石家庄唯一一个连任两届的工作室主持人。如今成员辐射到 22 个县市区，成为石家庄市学前教育发展的重要引擎。

图 23　召开共同体工作部署会

图 24 张丽芳名园长工作室活动

2022 年 4 月，石家庄市第二幼儿园幼教集团与新疆库尔勒市实验幼儿园幼教集团结成帮扶共建单位。2024 年 6 月，张丽芳园长带着工作室和骨干教师一行 10 人走进库尔勒和铁门关市送教送培，实现两地教育事业的共同进步，让优质的资源和先进的理念传播到更远的地方，也体现了民族一家亲的理念。

（三）存在问题——之光教育知不足

文化的传承与创新还需要深度思考，各园"一园一品"还有待更深入地去挖掘；整体管理经验不足，综合素养需进一步提升。

（四）展望未来——之光教育新篇章

幼儿园将继续探索 2—3 岁的婴幼儿的托管及照护服务；持续加大与高校、社区、周边资源的积极互动；辐射引领更多薄弱、偏远幼儿园发展。

今天的市二幼在"旭"文化办园思想的引领下，教师乐学善思，幼儿全面发展，家园同步提高，处处呈现和谐、奋进、创新、发展的正能量。奋进十四五，扬帆正当时。相信在各级领导的支持和全体教工的努力下，二幼人一定会“追寻光，成为光”，在新时代的赛道上，绽放学前新风貌，跑出幼教加速度，描绘出更多彩的篇章，全力奏响幸福教育的最强音。

图 25　冀疆两地幼儿线上联谊

图 26　石家庄市第二幼儿园幼教集团教职工合影

融情育爱　共同成长

——涿州市第二幼儿园“融·爱”办园思想与实践

涿州市第二幼儿园　郑洪玲　王亚坤　张淑阁

一、办园思想的形成背景

习近平总书记提出要坚持道路自信、理论自信、制度自信、文化自信。多年来，涿州二幼在推动园所内涵发展中，始终注重文化引领，围绕“融·爱”办园思想理念，不断推进园区之间共建、共享，以实现共同发展的集团化办园愿景。

（一）办园历史

1.“融·爱”思想倾情播种（1984—1989 年）

1984 年，涿州镇委镇政府投资 13 万元兴办涿州镇幼儿园，是为涿州市第二幼儿园的前身，占地 2601 平方米，教职工 16 名，当年招收幼儿 200 名，开设教学班 5 个。1987 年，园所划归市教育局，更名为涿州市第二幼儿园。1987 年第一批师范生的加入逐步改变了教工结构，分科教学下秉持“去小学化”理念。1988 年，中国共产党涿州市第二幼儿园支部委员会成立，为幼儿园指明办园方向。1989 年，通过河北省首批示范园验收。当年影壁墙上的题字“童趣稚意”正是园所“融·爱”思想最早的体现。

2. “融·爱”思想匠心孕育（1990—1999 年）

90 年代，幼儿教育发展迅速，三个“一切”成为二幼对外展示的办园理念与口号，“一切为了孩子”是二幼的办园准则，也是园长的教育理念。园所升级示范园后管理逐步完善，形成第一本制度汇编；以评促学、以赛促长，强化教师队伍建设；各类活动打开对外展示的窗口；成立两级幼教工作协作区，发挥示范辐射作用；扩建三层教学楼，通过省示范园复检。此阶段是园所“融·爱”文化的孕育期。

3. “融·爱”思想开始萌芽（2000—2004 年）

21 世纪初，民办幼儿园兴起使公办幼儿园受到冲击，特色办学成为当时工作的重心，“让孩子赢在起跑线上”成为二幼办园理念。教育教学关注幼儿综合经验的获得，课程走向多元化。2004 年领导班子换届，促使园所管理更加精细化。开展厨艺大赛，提升后勤服务意识。“爱”成为二幼的教育追求，让二幼的幼儿幸福快乐成长成为此阶段教师的共识，“融·爱”思想开始萌芽。

4. “融·爱”思想初具雏形（2005—2008 年）

随着领导班子更替，“和爱一起长大”成为园所办园宗旨，提出“立德　启智　博爱　发展”的园训，开启了集团化发展之路。明确“四为本”管理理念，倡导“快乐工作、幸福生活”工作理念，不仅关注幼儿主体，同时也关注“教师、家长、社会”资源的利用。主题活动深入开展，大型活动开始启动。文化产品逐年增多，信息化宣传登上历史舞台。“融·爱”思想初具雏形。

5. “融·爱”思想渐成体系（2009—2017 年）

二幼经过 30 多年的扎实积累，一代代“二幼人”不懈追求，由最初的初心“童趣稚意”到“和爱一起长”，已经形成二幼独特的文化味道。科研引领教研，开始有意识开展园本课程建设，家园共育凸显，大型活动走向系列化。更加关注教工身心健康，携手京津冀优质资源，借力成长。2017 年，全园共同参与文化建构，自上而下统一思想，自下而上研讨解读，建立了第一套完整的文化体系。

6.“融·爱”思想蓄力生长（2018—2024年）

随着不断实践与深入思考，聚焦文化内涵建设，挖掘园所历史中有传承有创新的文化，在专家指导下，全园共同参与研讨，对“和爱一起长大”做了深入诠释，“融情育爱　共同成长”成为园所办园理念。构建三育课程体系，支持儿童视角落地，园所VI视觉识别系统呈现，文化环境凸显。与高校携手，示范引领成常态。文化于景、以文化人，二幼形成了更加完善的办园思想体系，走上了文化建设之路。

在二幼的历史沿革中，办园思想不断生长，文化体系不断丰满，基于儿童、用爱陪伴的主线支持着二幼一直走在高品质发展的道路上。

（二）地域文化

涿州历史悠久，名流辈出，汉昭烈帝刘备、宋太祖赵匡胤、汉桓侯张飞、东汉名臣卢植、北魏地理学家郦道元、初唐四杰之一卢照邻、苦吟诗人贾岛、六祖禅师慧能、易学大师邵雍、深受鲁迅推崇的现代诗人冯至、当代著名剧作家张天民等皆出于此，三国时期“桃园三结义”的故事广为流传，深厚的文化底蕴涵育着二幼的文化内涵。

紧邻二幼的三义小学，是一所具有“红色背景”的小学。1949年党中央决定将中央迁往北平，毛泽东、朱德、刘少奇、周恩来、任弼时等中央领导乘汽车到达涿县住宿，住宿地点即为三义小学院内的“党中央毛主席进京驻涿纪念馆”。红色氛围及涿州醇厚的民风对二幼园所文化的形成都有一定的浸润和影响。

（三）办园现状

二幼经过40年的发展，已成为一总五分八园区的集团化办园机构。现有班级24个，在园幼儿818人，教职工139人。先后获得全国三八红旗集体、省少儿工作先进集体等荣誉称号。在40年的文化积淀中，园所管理正从经验管理、制度管理向文化管理转变。文化浸润在园所的一砖一瓦、一物一景；文化呈现在师幼的一言一行、一字一画。外化于行、内化于心，“爱”弥漫在园所的每一个角落。

二、办园思想体系

（一）价值观体系

杰·唐纳·华特士（J. Donald Walters）提出“教育的本质就是生命教育”，通过生命管理，让每一个人都成为“我自己”。真正的生命教育应从家庭、学校、社会各方面着手，帮助儿童从小开始探索认识生命的意义、尊重珍惜生命的价值，热爱并发展每个人独特的生命，将自己的生命与天地人之间建立美好的共融共在关系。这正是二幼所追求的目标。

（二）办园理念：融情育爱　共同成长

“融·爱”思想以爱为根基，以融为手段，以情为路径，以自然、生活、生命和谐融合、健康发展为落脚点，最终达到融情育爱，共同成长的教育目标。

1. “融·爱”思想之“融”

融在此处有五层含义：融汇，指向资源，汇集园所、家庭、社会多方资源，助力幼儿成长；融合，指向方法，采用合的方法，使自然、生活、生命交叉渗透、久久为功；融畅，指向氛围，营造温馨舒畅的人文环境与氛围，实施爱的管理；融通，指向感受，将参与主体以及教育内容通过情感链接融合在一起，潜移默化、融合通达；融洽，指向愿景，遵循生命成长法则，让幼儿在爱和自由的环境中成长为一个自信、阳光、有力量的人。用文化引领园所内涵发展、促进幼儿、教师、家长、园所的可持续发展，形成多元主体的共同成长。

2. “融·爱”思想之“爱”

在“融·爱”思想中，爱是土壤，是根基，是园所理念的立足点。爱解析为：热爱，是基础，是教师对幼教事业的热忱与投入；关爱，是源泉，是教师、家长、社会对幼儿的尊重、信任与支持；友爱，是萌芽，让幼儿在被爱的体验中萌发爱人的情感；仁爱，是生长，是悲悯心，同理心，是幼儿能够感悟生命的美好，在爱与被爱的过程中发现自己、他人、环境中的价值和意义，体验到爱的幸福感，萌发爱的动机；博爱，是行动，是幼儿自我丰满后的无私付出，以爱人为基础，爱集体、爱家乡、爱祖国、爱生命、爱人类的生存环境、爱大自然、爱人类的劳动创造、爱文明进步、爱一切真善美的事物。二幼倡导最好的爱是厚植爱的基因，培养爱的能力，涵养爱的情怀，让幼儿在享受爱的同时去体验爱，感受爱，表达爱。

3. “融·爱”思想之“育”

育是过程。育身，立生命之根本，涵养幸福源泉，促进幼儿自主学习与发展，提高身体素质；育心，引成长之源泉，健全人格品质，赋权儿童，支持幼儿在活动中养成好的学习品质；育情，筑一生之幸福，滋养积极心态，帮助幼儿建立自我认同、自我满足等积极社会情感。

4. “融·爱”思想之“成长”

成长是自身不断变得成熟稳重的变化过程。“共同成长”，指儿童、教师、家庭、社会四个主体以爱为根基，运用融的手段，让情交互作用，协同达成目标。

（三）目标体系

幼儿园在长期摸索过程中形成了完善的办园目标体系：育人目标为培养自信、阳光、有力量的幸福儿童。办园目标为融情立德，建优质团队；以爱育爱，育幸福儿童；打造高标准、高质量的集团化幼儿园。教师培养目标为建设一支爱生活、悦工作、精专业、善协作的优质团队。

（四）风尚体系

1. 园风——用心、用情、用功

用心，是初心。全心全意为幼儿成长努力和奉献，时刻心系幼儿，匠心工作，拥有必成的决心。

用情，是态度。始终不忘初心的朴素教育情怀，推己及人，用专业的视角在二幼这块沃土上形成互知、互融、互敬、互帮、互信、互促的良好氛围，带着感情、激情、热情，在教育的舞台上成就一份最美的事业。

用功，是行动。倾尽全力为幼儿、家长、社会服务。树立“功成不必在我，建功必须有我”的信念，用勤奋和智慧，全心全意办人民满意的教育。

2. 教风——心向阳、行有光

“心向阳”指向师德，既是阳光的心态，又是阳光的作风。以乐观自信的态度“用爱去教，教会去爱”，通过教师行为的感染、情感的迁移、教育的智慧，唤起幼儿的共鸣，发展幼儿那些“人之为人”的情感。“行有光”指向师能，既是教师自身的专业修养，又是传递专业理念的能力，用专业的视角对待幼儿教育，用专业的品质引导、支持儿童自主成长。

3. 学风——乐学好问、有爱合作

相信每个幼儿都是独一无二的个体，具有先天发展自身的潜能和倾向。每个幼儿都是有能力的主动学习者，积极创设自由、开放、互动、探究的环境，满足幼儿的心理需求，激发幼儿的探究欲望，保持对生活的热情和积极性，形成好奇、好问、好探究的学习品质，以及同伴间相互协作的良好关系。

（五）园训：立德、启智、博爱、发展

“立德”，指树立德业，是个人的修为，也是人存在这个世间的根本。作为教师首先应修德，只要尽到个人的本分，即有德行的光辉呈现。

“启智”，指以人为本，以德为先，发挥人的主观能动性和聪明才智，激发幼儿学习兴趣，以道启心，以心启智。

“博爱”，指广泛地关爱所有人，无私而广大，人与人之间互相关心、互相帮助。这是实际行动，是教育者的模范行为，是真情的自然流露。

“发展”，是事物不断更新进步变化的过程，是教师和园所不断向更高品质生长的追求。

三、办园实践

（一）组织管理

1. 组织结构

二幼成立党、工、团、妇四个基层组织，引领园所发展。充分发挥党组织政治核心作用，为工会、共青团、妇联开展工作创造有利条件，发挥其在幼儿园工作中的作用。行政组织本着因需设岗、择优聘用等原则，均衡各园区师资力量，各岗各部门分工明确、职责清晰，实施精细化管理，激励内部用人机制，提高整体办园水平。

2. 管理体制

二幼实行园长负责制，党支部监督，工会、团支部、妇联共同参与管理。核心领导层选拔遵循“师德为先”准则，采取双向选择方式进行。中层干部选拔采用自荐、民主推选及竞职上岗相结合的方式。年级组长实施教研组长、行政组长双岗制，共同执行幼儿园的各项决定和任务，谋划年级组工作。基于集团化管理现状需求，设立中层干事岗位，逐渐实施并完善集团化管理，统领督导各年级组和分园工作。

3. 规章制度

注重建设以激发教师主体性、提升教师生命价值为根本目的的制度文化。全体教师共同参与修订《笃行修身　筑爱远航》管理制度手册，明确各岗位职责和行政管理制度。围绕日常工作全体教师共同研讨制定师德三十条、教师八态行为规范，随时进行自我检视。形成

“市二幼好家长二十条”家长行为规范，努力让行为制度内化于心，外化于行，形成风清气正的良好园风。同时，在集团化发展背景下，形成一套完整的集团化管理模式及评价体系，从考核评价对象、原则、内容、形式、方法、表彰六个方面构建集团化管理框架，明确管理需求，使各项考核指标更具有操作性。

（二）育人环境

以“融·爱”思想为指导，以自然、生活、生命和谐融合、健康发展为落脚点，生成以幼儿为本的育人环境，匠心打造幼儿成长的乐园。

1．舒适安全的环境

在建设和环创中，把幼儿安全放在首位，使用达到EO环保标准的材料。园所成立安保维修团队，对室内外幼儿接触的空间，全部无棱角处理，借助象牙塔智慧平安校园管理平台发现问题，随时上报，随时处理，将安全隐患消灭在萌芽状态。

2．充满童趣的环境

在园所设计中，结合幼儿年龄特点，让整个空间立体、多元、童趣，激发幼儿无限想象和创造力。如创设富于童趣的童话小屋、树屋；使用卡通形象洗手池、吊灯等，让幼儿爱上这个可以释放天性的乐园。

3．自主游戏的环境

在园所内营造随时随处可游戏、一处多游戏的环境，让幼儿通过与环境的互动，从“玩会”走向“会玩”，在这所童趣王国里玩出智慧、玩出自我、玩出自信、玩出创造，凸显其灵动、鲜活的生命状态。

4．自然生态的环境

园内保留纯天然的环境，回归幼儿真实的生活，让幼儿和自然产生链接。户外开辟出供幼儿体验自然的“爱园”，尽可能展现大自然中的常见物品，让幼儿可以倾听自然的声音，感受生命的美好。班级室内创设自然角，开辟小种植园、饲养角给幼儿提供接触自然、探索自然的空间。选择具有生命力的环保废旧材料进行环创，让幼儿在与自然的互动中自然而然地发生学习。

5. 成长互动的环境

兼顾审美价值与教育价值，主题墙落地，高度适于幼儿观看和参与，注重提升和促进幼儿的关键经验。精心设计小环境，贴近幼儿的学习，巧妙利用材料，便于装订与保存。生成以幼儿为本的育人环境，支持幼儿学习，让幼儿的学习看得见，成为幼儿表达与经验分享的平台。

6. 文化传承的环境

将园所文化物化成视觉形象融入园所的公共环境中。文化呈现整体布局，让置身其中的人感受二幼独有的爱的滋养。挖掘历史文化，设置园史展厅，呈现幼儿园 40 年发展的历史。链接家乡文化，家乡的美食、美景、家乡话呈现在环境中，激发幼儿探究的欲望，使其萌发爱的情怀。

（三）教育教学

以《幼儿园教育指导纲要（试行）》《3—6 岁儿童学习与发展指南》精神为引领，遵循“生活即教育”理念，结合涿州家乡资源，在我园“融·爱”文化体系下，从儿童全人发展的角度出发，从“育身、育心、育情”三个层面，关注幼儿身心健康、个性品质、情绪情感和经验习得，构建三育园本课程。以主题活动为主线，以运动、生活、教育活动和游戏为实施路径，充分利用家乡资源、园所文化开展班本活动，同时借助辅助活动，以文化月和工作坊的形式，对幼儿园主题活动进行有效补充和创新，多元满足幼儿个性化、主体性发展需求，让幼儿做幼儿园生活的主人，使每个幼儿全面、和谐、富有个性地发展，成为“自信、阳光、有力量的幸福儿童”。

1. 主题活动

赋权教师和儿童，以生活为根基，根据儿童的兴趣、经验、问题

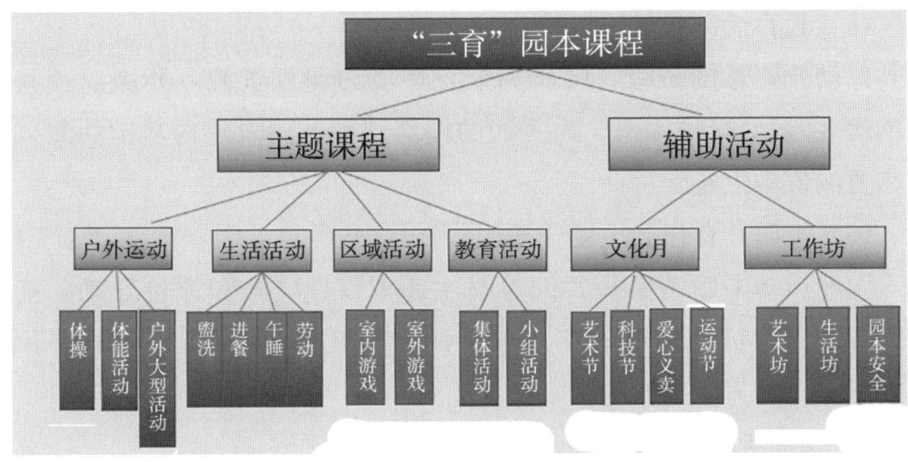

图 1　"三育"园本课程框架

以及重要时间、重大社会活动等生成主题。以运动、生活、游戏、教育活动、家园共育为实施路径，注重不同经验的横向联系，促进儿童全面发展。

（1）体能运动支持儿童快乐成长

遵循"健康为先、兴趣为本"的原则开展体能游戏。增设足球、篮球专用场地，借助爸爸助教开展小篮球、小足球活动。同时依托户外体能大循环，实现体能运动与自主游戏的有机结合。

（2）生活活动回归幼儿生活

基于幼儿经验，回归与还原幼儿生活，倡导园内处处会说话，生活处处是课堂。让幼儿在体验中学会生存、学会生活、学会自我服务、学会自我管理，在体验"我能行"中感受自我成长的力量。

（3）自主活动满足多元体验

创设开放的环境，提供丰富的材料，开展室内外自主游戏、自主日、自主进餐等活动，尊重幼儿成长需求，释放天性，实现"自我服务、自主选择、自我管理"，助力幼儿健康成长。

（4）教育活动彰显班级特色

以幼儿熟悉的班级、园所和家乡环境为课程资源，开展以“我爱我的幼儿园”“探秘涿州”为主线的园本课程，同时建构基于幼儿兴趣和需要的班本主题。

（5）家园共育拓展主题资源

主题活动中邀请家长共同参与主题审议、实施和评价互动，基于主题活动内容需要邀请有相应经验的家长开展家长助教、亲子研学，拓展思路，助力主题实施。

2. 辅助活动

尊重儿童个性发展，融合社会资源，为幼儿提供多元参与展示机会，助力幼儿获得多样化的有益经验，实现全面发展。

（1）文化月活动

关注儿童的视角，以大型活动为实施路径，提供人人参与的机会。开展爱心义卖、运动节、艺术节、科技节、童话节等文化月活动，鼓励幼儿用不同的方式表达自己的理解和情感，促进幼儿个性发展。

（2）工作坊活动

尊重幼儿自身优势，满足幼儿多元体验，开设小美食家、创意空间、小篮球队、精灵故事团、鼓乐队等特色工作坊，支持幼儿个性化需求。

3. 品德启蒙

关注幼儿社会情感能力发展，满足幼儿积极情感体验。将幼儿良好品德和行为习惯养成渗透于一日生活中，践行为党育人使命，在日常活动、主题升旗、红色故事、国庆周等活动中融入红色教育。

在“三育”课程理念引领下，二幼积极为幼儿提供个性发展空间和展示自我的平台，让每一名幼儿找到自己的舞台，绽放生命色彩。

（四）师资队伍

在园所“融·爱”文化的引领下，注重以人为本的柔性管理，创设温馨如家的环境，滋养教师心灵。让教师在爱的滋养中彼此给予力量，在平凡的工作中找到属于自己的职业幸福感。

1. 树师德，践行社会主义核心价值观

（1）爱国爱园教育，打造师德建设根基

党小组和团小组共同发起多项文明实践活动，如《亮出党员身份，我的岗位我做主》《党团携手创建文明校园》等，让教师用自己的实际行动践行爱国爱园情感。同时，在党团员的带动下，组织全体教工开展不同形式的红色教育，举办“永远跟党走　颂歌给党听”合唱大赛，参观红色教育基地，激发教师爱国主义热情，树立民族自豪感。

（2）传承历史精神，挖掘师德建设源泉

开展园史教育，邀请退休老教师回园讲述和幼儿园的故事，回顾幼儿园的发展历程，重温艰苦创业、辛勤耕耘的经历，营造热爱二幼、扎根二幼的氛围。依托党支部、团支部、工会开展“向老教师致敬”活动，挖掘在岗老教师身上扎根幼儿园、爱园如家的精神，弘扬老教师高尚师德，提升老教师归属感，为青年教师树立榜样，让爱弥漫园所。

（3）树立榜样标杆，增强师德建设动力

引导和激励全体教职工以先进模范为榜样，讲述他人的感动事迹，树立优秀榜样，在全园形成学习先进、争当先进的浓厚风气。开展“最美二幼人”活动，增强教职工热爱教育事业的信念。开展“最美教师”活动，倡导全体教工在工作中发现同事间美的身影，捕捉真善美的瞬间，利用园所宣传板块进行展示、传递正能量，让爱在园所中流淌。

（4）开展演讲活动，提升师德自律意识

开展“我为二幼代言”活动，多视角呈现幼儿园教师工作、学习的真实情景，塑造新时代幼儿园教师爱岗敬业、积极向上的良好形象。开展以“乘风破浪的老师”为主题的师德演讲活动，感受小事饱含的深情、细节诠释的爱，为“实施爱”提供支架。

2. 创和谐，营造温馨快乐互助氛围

（1）以爱为根，营造温暖滋养的生活工作环境

为教师提供温馨如家的办公、教研和就餐环境；关注教师心灵成长，开设沙盘室以及融教研、读书、健身、娱乐、休闲多功能于一体的教工之家，让教师工作之余放松心情，享受“爱生活、悦工作”的职业幸福感。公共环境中开辟“最美教师”“你是我眼中的那束光”“正适花开”等宣传板块，展示每一位教师身上的美好，用无声胜有声的方式激发每位教师的教育初心。

（2）人文管理，“乐生活、悦工作”提升团队归属感

关注身体健康、释放青春活力，让教师在快乐中感受美好。以工会为引领，丰富教工生活，组建“恋上瑜伽”等 11 个工作坊，倡导教工乐享生活，愉悦身心；开展“畅游分园乐在‘骑’中”“定向越野”等团建活动，凝心聚力，感受集体美好。以团支部为引领，通过调研分析教师在工作状态、团队合作等方面的现状及问题，针对问题开展团建活动，引领教师感悟每个人在团队中的重要性及合作的重要性。以妇联为引领，将爱延伸至家庭，开展“孝老敬亲”“为亲情打 call”“相亲相爱一家人”家属联谊活动，增进幼儿园与家属之间的交流，孝与和谐相伴，爱与幸福同行。

（3）以“心理活动”为核心，关注个人心理健康

聘请胡世华、石卉、于晶、黄娟等国家二级心理咨询师入园进行心理讲座，利用家庭雕塑帮助教师与自己的内心对话，缓解教师心理压力，塑造阳光心态，享受快乐工作。借助园内心理咨询师成立心灵驿站，帮助教师调节心理状态，强大内心力量。组建“三人小组”，以自己喜欢的方式开展活动，满足教师的交往需求。开展“致谢会”，向身边的同伴说出深藏心底自然流露的感谢，使每个人都被肯定、被鼓励，缓解管理压力。

3. 建机制，优化教工队伍层级结构

最大限度发现、使用和开发每个人的能力，实施“分层聘任、双向选择”岗位聘任方案，力求实现人力资源的优化配置。结合幼儿园对各岗位人才的分析，采用他人推荐、日常绩效考核等方式进行评定，选拔优秀人才进入管理团队，扩充管理队伍。大胆起用新人，给予信任和支持，助力青年教师在实践行动中成长，储备后备力量。

4. 强师能，立足岗位聚焦专业提升

以科研为引领，以教研为阵地，以教学为根本。采取“同伴互助，梯队成长”的方式，构建分层发展的教师专业成长机制，为教师成长搭建平台。

（1）基于专业发展与引领，建立骨干教师成长共同体

成立园所名师工作室，运用“名师规划专业成长目标，明确成长方向；多渠道学习，促进名师专业发展；理论落地，在实际行动中体悟、引领；多渠道展示，增强专业自信；‘文字宣传’营造正面激励的氛围；开展课题研究，增强名师的研究意识”成长“六步曲”助力名师和骨干教师逐渐向专家型教师迈进。

（2）基于岗位胜任力，建立同岗位教师成长共同体

建立班主任成长共同体，开展班主任经验分享，提升班主任管理能力和沟通能力。建立配班教师成长共同体，关注幼儿园一日生活中蕴含的学习与发展机会，遵从幼儿的生长节奏，开展适宜的教学活动，走进高效课堂关注儿童的主动学习。建立保育员成长共同体，基于保育员一日环节中的保育工作，明确工作职责、熟悉工作内容，并用文本和视频两种形式进行操作规范展示，帮助每一位保育员知行合一，助力保教工作。开展保育员生活故事分享，共享经验，优化一日保育程序管理。

（3）基于新教师专业素养提升，建立新教师成长共同体

基于园所新教师专业素养，开展系列提升岗位胜任力的活动，如

师徒结对、读书分享、话题研讨、深度教研等。引领新教师将幼儿园发展与个人价值追求相互融合，珍视自己作为幼儿园一员的身份。

（4）基于教学支持保障，建立后勤人员成长共同体

保健团队、厨师团队、保洁团队、保安团队，四大团队分工合作，每月心灵鸡汤，让后勤人员心灵富足，定期开展核心会，查找工作问题，定期专业培训，强化后勤内功，为教育教学工作开展保驾护航。

5. 促融合，凝心聚力谋划园所发展

从改善管理模式入手，邀请幼儿园不同层面不同岗位的教师参与“幼儿园三年规划、构建园所文化”研讨，共同描绘园所发展愿景。开展“我的园所我代言”园所文化解读与宣讲活动，开启翻转课堂，让教师轮流担任文化宣讲师，让文化深入人心。开展“觅史寻根”活动，挖掘历史资源，寻找园所文化发展的足迹，让园所文化与园所历史对话，从而产生物与人、事与人、园与人的链接，透物见史，形成对“融·爱”文化的认同、传承和创新。

（五）家校共育

以“爱”为基点，以“促进儿童发展”为共同目标，以“互信任、互尊重、互合作、互包容”为原则，建构有温度的家园共同体。

1. 从心出发，扎实教师沟通技能

运用分层活动提升教师沟通技能，如针对全体教师开展家长工作集体培训和教研；针对班主任开展分享会；针对新教师进行名师引领；针对新班主任与老班主任师徒结对；针对换班班主任开展温暖互助活动，让教师与家长的沟通有的放矢，建立教师和家长互相信任、互相支持、互相合作的基础。

2. 以幼为桥，链接家园关系

家长工作落脚于幼儿成长，引领家长高质量陪伴幼儿，从半日活动、云端家访互相了解；家园研学、日常沟通达成共识；家长助教、故事团深度合作，用专业引领家长，真情感动家长，建立良好家园关系。

3. 以智化隔，建构共同价值模式

与家长达成教育价值理念共识，多渠道开展与家长同步、同频、同目标的培训研讨活动，如开展家长学校专题讲座渗透科学育儿理念；定期召开体验式家长会统一教育思想；开展线上读书会转变家长教育观念；开展线下工作坊推进家长落实行动；开展家园研学带领家长读懂儿童的行为，达成教育共识，家园形成合力陪伴幼儿成长。

4. 以行促合，创新多元沟通媒介

巧妙利用园所环境、网络媒介以及园所文化产品媒介进行沟通，针对幼儿的问题开展集体、小组、一对一交流的情感沟通。以幼儿自身发展为切入点整合家庭和幼儿园的需求，探索家庭和幼儿园之间最有利的和谐共生关系，让沟通方式达到最优化。

5. 以情动情，实施多维家园联动

本着让家长“放心、开心、暖心”的原则，每学期不定时开展各种亲子活动，如开学典礼、散学典礼、毕业典礼、节庆活动、半日活动开放等，请家长走进幼儿园，走到班级，了解参与幼儿的活动，增进对幼儿园、教师以及幼儿在园状态的了解，架起爱的桥梁，促进家庭和谐。

6. 以心换心，搭建参与管理平台

成立不同级别的幼儿园家委会、家长助教团、爸妈故事团、膳食管理委员会、安保义工团、夕阳红义工团等多种工作组织，发掘和运用家长中的人力资源，让家长以参与者的角色参加到幼儿园管理中，推动幼儿园各项工作的提升，提升家园合作的实效性。

7. 以行换行，建立家长行为制度

探讨家长行为规范，自下而上形成“好家长20条”，家长学习并对照标准随时自我检视。日常班级中开展“夸夸我的好家长”，学期末散学典礼中设置“感恩家长”环节，教师、家长用自己的语言和文字记录家长爱的表现，让有温度的制度规范成为示范。

（六）个性化办学实践

二幼在40年的发展历程中，慢慢摸索更加适宜的考核标准，以评促幼儿园发展。

针对集团化发展现状，采用园区督导的形式关注各园区的日常状态，各部门主管每月走进园区，发现各个园区的优点，找出不足，并提出整改意见，以此促进园区发展，提升园所整体质量。

参考CLASS班级质量评价表，结合园所工作内容，实行月质量考核。每月定期进班半日观察师幼状态，落实过程性质量评价。同时开启教研组考核、优秀教师、优秀班主任、优秀班集体等评选活动，以评促长。

教师通过观察记录、信息化平台，每月对幼儿进行记录评价；家长以成长记录的形式关注孩子的成长；班级开展各种活动，让幼儿进行自评和互评活动。实施家长、教师、幼儿自评三位一体的评价，增加幼儿对自我的全面认知。

四、办园成效与发展

（一）办园成效

依托40年的专业底蕴，二幼已成为保北幼教协作区的领军者，园所发展蒸蒸日上。幼儿园先后获得教育部重点课题实验基地、全国“三八”红旗集体、省心理健康教育实验幼儿园、省托幼机构卫生保健示范园、河北省家长学校示范校、省教育工作先进单位、省家长工作先进单位、保定市名园等荣誉称号。“洪玲园长工作室”“二幼园长工作室”“名园长工作室”引领保定姐妹园所和涿州11个乡镇49所幼儿园共同发展。

园所在人才培养方面成绩显赫：有国家二级和三级心理咨询师16人、家庭指导师6人、育婴师15人、营养师9人；92人次获得河北省十佳园长、河北省特级教师、河北省教学能手、保定名师、骨干教师等称号；1 名教师入选河北省基础教育工作专家库、3 名教师入选保定市基础教育专家库、8 名教师入选涿州市培训讲师团。专业的师资队伍不仅让教学质量有了保障，更激发了二幼蓬勃向上的力量。

在京津冀一体化发展的大背景下，二幼加大与北京、雄安、保定等地高校的合作，依托保定幼儿师范高等专科学校建立双导师制，成为协同培养实践基地、国培项目研修基地。借助北京师范大学、首都师范大学资源，引领教师科研能力快速提升，多渠道提高幼儿园办园质量。

（二）存在的问题

园所在飞速发展的过程中也凸显出一些问题，如近几年幼儿园将面临大批老教师退休现状，年轻教师需要快速成长起来，中层骨干教师培养需要加大力度，不断沉淀夯实内功，扛起幼儿园发展的大旗。同时，伴随园所发展，各项制度需要日渐完善，幼儿园内各部门需要协调联动，让职能发挥更均衡。

（三）发展思路

二幼未来将会建立以涿宝为中心的 VI 文化导航系统，开发丰富的涿宝系列产品、研发涿宝系列课程、出版涿宝系列书籍、录制涿宝带你游涿州动画视频等，让“融・爱”文化浸润园所，打造二幼教育教学特色品牌。同时扩大办园规模，形成“一园一品”办园风格。成为河北省首批 0—3 岁托幼一体化示范基地，形成 0—6 岁全周期早期教育模式，为老百姓提供优质教育服务，让周边儿童接受更全面、高水平的早期教育。携手优质资源，力求通过与周边高校资源互通交流，提升幼儿园的办园质量。道路虽长，行则至。不忘本来，吸收外来，面向未来，创二幼品牌，办人民满意的教育，让二幼的孩子和爱一起长！

真爱　自主　规则

——沧州市第二幼儿园“幼儿主体性养育”办园思想与实践

沧州市第二幼儿园　贾国明　张翠柳　姜艳平

幼儿主体性养育是指将幼儿视为独立的心智主体，充分尊重幼儿的内在体验及其对自身体验和经验的组织方式，以发展幼儿的自主性为核心，促进幼儿的能动性和创造性发展，通过创设符合幼儿自主性发展需求的养育环境和教育内容，提升幼儿自我依靠、自我控制和自我表达的能力。

自主性、能动性和创造性是个体主体性的3个主要特征。面对世界百年未有之大变局，树立幼儿主体性养育的办园思想，对落实好立德树人根本任务，满足社会主义现代化强国建设对创新人才的需求，具有十分重要的意义。

一、办园思想形成的背景

沧州市第二幼儿园（以下简称“沧州二幼”）幼儿主体性养育办园思想，是经过幼儿园几代人的持续探索逐步形成的。经历了一个“认识—实践—再认识—再实践”的螺旋式提升过程。其中的发展脉络是从关注幼儿自主活动到尊重幼儿人格，从如何培养幼儿健全人格到幼儿主体性养育。

（一）办园历史

沧州二幼原名沧州地直机关幼儿园，1977 年为解决沧州地委、行署机关职工子女的入园问题而建设，1978 年 10 月开园。40 多年来，伴随着中国学前教育改革发展的步伐，沧州二幼一直紧紧围绕促进幼儿全面发展、科学发展，不断转变教育观念，创新幼儿园保教实践。

1. 实施分科教学（1978—1990 年）

注重对教师“三学六法”的培训，开展教师集体教研和备课活动。实行分科教学，开展针对教师工作和幼儿发展的学期评价等。

2. 开展幼儿角区活动（1990—1999 年）

1992 年开始，逐步推行幼儿角区活动，为幼儿自主游戏和自由交往提供更多的机会。

3. 推行五大领域教学（1999—2014 年）

2001 年《幼儿园教育指导纲要（试行）》颁布，我园大力推动了幼儿园五大领域教学的开展。

4. 实施幼儿主体性养育（2014 年至今）

2014 年，沧州二幼启动了一项以幼儿人格教育为目标，以“真爱、自主、规则”为理念的教育改革，为幼儿主体性养育思想的提出提供了更加扎实的实践基础。

“真爱、自主、规则”教育理念产生于 2014 年 4 月份，是时任幼儿园行政副园长贾国明提出的，但当时这一思想仅限于本人的一项研究成果。2014 年 5 月初，原任园长王金兰同志退休，贾国明接任园长。

2014 年 9 月开园后，幼儿园启动了幼儿学习方式的改革。优化幼儿一日活动结构，压缩幼儿集体活动的时间，加大自主活动的时间，并为幼儿自主活动创设丰富的室内外环境。

2015 年，全园掀起了学习心理学的热潮，40 多名教师取得了国家二级心理咨询师的资格。2016 年，幼儿园聘请了驻园心理咨询师，负责对教师进行心理学培训、进班观察问题行为幼儿、开展家庭教育咨询等。

2018 年全国教育大会，习近平总书记提出教育强国建设，强调教育立德树人的根本任务，要求教育要担负起服务中华民族伟大复兴的重要使命，为教育发展指出明确方向。沧州二幼深刻理解教育大会精神，在不断深入推动改革实践的同时，注重从哲学、教育学、心理学以及服务时代需要的教育职能等角度，审视和完善教育改革实践。对“真爱、自主、规则”教育理念的理解越来越深刻，教育站位也越来越高。

幼儿园如何既要着眼于幼儿的终身幸福和发展，又要站在为社会主义现代化国家建设培养有理想、能担当、会创新的接班人高度，构建和完善办园思想？2019 年提出了主体性养育的初步设想。之后又从心理学和哲学的角度反复论证，于 2021 年正式确立。幼儿主体性养育的目标，主要是为幼儿将来具备有理想、会谋划、能担当、善解决问题等优秀品质打下坚实基础。

（二）办园现状

经过多年的努力和持续探索，沧州二幼的办园规模和办园质量得到不断提升。形成了以幼儿主体性养育思想为主要内容的办园特色，在当地发挥了很好的示范引领作用。

1. 基本情况

幼儿园占地面积 9900 平方米，建筑面积 8360 平方米；有 23 个班，680 名幼儿；教职工 136 名，其中正高级教师 3 名、副高级教师 5 名、河北省特级教师 3 名、取得国家二级心理咨询师资格的教师 40 名，具备家庭教育指导师或初级沙盘师资格的教师 12 名。

2. 办园特色

经过 10 年的实践和总结，形成了以幼儿主体性养育为办园思想，以“真爱、自主、规则”为教育理念的办园思想体系；以人性化、精细化、科学化为主要内容的幼儿园管理体系；以包容、和谐、实干、创新为主要内容的团队文化；以真和实为主要观感的幼儿园形象文化；以幼儿自主发展为核心特点的保教文化；以紧密教育共同体建设为核心内容的家园共育文化；以“6S管理”为特色的幼儿饮食文化，以及以开放性、示范性为特点的幼教帮扶文化等。

二、办园思想体系

近10年来，沧州二幼恪守科学育人原则，以探寻教育的核心价值和儿童发展的基本逻辑为追求，大力倡导和实施人本主义教育思想，形成了以幼儿主体性养育为办园思想，以“真爱、自主、规则”为教育理念的办园思想体系。其中，幼儿主体性养育为教育目标，“真爱、自主、规则”的教育理念为实施策略。

（一）价值观体系

沧州二幼通过认真学习教育哲学、心理学等，不断深化对教育价值的认识，完善教师发展观和幼儿发展观，为开展幼儿主体性养育奠定了科学的认识基础。

教育目标是生命发展价值、工具性价值和社会性价值的多元统一，缺一不可。生命发展价值是教育首要的、不可或缺的价值追求。

人本主义教育思想是实施生命发展教育、培养幼儿健全人格、养育幼儿主体性的重要指导思想。

教育即生活，教育即生命，教育即当下。这是沧州二幼在追求教育的生命发展价值和主体性养育目标中逐步得出的关于教育生态的认知。其基本逻辑是，教育的要义是滋养，教育应该尊重参与其中的每一个人的生命价值，包括幼儿和教师。

1. 教师观

教师是幼儿的功能性客体，供幼儿随时“使用”，这是从幼儿主体性发展的角度来说的。

教师的人格本身就是课程。幼儿的人格是在关系中发展的，需要借助成人的人格来构建和完善自己的人格，在家庭中依靠亲子关系，在幼儿园依靠师幼关系。

幼儿教师从事的是心灵的事业。三岁看大，七岁看老。一个人的核心人格，在6岁前就已经形成了。可以说，除了父母（或其他重要抚养人），教师是幼儿人格的重要塑造者。

教师的职业生命本质是要有蜡烛精神，这是因为教师职业的核心是用爱温暖儿童生命，用智慧照亮他们的心灵世界。

2. 幼儿观

沧州二幼从幼儿人格培养和主体性养育的角度，将幼儿观表述为四个基本假设。

人性本质上是向上向善的。对人性的善恶认识有各种观点，比如性本善、性本恶、无恶无善等。沧州二幼认为人具有向上、向善性。

生命成长的根本目的是成为他自己。这里所说的“他自己”，事实上是一个人格健全的人，即马斯洛需要层次理论中自我实现的人，或者说是一个主体性发展得足够好的人。

幼儿的主体性是在关系中发展的。孩子的问题其实不是问题的关键，亲子关系和师幼关系（尤其是亲子关系）才是关键。在保教实践中，我们一旦发现孩子有行为问题，首先了解其家庭养育方式，并从改善亲子关系和师幼关系入手解决幼儿的行为问题。我们发现，一旦家长的观念和教育行为改变，幼儿的问题会明显改善。

（二）办园宗旨

沧州二幼的办园宗旨以幼儿主体性发展为着眼点，从培养幼儿、利于家庭、服务社会三个层面展开。

办园宗旨具体描述为“让幼儿更健康，让家庭更幸福，让社会更和谐”：“让幼儿更健康”，指幼儿身心健康，其中包含幼儿的身体健康、心理健康、人格健全及主体性发展良好等；“让家庭更幸福”，是指通过引领父母优化亲子关系，使家长学会处理家庭关系，从而协助家长营造和谐幸福的家庭；“让社会更和谐”，是指幼儿身心健康了，家庭和谐幸福了，社会自然会更和谐，从而为践行社会主义核心价值观做出贡献。

（三）办园理念

如何开展幼儿主体性养育，找到科学的实施策略非常重要。沧州二幼在总结办园经验，广泛学习教育学、心理学等相关理论的基础上，探索出“真爱、自主、规则”教育理念，多年来以此为重要实施策略，持续开展幼儿自主教育，并最终推动形成了幼儿主体性养育办园思想。

“真爱、自主、规则”是幼儿主体性发展的三大营养素，是个体内驱力发展的源泉，三者缺一不可。其中真爱是前提，规则是保障，自主是核心。“真爱”是一种高质量的爱，是幼儿主体性养育的情感资源。这种爱以幼儿的成长需要为核心，意味着对幼儿的深深理解和接纳。“自主”也称为自主性，是人能够独立做出判断和选择并付诸行动的人格特质和行动能力。生命成长的根本动力是成为他自己，幼儿选择了、参与了、体验了才能成为他自己。“规则”是幼儿主体性养育的保障。建立在规则上的自主，才是真正的自主。

（四）目标体系

办园目标：教师有儿童情怀、民族情怀和教育情怀，有专业素养和职业幸福感；家长懂自己、懂孩子，能够构建和谐的亲子关系；环境能够有效支持幼儿的学习与发展；幼儿在充满爱和必要规则的氛围中快乐、自主成长，家园结为紧密的教育共同体。

育人目标：立德树人，表述为培根铸魂，启智润心。

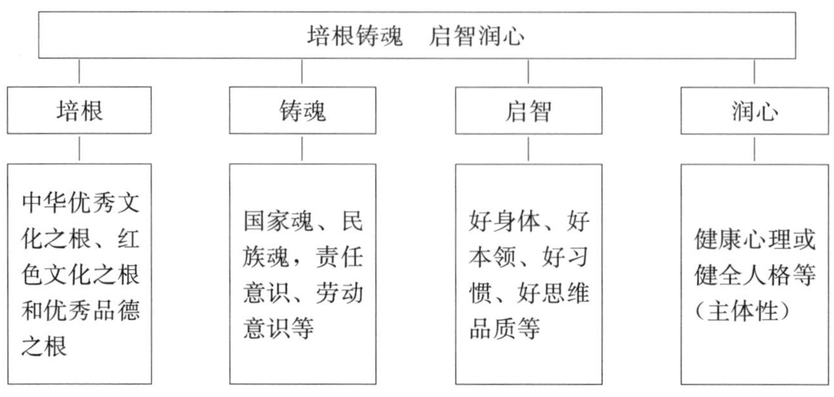

图 1 育人目标网络图

教师专业发展总目标为人格成长、专业发展、职业认同。教师的核心能力为接纳幼儿、观察幼儿、引导幼儿、创设环境、构建课程、指导家庭教育。教师“三性”环境创设是指教师要为幼儿自主发展创设“接纳性环境、支持性环境、回应性环境”。教师师德“三有”素养包括有容度、有温度、有童趣。教师日常工作要做到“八字规范”：静（心静、安静），雅（得体、美好），温（接纳幼儿、同理幼儿、富有童趣），稳（不轻易打扰幼儿活动、工作严谨），简（语言清晰、简练），准（说正确的话、能够准确回应幼儿的话），趋（有准备、注意力集中、能够随时支持和回应幼儿），韧（不急不躁、持之以恒）。

家长成长总目标为懂自己、懂孩子，能够建立良好的亲子关系。具体目标为：了解幼儿园教育理念和一日保教工作内容；了解孩子各年龄段身心发展的主要特点；善于觉察和管理自己的情绪；能够做到与家庭成员一致性沟通；能够接纳幼儿的情绪，协助幼儿管理情绪；善于倾听和回应幼儿的感受，协助幼儿自己解决问题；尊重和信任幼儿，敢于对孩子放手；会温柔而坚定地执行规则。

（五）园训

沧州二幼围绕幼儿主体性养育，以“真爱、自主、规则”教育理念为核心，面向教师、家长和幼儿制订园训，并坚定不移地贯彻执行。

二幼的园训是“真爱、自主、阅读、成长”。该园训在2014年幼儿园启动“真爱、自主、规则”教育改革时已经明确，并在幼儿园显著位置呈现出来。园训聚焦了幼儿的主体性养育。对幼儿而言，是希望他们能够得到真爱、获得自主，得以健康成长；对教师和家长而言，希望他们通过阅读相关专业书籍获得自身成长，持续优化师幼关系和亲子关系，能够给孩子真爱和自主。

三、办学实践行动

幼儿主体性养育办园思想的落地，必须依靠坚实的教育行动。多年来，沧州二幼不断完善幼儿园管理制度，优化室内外环境，建设懂幼儿、能够有效支持幼儿发展的教师队伍，采取多种方式开展家园共育，不遗余力地引领家长成长，为幼儿主体性发展营造良好的环境。

（一）组织管理

得到爱才更容易奉献爱。在管理制度建设方面，沧州二幼重视人性化管理，坚持民主管理，让教师有归属感和成就感。同时，公平、公正地执行幼儿园各项制度，建设了一支团结向上、有爱心、有活力的教师团队。

1．管理策略

幼儿园围绕幼儿主体性养育目标，提出科学办园、开放办园理念，强化学习型和反思型班子建设，坚持正确的办园方向和科学教育理念，实行人性化管理和精准化管理。在教师团队管理方面，实施“四有管理”（即有理想、有思想、有爱心、有纪律）策略。

“有理想”的“理想”是办园的格局和目标。园长要做理想的坚信者、倡导者，做理想的践行者、守护者，要用坚强的意志力维护幼儿园理想，并引导全园教职工树立远大教育理想。“有思想”的“思想”是指教育思想，是幼儿园要遵循的办学规律。幼儿园建构了科学的教育思想，同时，通过持续学习、培训、指导以及全过程评价，扎实贯彻幼儿园的教育思想。“有爱心”是指园长对人性要有基本认知和深刻的理解，要相信教师，自觉把关爱给予教师，让教师有集体归属感和职业幸福感。“有纪律”是指幼儿园要依法依规办园，保障幼儿园各项工作有秩序地开展。

2. 机构设置与管理机制

幼儿园设立教务室、营养保健室、安保室、财务室、办公室、团支部、家长学校等机构，实行党组织领导的园长负责制。党组织落实好幼儿园“三重一大”工作，担负着把方向、管大局、做决策、抓班子、带队伍、保落实的职责。

3. 规章制度

幼儿园制定了教育教学工作、营养保健工作、安全管理工作、财务管理工作、党工团工作、行政工作等六大方面的130多项制度，涉及各岗位人员工作规范、教师专业发展、家长工作、教职工安全职责、教师评价等诸多方面。

（二）育人环境

幼儿园悉心为幼儿创设适宜的成长环境，除了温馨、宽松的人文环境，还为幼儿打造促进其自主发展的物质环境。自2014年以来，我国持续优化和丰富幼儿园环境，支持幼儿自主发展，主要表现在以下3个方面。

向有限场地要空间。例如将高低床改为榻榻米，每个班平均多出了30平方米的活动空间，合理利用楼道，每班又多出一个空间；把屋顶改为运动场和种植园，又多出3个区域近800平方米的户外活动场地。

给教师自主权。教师可以根据幼儿自主活动需要，自主决定班级区域设置结构化还是去结构化；充分发挥孩子的主体作用，给孩子区域设置的自主权；园里给每班每学期拨付500元的材料购置权。

取得家长配合。定期向家长做活动材料填充说明，家长随时将废旧材料提供给班级，低结构材料得到大力丰富和及时更新。

（三）课程教学

幼儿的自我价值感、生活的掌控感和意义感，以及专注力、创造力等，必须在真实的成长情境中通过其自主选择、自主探索、直接感知和实际操作、亲身体验等获得。因此，主体性养育必须经由幼儿主动建构得以实现。沧州二幼在坚持五育并举，坚持教育的适宜性和以游戏为基本活动的同时，强化幼儿主体性养育目标，构建以幼儿自主学习为核心理念的课程模式。

1. 实施双结合课程模式

在课程内容的来源方面，实施双结合课程模式。通过多年摸索，形成了预设课程和生成课程相结合、园本课程与班本课程相结合、五大领域目标统筹兼顾的课程实施模式，确保幼儿发展的连续性和整体性。

2. 研发园本课程

多年来，结合自身优势和当地资源，通过课题研究，研发园本课程。目前已经完成的项目有“幼儿生活实践能力培养”“幼儿园思政主题活动案例集”“项目教学案例集锦”“专业的爱”“生活中的科学小实验”“绘本阅读双检索”“幼儿园创意体操”“幼儿园创意美术”“玩转音乐”等；仍在研究的有“五段式体育课例集”“生活中的数学”“幼儿思维品质培养”“中国传统节日课程”“功能室活动课程”等。

3. 优化幼儿一日活动结构

在幼儿园一日活动构建方面，遵照教育家陶行知先生提出的“一日生活皆课程”的理念，我园从幼儿的身心角度出发，研究并做好幼儿的一日生活，赋予幼儿的一日生活以教育意义，真正做到保中有教，教中有保，形成了“生活活动”“游戏活动”“学习活动”三位一体的教育结构。尤其在“生活活动”和“游戏活动”中，教师牢固树立生活课程观和游戏课程观，给予幼儿充分自主，形成了幼儿自主做计划、室内自主游戏、户外自主游戏、游戏回顾与分享，以及幼儿生活自主等自主学习与发展模式。

4. 优化家庭自主课程构建

在幼儿家庭自主课程构建方面，按不同年龄段，分别在幼儿身体自主、物品自主和做事自主等方面指导家庭教育，形成了家庭生活自主和“亲子看世界”等幼儿家庭自主生活与学习模式。

5. 师幼关系和亲子关系纳入课程

师幼关系和亲子关系也是幼儿主体性养育课程。幼儿健全人格的形成有赖于成人健全的人格，主要体现在成人接纳、支持和回应幼儿的水平。通过指导教师优化师幼关系，指导家长优化亲子关系，促进幼儿主体性养育水平的提高。

（四）教师队伍建设

幼儿园以“让老师的爱具有专业性”为目标，努力建设一支高素质双师型教师队伍，即一个老师既是幼儿老师又是心理老师，助力幼儿主体性养育目标的实现。

1. 教师学习与培训

一是好书共读活动。结合保教工作的重点和难点，坚持一个学期共读一本书，每周组织一次，一次用时半日，包括集体朗读、分组研讨、大组交流3个环节。二是心理学学习让教师的爱更具专业性。通过考取国家二级心理咨询师资格、学习沙盘游戏技术心理专家驻园指导培训等，使老师更懂孩子，能够恰当地接纳和回应孩子，也帮助教师认识和接纳自己，觉察和管理自己的情绪，师德水平显著提高。三是园本培训解疑难。根据教学工作发展进程中的薄弱环节和重点难点问题，有针对性地对教师进行群体辅导。四是录制教育短剧。将教育案例分类改写成剧本，由老师们表演、录制下来，为新职教师培训提供鲜活的素材。

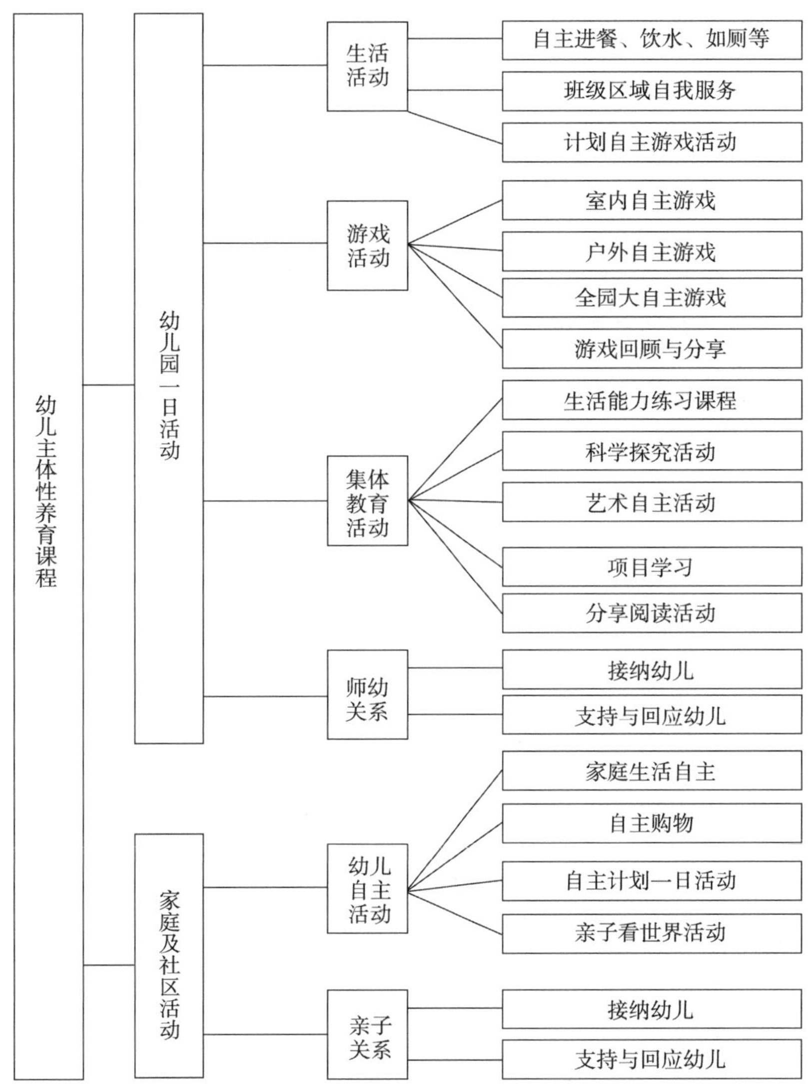

图2　幼儿主体性养育课程网络图

2．教师教研

幼儿园实行园级教研、年级教研、班级教研，以及年级组长教研和课题组教研“3＋2”教研模式，发挥好教师发展共同体的作用。日常主要有以下教研方式：

一是园本观摩促交流。这是一项常态性工作，通过观摩，老师们相互取长补短。二是参与式工作坊。让老师们通过情景体验来感受，然后再分组发表自己的意见和想法，改变了过去以听为主的传统培训模式，老师们的头脑被激活。三是亮点工作分享。将个人呈报并经由教学管理人员审议通过的亮点工作筛选出来，组织老师们分享交流，将好的经验推广至全园。四是实施行为问题儿童会诊和个案督导制度。由驻园心理咨询师和教师共同参与，旨在帮助教师了解儿童成长环境，分析问题症结，完善应对策略。

3. 教师评价

近年来，围绕更好地实现幼儿主体性养育目标，逐步变结果性评价为过程性评价，提出了以教师状态、环境状态和幼儿状态为内容的“三态”评价改革。目的是防止教育内卷，将评价目标真正指向教师成长和幼儿发展。弱化以量化为特征的评比性评价，强化以引领性、指导性和自我反思为特征的成长性评价，强化教师的评价主体地位，注重教师专业培训和成长共同体建设，加大亮点工作、保教故事分享、园本课题研究在综合评价中的权重。

（五）家园共育工作

幼儿园以目标相同、理念认同、彼此协同为目的，紧紧围绕家长成长、亲子关系优化的目标，多种形式开展家园共育工作，使家长了解幼儿主体性养育的目标，在家庭中践行“真爱、自主、规则”的教育理念。同时，通过成立家长社团，协助幼儿园开展各种自主活动。

1. 家园共育体制

形成了一校（家长学校）、一室（家庭教育咨询室）、两班（祖辈成长班、父母成长班）、三委（园级家委会、年级家委会、班级家委会）、四团（家庭教育讲师团、家庭教育志愿服务团、大朋友儿童剧团、家长志愿服务团等）的家园共育体制。

2. 家园共育方式

家长学校引领家长学习成长。开设家长必修课和选修课，定期组织家长读书沙龙、新生家长会、家庭教育专题培训、家庭教育话题沙龙、家长成长工作坊、家长陪伴渐进式入园等活动。

发挥好家长委员会作用，使家长成为幼儿园保教工作的参与者和支持者。定期召开家委会会议，让家委会了解并参与到幼儿园的教育教学中来，协助幼儿园组织开展多项活动，如跳蚤市场活动、“亲子看世界”等各种活动。

家长志愿者活动，让家长成为幼儿园工作的好帮手，在开展幼儿自主活动中发挥了极大作用。

大朋友儿童剧团实行家长自治。团长、导演、演员、剧务等全部由家长组成，剧团每年为幼儿编演两部儿童剧，通过艺术的方式助力幼儿成长。极大地活跃了幼儿园文化氛围。

开展“沙盘上的家园共育”活动。沧州二幼有三个公用沙盘游戏室，班级也配备了沙盘设备。通过幼儿个人沙盘游戏和家庭沙盘游戏，分析幼儿的行为问题及家庭教育方式问题，教给家长改善亲子关系的技能，一些孩子的行为问题很快发生了明显变化。

四、办园成效与发展

经过一代代人的努力，沧州二幼获得了家长的信任和社会的好评，也得到了各级领导的认可与支持。

（一）办园成效

1. 单位荣誉

幼儿园曾获全国文明单位、全国精神文明建设工作先进集体、全国教育系统先进集体、全国未成年人思想道德建设先进单位、全国五四红旗团支部、全国营养与健康幼儿园，以及河北省文明单位、河北省“三八”红旗集体、河北省校园食品安全标准食堂等荣誉称号。

2. 个人荣誉

多年来，1人次获得全国劳动模范称号，8人次获得河北省先进工作者、河北省优秀教师、河北省师德标兵等称号，5人次获得河北省特级教师称号，8人次获得河北省骨干教师称号，5人次获得河北省骨干校长称号。1名教师成为省培指导专家，2名教师成为省级教育督导专家，3名教师成为河北省基础教育专家库成员，8名教师入选沧州市教育科学规划评审专家库。获得河北省教学成果二等奖1项，先后承担并完成省市级教育科研课题20余项，其中省级优秀课题2项；数十人次在省市级各类教学技能比赛中获得一等奖等奖励。

3. 示范引领

多年来，通过代培园长、县域结对帮扶、与薄弱园手拉手，以及承接国培实践研修项目等各种方式，宣传幼儿主体性养育的办园思想，发挥示范引领作用，取得了很好的社会效益。

（二）存在问题

1. 理论框架不够全面

在理论构建方面，目前主要运用了精神分析心理学、人本主义心理学理论，行为主义心理学等理论需要进一步学习和借鉴。

2. 教师素养有待提升

有些教师在理解幼儿主体性养育的深刻性和准确性上仍然有差距。表现为对幼儿的接纳性水平有待提高，在给予幼儿自主权利方面做得不够彻底，观察和支持幼儿发展方面仍有许多不到位的地方。

3. 幼儿的主体性应充分被尊重

应该更加充分尊重幼儿自主学习和发展的权利。比如在幼儿园一日生活和家庭一日生活中，教师和家长应该更多地听取幼儿的需求和意见，更加相信幼儿自主学习和发展的能力，使幼儿的主体地位体现得更加充分。

（三）发展思路

为更好地推动幼儿主体性养育思想的开展，我园将继续以立德树人任务为根本，强化党组织建设，持续提升教师观察、支持和回应幼儿主体性发展的能力，有效地引领家长成长，形成更加强大的育人合力。

1. 强化党组织建设

一是完善党组织领导的园长负责制。认真学习和贯彻习近平总书记关于教育的重要讲话精神，加强党对幼儿园工作的全面领导，筑牢幼儿园政治根基，牢牢把握社会主义办园方向，履行好把方向、管大局、抓班子、带队伍、做决策、保落实的职责，切实落实立德树人根本任务，为幼儿主体性养育提供坚强保障。

二是强化幼儿园党建品牌建设。以立德树人根本任务为核心，构建以“同心同构、同心同创”为理念的“同心圆”党建品牌。强化党组织的领导作用，实现党建与业务工作的有机融合，助力幼儿主体性养育工作。

2. 提升教师专业素养

一是提升教师教育理论水平，特别是强化人本主义学习理论、建构主义学习理论学习；二是继续深入学习和借鉴国内外学前教育模式，例如陈鹤琴“活教育”思想，以及高宽课程、项目学习课程、蒙台梭利教育等，使教师进一步明确自己在幼儿自主学习中应该发挥的作用和如何发挥作用；三是开展“观察、支持和回应幼儿发展”的专题教研活动，引导教师明确幼儿发展的目标，特别是围绕幼儿主体性养育目标，提升教师观察幼儿的水平、支持幼儿自主探究的水平，以及准确回应幼儿、帮助幼儿构建内在经验的水平。

3. 优化教师评价制度

一是强化过程性评价。通过开展课程设计评价，提升教师的课程设计水平，为幼儿自主性发展提供丰富的活动机会。通过开展教师状态评价，提升教师观察、支持和回应幼儿主体性发展的水平；通过开展环境状态评价，提升教师创设环境、有效支持幼儿自主性发展水平；通过开展幼儿状态评价，帮助教师反思自身在教育理念、实施策略等方面的经验和不足。

二是强化指导性评价。弱化评比性评价，发挥好教师自评的作用，引导教师更加聚焦自身素质的提升和改善教育策略，尤其是提升教师观察、支持和回应幼儿自主游戏的能力和教育成效。

三是强化教师典型经验的分享和推广。更加重视对观察、支持和回应幼儿自主游戏案例的指导和征集，让教师在支持幼儿主体性发展中获得成长感和成就感。

4. 深化家园共育

一是提升对家长工作的认识。在思想认识方面，从幼儿园、家庭双元主体的家园共育认识，逐步转变为幼儿园是家园共育的首要主体的认识，即幼儿园要更加能动地、积极地承担起引领家庭教育的主体责任。

二是强化对家庭教育的有效引领。在继续开展科学教育理念的宣传与教育的同时，聚焦如何通过改善亲子关系，解决个别孩子发展中遇到的问题等，进一步提升家长亲子互动的技术水平，助力家长为幼儿主体性发展营造良好的家庭育人环境。具体措施有两项：一是班级教师承担起本班家长成长课程，每个班每学期开展两次不同主题的家长成长课程，打造“班级家长课—家长成长作业—家长分享家庭教育故事”家长课程模式，促进班级全体家长家庭教育水平的提高；二是继续探索“沙盘上的家园共育”模式，有效解决个别孩子成长中有待改进的问题，打造“个体沙盘诊断幼儿行为问题—家庭沙盘诊断家庭教育问题—教师、家长、专家三方教研指导家庭教育—家长完成成长作业—分享家庭教育故事”家园共育模式。

循真育人　沐爱成长

——涞水县幼儿园“真”文化办园思想与实践

涞水县幼儿园　程淑华　尹伟娟　郄一鸣

园所文化是一所幼儿园的根基所在，是幼儿园在长期的工作实践过程中不断沉淀和创造出来的，是园所成员都能认同和遵循的价值观念体系、行为规范准则和物化环境风貌的一种整合和结晶。园所文化对幼儿园的持续发展起着十分重要的作用，回顾涞水县幼的发展史，我们能强烈地感受到一个“真”字。

一、“真文化”的历史沿革

（一）奠基阶段

涞水县幼儿园始建于 1958 年，建园初期只有两排平房、6 间教室、15 名教职工，45 名幼儿。当时的幼儿园条件虽然简陋，但老师们为人真诚，工作踏实，主要依据《幼儿园暂行教学纲要（草案）》和《幼儿园教育工作指南》开展各项工作。活动内容注重实践，强调孩子的全面发展，也充分尊重孩子的天性，这是最初的本真教育模式。同时，注重德育也是当时的工作的主要特点。老师们会通过给孩子们讲历史故事、演唱红歌等各种形式来培养他们的爱国主义思想和集体主义精神，也会通过真实场景中劳动教育来塑造孩子们从小热爱劳动的品格。

图 1　成桂芬园长（左四）和老师们的合影，张积珍老师（右一）后任园长一职

这一阶段，幼儿园在文化建设上并没有提出鲜明的口号，但是为孩子们的发展真抓实干的优良作风为园所铺就了浓重的“真”文化的底色。

（二）萌芽阶段

1984 年，成桂芬担任园长，幼儿园教师队伍陆续扩大，幼儿逐渐增加，1985 年开始建设幼儿园南院校舍，1986 年投入使用。同年，张积珍园长上任后多方筹措资金，着手改建园舍，园所硬件设施得到不断改善，教师队伍也逐渐壮大。到 1993 年，涞水县幼儿园的教职工数量由原来的 20 名发展到 62 名。1991 年 3 月，涞水县幼开办聋儿语训班，1993 年正式申请开办涞水县聋哑学校（现在的涞水特教学校）。张园长在任期间，涞水县幼被评为涞水县示范园、河北省二类园。

图 2　1994 年新校舍奠基

图 3　张积珍园长（右二）带领老师和部队战士共建新校舍

1995 年，焦宝堂担任幼儿园党支部书记；1996 年，郭胜利担任幼儿园园长、特教学校校长兼特教党支部书记，2002 年至 2006 年兼任涞水县幼儿园党支部书记。郭园长在任期间，幼儿园依托《幼儿园工作规程》开展各项工作，使用河北省编教材进行教育教学活动。1997 年，幼儿园接受了国家教育司视察，1998 年 10 月顺利通过了省级一类园验收。

图 4 1997 年，国家计划委员会副主任郝建秀到涞水县幼儿园视察指导

图 5 1998 年 10 月，幼儿园通过保定市一类园验收

在几任园长的不断努力下，园所规模日益壮大，幼儿的学习环境和生活水平都得到了极大改善，随着各项工作制度的制定和完善，涞幼精神面貌焕然一新，各项工作的开展逐渐步入正轨，“真”文化特质在各项工作中渐渐显露出来。

（三）生长阶段

2006 年 9 月至今，程淑华担任涞水县幼儿园党支部书记、园长。程园长上任以来，积极争取多方支持，着力优化园所环境，营造和谐氛围，提高办园质量。

在程淑华园长的带领下，2007 年涞水县幼儿园顺利通过省级普及学前教育工作验收。2009 年实施幼儿园北院（涞水小学旧址）改扩建，2010 年投入使用，总占地面积增至 10 532 平方米。2010 年在迎接省级教育督导评估中，幼儿园的内部设施及外部环境建设得到专家的一致好评，2011 年 11 月被评为河北省示范园，2023 年 3 月高标准通过河北省示范园复检。

图 6　2021 年改建后的南院

图7 2021年改建后的北院

截至目前，涞水县幼儿园收托3—6岁幼儿，共有小、中、大42个教学班，在园幼儿1426人，教师增至152人，其中有省级骨干教师1人，市级骨干教师12人，县级骨干教师22人，保定市名师4人。

随着幼儿园整体环境的跨越式发展，涞幼人意识到只有通过“文化立园、文化育人”才能打破发展的瓶颈，全面提升办园质量。回顾近70年的奋斗历程，涞幼的发展史具备着求真务实、至爱至诚、无私奉献的特质，而最能体现这一点的便是一个“真”字。于是，幼儿园将“真”文化思想进行了提炼和梳理，为园所的内涵发展铸魂定位。

二、基本依据

（一）国家政策法规要求

教育是国之大计、党之大计，学前教育是立德树人的奠基阶段。2001年，教育部颁布了《幼儿园教育指导纲要（试行）》，其中明确指出“幼儿园教育是基础教育的重要组成部分，是我国学校教育和终身教育的奠基阶段”，学前教育要为幼儿一生的发展打好基础。2010年以来，教育部又展开了一系列的治理"小学化"现象的相关举措。2012年颁布的《3—6岁儿童学习与发展指南》则从科学的角度明确了教育教学活动实施的整体性，注重五大领域的相互渗透，从而促进幼儿的身心和谐发展。2016年的《幼儿园工作规程》中再次强调，幼儿园应根据本园的实际情况"因地制宜地实施素质教育"，从而为幼儿一生的发展打下坚实的基础。2020年印发的《中华人民共和国学前教育法草案（征求意见稿）》从法律层面对幼儿的主体地位进行强化，对学龄前儿童的权利和权益提出了明确的法律保护。至此，"以儿童为本位"的基本理念逐渐家喻户晓，深入人心。这些都是在回应幼儿园应如何"培养人""教育人"的问题，是对学前教育特殊性的深化认识。涞幼人顺应时代潮流，做回归本真的教育，致力于用求真务实、真抓实干的态度去积极应对社会的挑战。

（二）教育理论指导

涞幼人基于对陈鹤琴先生教育理论体系的目的论、课程论和方法论的学习，同时结合本园实际，努力梳理高质量的本土化实践经验。

首先，做回归真实的自然的教育，让幼儿真切地去感受大自然的美好。大自然中蕴含着十分丰富的教育资源，幼儿在与自然亲密接触的过程中直接感知、实际操作、亲身体验可以自然而然地获取知识和经验。

其次，做回归儿童真实生活的教育。一日生活皆课程，结合幼儿的生活实际，在幼儿的真实生活中选取适当的内容作为活动内容，从幼儿的认知规律出发选取最适合的学习方式，实施贴近生活而又真实有效的教育。

再次，做尊重幼儿的个性需求和个体差异的教育。每一个幼儿都是一个独立的个体，他们个性不同、经验不同，幼儿园要充分尊重幼儿的主体地位，因材施教，呵护幼儿独有的灵性，令他们获得不同样态的长远发展。

三、文化解读

（一）“真”字解读

“真”本义是本质、本性，也指人或事物的原样、本样。引申为真实、实在、的确。

综合“真”的释义，联系教育实际，涞幼人发现了“真”字所蕴含的两个重要内涵：一是人的发展规律，事物的发展规律，就是自然本真。做教育，就要遵循规律，做最适合孩子的教育。二是作为教师要格物致知，拒绝弄虚作假，要用脚踏实地、求真务实的态度来获取“真知”武装自己的头脑，要用“真实”的行动去诠释育人的“真谛”。由此可见，“真”字既蕴含着育人的科学规律，又能体现出做人做事的基本态度。

幼儿园用“真”做文化，是一种回归本真、尊重自然、强调实践的教育理念，本真是其核心内涵。它强调的是尊重幼儿的本真天性，遵循他们的学习与发展的自然规律，努力为他们提供一个真实、自然、人文的成长环境。

（二）办园理念

涞幼人围绕“真”文化核心，以“循真育人，沐爱成长”为办园理念，全力塑造本真教师，养育本真儿童，践行本真教育。老师们真抓实干，引导幼儿回归生活，回归自然，回归传统，帮助幼儿学会真知识和真本领、习得真经验和真能力，获得全面发展。

遵循事物的本“真”规律育人，求“真”务实，脚踏实地，这是涞幼人做事的方法和态度；让老师、孩子和家长沐浴在爱的氛围中实现共同成长是我们一直的追求。循真育人，让每一朵“花儿”都绽放，沐爱成长，让每一个“生命”都精彩。

吉祥物“涞宝”便是在这一办园理念下诞生的。它以涞水中的

“水”为创作起点，以象征着坚强、勇敢、灵活、快乐、自信的水滴为原型。蓝色的主色调象征着希望、智慧、诚实，寓意孩子是祖国的未来，他们在期待中茁壮成长，拥有无限智慧和可能。

“涞宝”的发型是五滴水滴，组合在一起像一朵绽开在头顶的花，寓意陈鹤琴先生提出的“五指教育”理念。头顶双爱心的形状，结合办园理念，代表着“爱心”与“诚心”，既体现了教师们无私的付出与爱，也寓意着孩子们在被爱中学会感恩，懂得付出爱。

图 8　吉祥物“涞宝”

（三）办园宗旨

“爱心营造快乐，诚心奠基未来”是涞水县幼儿园的办园宗旨。自建园以来，涞幼人便一直用爱心为孩子们经营快乐的童年，用忠诚于党的教育事业的诚心致力为孩子们系好人生的第一粒纽扣。涞幼人坚守初心，致力于办一所充满乐趣、充满智慧的幼儿园，办一所无论是幼儿、老师、还是家长置身其中都能收获成长的幼儿园。在这里，每个人的需要都能被尊重，每个人的情感都能被满足，每个人的智慧都能得到启迪，每个人的创造都能被崇拜与敬仰；这里的每个人都能被看见、被听见、被接纳、被欣赏，被成就……

我们的园歌《涞幼——成长的摇篮》是由我园副园长金燕于 2015 年 5 月创作的，整首歌曲旋律轻快、优美，围绕办园宗旨传递出了幼儿在幼儿园里被关爱与呵护的幸福感受，也抒发了幼儿园全体教职工对幼儿教育的热爱。

涞幼——成长的摇篮

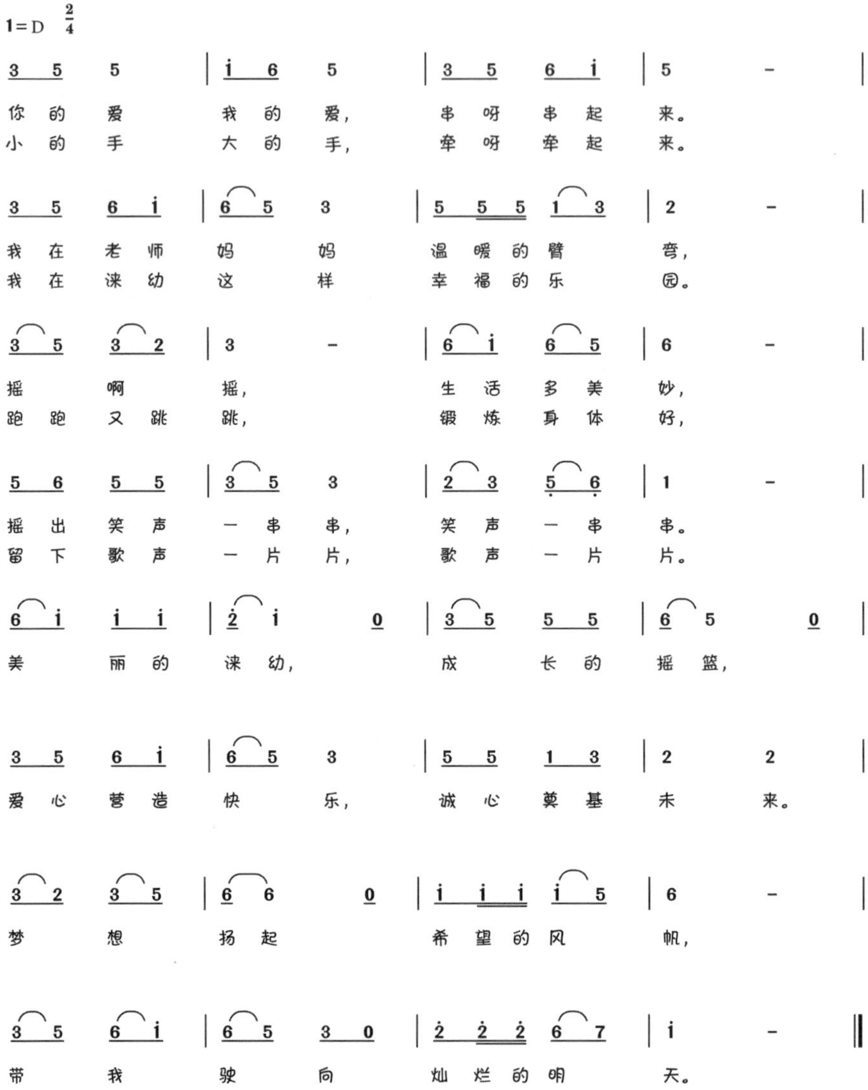

1=D 2/4

3 5 5 | 1̇ 6 5 | 3 5 6 1̇ | 5 - |

你的爱 我的爱，串呀串起来。

小的手 大的手，牵呀牵起来。

3 5 6 1̇ | 6 5 3 | 5 5 5 1 3 | 2 - |

我在老师妈妈温暖的臂弯，

我在涞幼这样幸福的乐园。

3 5 3 2 | 3 - | 6 1̇ 6 5 | 6 - |

摇啊摇，生活多美妙，

跑跑又跳跳，锻炼身体好，

5 6 5 5 | 3 5 3 | 2 3 5̣ 6̣ | 1 - |

摇出笑声一串串，笑声一串串。

留下歌声一片片，歌声一片片。

6 1̇ 1̇ 1̇ | 2̇ 1̇ 0 | 3 5 5 5 | 6 5 0 |

美丽的涞幼，成长的摇篮，

3 5 6 1̇ | 6 5 3 | 5 5 1 3 | 2 2 |

爱心营造快乐，诚心奠基未来。

3 2 3 5 | 6 6 0 | 1̇ 1̇ 1̇ 1̇ 5 | 6 - |

梦想扬起希望的风帆，

3 5 6 1̇ | 6 5 3 0 | 2̇ 2̇ 2̇ 6 7 | 1̇ - ‖

带我驶向灿烂的明天。

图9　涞水县幼儿园园歌

四、教育目标与原则

（一）教育目标定位

办一所尊重幼儿、充满乐趣、启迪智慧的童真趣园，办一所每个人置身其中都能收获成长的成长乐园。培养出德智体美劳全面发展的幼儿，塑造出热爱生活、健康自信、真诚友爱、乐于创造的幼儿。

（二）教育实施原则与方式

1. 基本原则

坚持党的领导。确保党的教育方针得到贯彻，确保方向始终正确，落实立德树人根本任务，提升我园公共服务水平。

依法依规办园治教。健全管理体系，落实规范管理，提升现代化水平。

推进科学保教。以幼儿为本，遵循幼儿学习特点和身心发展规律，以游戏为基本活动，保教结合、因材施教，促进幼儿全面、个性化发展。

推动改革创新。立足发展实际，敢于改革、大胆创新，破解制约发展的机制障碍，补齐制度短板，调动各方面积极性，激发办园活力。

2. 实施方式

实施“165”工作模式，即坚持 1 个导向：坚守初心，坚持“立德树人”，“为党育人、为国育才”。抓好 6 项常规工作：一是党建引领表真诚，科学办园重内涵；二是环境创设讲真趣，儿童本位优设施；三是课程建设融真爱，多措并举促发展；四是队伍建设抓真知，深耕细研促提升；五是安全管理重真实，护航平安保健康；六是家园共育系真情，同频共振齐进步。通过 5 个路径做活教育、玩真游戏、育全儿童：一是在生活实践中养；二是在主题探究中育；三是在户外活动中健；四是在本土文化中润；五是在自主游戏中学。

五、保教工作与特色活动

（一）保教并重的具体措施

遵循幼儿发展规律，不断更新教育观念，树立儿童立场教育观，尊重幼儿的个性发展，以儿童视角的教育观念指导幼儿园保教工作实践，全面提高保教质量。

1. 重视常规管理，规范日常行为

成立由有关领导、家长代表、园内教师组成的教育顾问委员会，完善教代会、家委会制度，对幼儿园发展、管理、教育改革、队伍建设等提供决策和建议，形成教育合力，使幼儿园管理充满活力。细化教职工绩效考核评价标准，将各项工作的评价结果与教职工绩效考核挂钩，与评职评优挂钩。

严格执行“计划—落实—检查—反馈”的四环运行方法，加强督、导、查，加强对幼儿园保教常规工作的多元性评价、工作的考核，提高幼儿园保教质量。进一步规范保教行为、优化工作流程、细化工作要求。

2. 落实自我评价，优化保教管理

强化自我评估，贯彻《幼儿园保教质量评估指南》，以科学评估为导向，全面提升保教质量。结合刘昊教授保教质量提升项目，将自评估作为提升教师专业能力的常态化手段。以“世界咖啡”“越辩越明”等全新的研训方式使全园教职工深度参与，建立自我诊断、反思和改进，从“物质环境创设”“游戏活动的支持与引导”“幼儿一日活动常规”“课程审议”等方面构建自我评估机制，切实转变观念和行为，提高保教实践能力。

3. 加强安全教育，落实责任体系

成立以园长为安全工作第一责任人的领导小组，建立分管领导主

图 10　刘昊教授（左一）、张春炬书记（左二）入园指导

抓，主任分管不同学段和部门，责任层层分解，人人有责，齐抓共管的责任体系。梳理制定了《安全管理制度》31 项及《各岗安全职责》17 项，并狠抓落实。全面加强人防、技防和物防，园内增设“护学岗”，园外增设交通协管人员，负责重点时段幼儿入、离园及家长接送时段交通秩序疏导。

将每周一作为安全教育日，轮番对各岗人员进行相关知识培训和技能培训，增强安全意识和服务能力。通过宣传栏、微信和公众平台，向家长推送各类相关安全知识，提升家长及幼儿安全防范意识。利用安全儿歌、课件、动画视频、家长进课堂、绘本剧表演等多种形式对幼儿进行安全教育，增强安全防范意识。

4. 重视食堂建设，保障膳食营养

我园建立健全了卫生防疫与食品卫生安全工作责任制，细化分工，严把食品采购源头，确保食品安全。食堂工作人员以儿童生长发育、身体健康状况与饮食的关系，食物供给与身体结构的关系等为依据，按照儿童体质科学搭配幼儿伙食。实施教师及领导跟餐制度，请家委会参与评价幼儿园伙食品质，提出改进意见，保障幼儿健康成长。

（二）特色课程与活动

基于“真”文化建设，以课程游戏化改革为契机，以陈鹤琴先生的“活教育”理论为支撑，努力探索“真爱”课程体系建设，为孩子们种下一生幸福的种子。

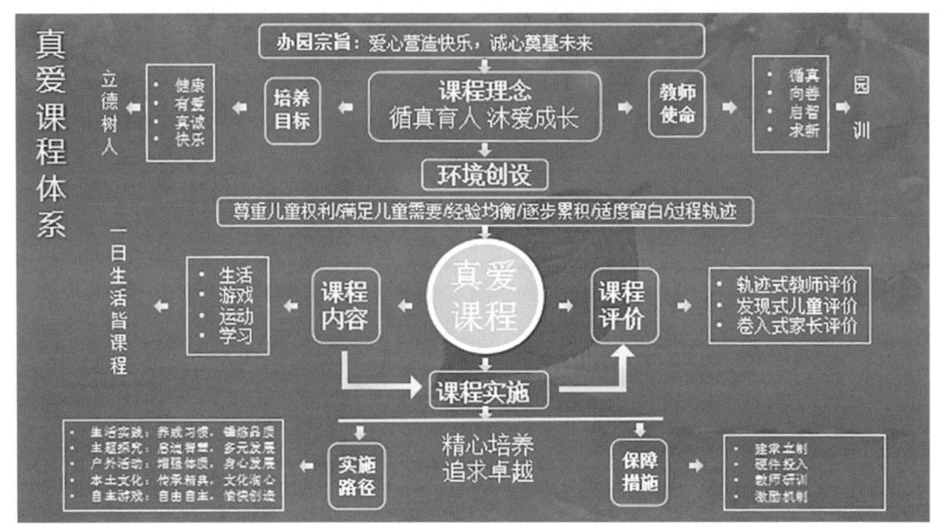

图 11 真爱课程框架图

1. 依托食育课程，在生活实践中养

基于幼儿的身心特点及年龄段发展目标，我园以“食”为研究载体，从育生活技能、育良好习惯、育科学认知、育传统文化、育文明礼仪五个方面建构起一套系统、连贯、实用的食育“五育”课程。通过种植农作物、加工食物、食谱播报、营养宣讲、自主进餐等活动，让幼儿在每天的生活和游戏中，积累必要的生活经验，在饮食中享受与人分享的乐趣，在和谐的环境中了解、学习基本的农学知识，初步掌握文明健康的进餐礼仪、环保理念和感恩意识，传承优秀传统文化，逐步提高自身生活技能，养成良好的生活习惯，使其获得能够受用一生的生存能力，促进幼儿全面发展。

图 12　幼儿体验加工玉米

同时，积极开展幼儿心理健康教育的研究。开设“咨询室”“心理角”“情绪驿站”等，研究幼儿身心发展特点与心理健康教育之间的内在关系以及幼儿身心健康教育的内容，探索幼儿心理健康教育的有效途径和方法。与刘红萍、朱学英等心理专家保持长期合作关系，定期邀请专家入园，为老师、家长普及心理健康知识，为教师、家长、幼儿的心理健康保驾护航，为实现高质量的陪伴助力。

2. 坚持儿童立场，在主题探究中育

开展儿童视角下的主题活动，以儿童的好奇心为切入点，以儿童生活情境中具体问题解决的逻辑为主线开展整体的、持续的探究。活动中老师们会跟随幼儿的兴趣和需求，给予幼儿充分的时间、空间及和材料互动的机会，引导他们围绕自己感兴趣的小话题、小问题，进行持续性、流动性的探究活动，在具体的情境中通过多种方式自由操作探索，获得解决问题的能力，并引发幼儿真切的情感体验，产生具有真正意义的学习。

目前，我园已经形成了丰富的班本化、生本化的活动课程，例如“快乐骑行”“小朋友与蒙德里安的邂逅”“闪光的小孩”“核你相约”，等等。这些课程探究内容真实，关注自然和社会，贴近幼儿生活经验和需要，探究时间灵活、形式多样，符合幼儿学习方式和特点。

图 13　幼儿探索扎染

3. 结合地域特色，在户外活动中健身

我园户外活动的立足点是生活与乡土资源的激活与重建，关注幼儿感兴趣的内容，关注幼儿的生活经验，注重户外课程的综合化、生活化、情景化，同时与涞水特有的文化资源有机整合，形成了涞幼所独有的园本户外活动体系。

将涞水当地民俗表演活动中的龙灯、旱船、毛驴、舞狮引入幼儿户外活动中，并结合《3—6 岁儿童学习与发展指南》中健康领域的目标加入走、跑、跳等基本技能的练习，使这项传统游戏更加具有适宜性。定期邀请民间艺人进园为孩子们进行表演，并邀请孩子们参与互动，收到了非常好的效果。

4. 树立文化自信，在本土文化中润

通过环境与日常活动的渗透与渲染，以课程为载体，用多元的形式，让传统文化浸润幼儿的美好童年。

首先是开展文化体验活动。开设烹饪室、茶艺室、国画室等功能

图 14　舞龙艺人与幼儿互动

教室，提供浸润式的体验空间。在园内的各个楼层的公共区域投放了中国传统故事绘本、儿童文学、百科全书等经典儿童读物供幼儿自主选择阅读。充分利用传统节日开展相关教育活动，通过举办“浓情端午”“团圆中秋”“感恩在重阳”等系列活动，增进幼儿对中国传统节日的了解。

其次是增强班级特色活动。幼儿通过感知、体验、操作等学习方式走进各种经典的中华传统文化，例如青花瓷、扎染、京剧、象形文字、剪纸、武术、中医……在这些直观形象、多样化的班级特色活动中，丰富幼儿对传统文化的认知，将博大精深、经典不朽的传统文化嵌入幼儿心底，伴随幼儿成长之路，在幼小的心灵中埋下传承文化的种子。

5. 进行课程改革，在自主游戏中学

我园从实际出发，不断更新教育理念，以区域游戏中的深度学习为切入点，开展了以培养幼儿的探索、创新素养和高阶思维能力为目标的“深度学习”实践探索。重视儿童的兴趣和需要，活动内容跟随儿童的变化而变化，逐步实现了区域间的融合。幼儿在游戏活动中按照“计划—游戏—回顾”的游戏过程，实现“玩—说—记—展”的学习经历。教师以高质量陪伴者的身份，适时适度地引领幼儿游戏，发展高阶思维能力。目前，我园教师已经将深度学习的理念融入了各项活动中。

图 15 幼儿在茶艺室体验茶艺

图 16 幼儿自主探究

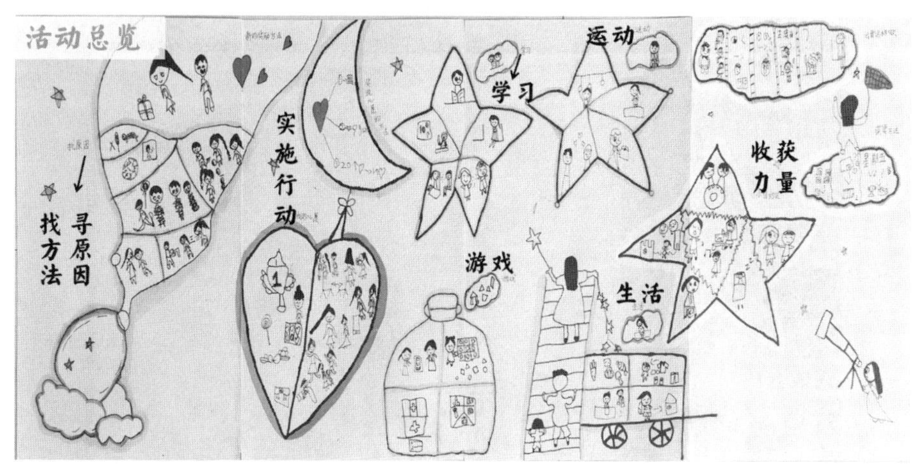

图 17　儿童海报

六、师资队伍建设与家园共育

（一）师资培养重真知

追求内涵发展，培养“真”教师，打造“真”队伍。

1. 弘扬师德师风，立足自培练真功

我园倡导“讲真话，做实事，育真人”，带着“培养什么人，为什么培养人，怎样培养人”的教育使命，做到政治上同向、思想上同心、行动上同力。通过开展师德案例报告会、师德演讲等丰富多彩的活动达成“勤学习、善研究、能创新、会合作，具有儿童观和发展观”教师专业发展目标。制订并实施了“青蓝相接　薪火相传”人才培养计划，将年轻教师培养目标与个人三年成长规划相结合；落地帮带制度，通过活动创造机会，将帮带工作纳入教师发展评价；定期开展年轻教师才艺展示和说课做课评比活动，助力教师练就真功夫。

2. 抓实“一二三四”，分层培养真进步

紧紧围绕“一个基本点”“二个结合”，抓好“三支队伍”，贯彻“四个动作”：即立足本园本职本岗的一个基本点；注重教科研与保教

图 18 “青蓝相接 薪火相传”拜师仪式

工作、教科研与师资队伍培训两个结合；抓好骨干教师、成熟教师、新入职教师“三支队伍”的专业建设；落实“一勤、二帮、三带、四动”四个动作。“一勤”是指勤于学习、思考、探索、总结经验和教训；“二帮”是指互相帮助，团结友爱，共同提高；“三带”是指建立带教制度，从年龄上和保教工作能力上实行搭配；“四动”是指组织交流观摩活动，实践研讨活动等。

采取“有的放矢，分层培训”的方法，按教师的教龄成长历程及能力划分为合格教师、成熟教师、园骨干教师、研究型教师 4 个层次，有针对性地帮助他们制订个人成长规划并采取相应措施引领其专业成长，实现真进步。

3. 注重专业素养，培训学习长真知

每年组织教师参加各级各类培训，并聘请专家入园讲座，为教师们的专业成长提供有力的保障。

柯小卫教授、张春炬园长、刘昊博士、王惠然教授和赵娟教授等多名专家都曾应邀来园，针对我园教师现状，围绕“活教育”下幼儿园课程改革、儿童观等当前教育热点问题进行专题讲座。另外，我园还充分利用网络资源，聆听各级各类专家的讲座，并向教师推荐好书，提升综合素养，增长真知识。

（二）家园合作系真情

“怀真情，做真事”，以“n＋1”模式开展家长工作。其中，“n”指多形式，包括家长园地、家长会、家访、家长培训、家长开放日、网络互动等，“1”指一份幼儿成长档案。我园幼儿的成长档案中，除汇集了幼儿作品、活动照片、相关资料和文字记录外，还加入教师对幼儿活动中的观察记录，这样不仅能够引导教师更加有针对性地对幼儿进行观察指导，还能够让家长更加科学地了解幼儿的发展历程，从而能够与教师同时深入聆听儿童的内心世界，准确把握儿童的发展水平，为儿童提供适宜的支持，推动儿童持续发展。同时，注重整合利用家长资源，促成幼儿园家庭教育一体化。

七、办园发展方向与规划

（一）短期与长期发展规划

1. 短期发展规划

以“党建引领铸师魂　红色传承润童心”为主题，把党建工作与强基固本的规范管理进一步融合，创新“党建＋”管理模式，开展以党建促团建、以党建促业务、以党建带队伍、以党建塑形象等系列活动，讲好党员故事、教师故事、青年故事、学习故事、课程故事、童年故事、家庭故事、合力故事等八好涞幼故事。

提升对一日生活蕴含的教育价值的科学认知，尊重儿童独特的视角，让孩子成为自己生活、学习、班级乃至幼儿园的真正主人。以幼儿经验的联系和延续为基本线索，以幼儿的自然、主动的学习为基本

图 19　程淑华园长带领教师学习

形式，以教学、游戏、情境脉络、现实生活等交叉融合的活动为途径，构建系统的生活化课程。

优化户外游戏场游戏。通过“所有户外材料的交叉使用”“老游戏新玩法的创建”“体能大循环的自由拼摆”“游戏计划与故事的小组合作”“多种材料涂鸦墙的感知创想”等游戏内容，促进幼儿身心健康发展，引导幼儿在游戏中玩出名堂、玩出智慧、玩出创造、玩出勇敢、玩出自信、玩出童趣。

2. 长期发展规划

加强新时代教师队伍建设，着力发展党的先锋性、示范性作用，造就一支具有较强党性修养、师德高尚、业务精湛的高素质专业化教师队伍。储蓄后备力量，着眼长远发展，遵循“坚持标准、保证质量、改善结构、慎重发展”十六字原则发展党员，激发新生力量，永葆党组织的先进性，为幼儿园的全面发展保驾护航。

以课程为主线助推园本化实施，坚守儿童立场，深化课程改革，提升教研品质。明确课程体系的建构是关注幼儿学习与发展的整体性过程，是源于儿童、基于兴趣、师幼共同创生后总结形成的，是在基本体系基础上，随儿童、教师、环境、实事等的变化而不断调整的，形成一个以儿童为核心的整体性的行动方案，完善课程审议、转变教师角色、优化实施过程、班本化、生本化等后续建设。

整合自然、社会、人文等丰富多彩的资源成为幼儿园课程的现实基础。根据幼儿的身心发展规律和学习特点选择适合的资源，确保课程适宜性。开发以游戏为基本活动、以幼儿为主题、适合本园特点，有效促进幼儿学习与发展的课程，统筹游戏活动中的各类物质资源、人文资源和网络信息资源等，形成内容科学、管理有序、应用有效的幼儿园教育资源库。

（二）自查与整改

涞幼教师队伍中虽然大学本科及以上学历教师占比较大，但其中学前教育专业仅有 60 人，占比 38%，非教育专业 13 人占 8.2%，且大部分教师为转岗教师，教师的整体专业能力水平相对薄弱。通过专家引领与专业平台的带动进行整改，目前教师理念已经发生了一定的转变，但在实际的工作中又不能很好地将所学用于实践，在一定程度上存在理论与实践脱节的现象。如何更科学有效地提高教师教科研水平，激发内驱力，是我园今后发展中面临的一项重要任务。

八、结论与展望

多年来，“真”文化已经成为涞幼最宝贵的教育资源，它是涞幼的外在形象，也是涞幼的内在气质，它赋予了涞幼独特的个性、保障着涞幼的长远发展。

（一）办园成果

在政府的高度重视和大力支持下涞幼取得了健康快速的发展，现已成为一所幼儿向往、家长满意、社会信赖的现代化幼儿园。主要成果如下：

1. 硬件设施日趋完善

党和政府高度重视，近 10 年，先后投资 1233 多万元，改善了办园条件：对所有教学楼进行了加固和外立面改造；改建装修了全部幼儿活动室和部分的功能室，扩建了食堂面积，添置了新的设备；户外也进行了重新布局和规划翻新；投资 107 万多元，给所有班级添置了电子白板，电脑、打印机、移动音响等设备；投资 215 万多元，购置了大型玩具和幼儿区角活动材料；投资 9 万元丰富幼儿图书和教师用书；投资 19 万元，用于教职工各级各类培训。

2. 成绩荣誉实至名归

在保持河北省示范园的荣誉基础之上，涞水县幼儿园先后被评为河北省近视眼防控示范幼儿园、保定市文明校园。多次获得涞水县工作实绩先进单位、教育教学管理先进单位、幼教工作先进单位、师德建设先进单位、科学探究先进单位、信息技术先进单位等荣誉称号，并在众多赛事活动中获得优秀组织奖。

3. 教学科研喜结硕果

涞水县幼儿园牢固树立“科研兴教，教研兴园”思想，鼓励全园教师积极参加各个级别的课题申报且有多项课题结题。其中有国家级教育发展研究“十三五”规划课题 1 项，保定市教育科学研究“十三五”规划课题 7 项，河北省教师教育学会立项课题 9 项，县级课题 3 项。目前，我园正在进行的课题有两项，分别是市级规划课题“基于儿童深度学习理念下区域与课程融合的实践研究”和县级立项课题“课程改革背景下幼儿园劳动教育的校本研究”。在课题研究中，老师们通过查阅资料、调查跟踪、收集资料应对解决日常教学中的共性问题，教科研能力得到一定程度的提升，先后有 8 人获得省市级自制教具奖，1 人获省级优质课例奖，6 人获市级教学设计奖，32 人获县级教学活动设计奖，共有 60 余篇论文在不同刊物上发表或获奖，同时形成园本资料集共计 15 套。

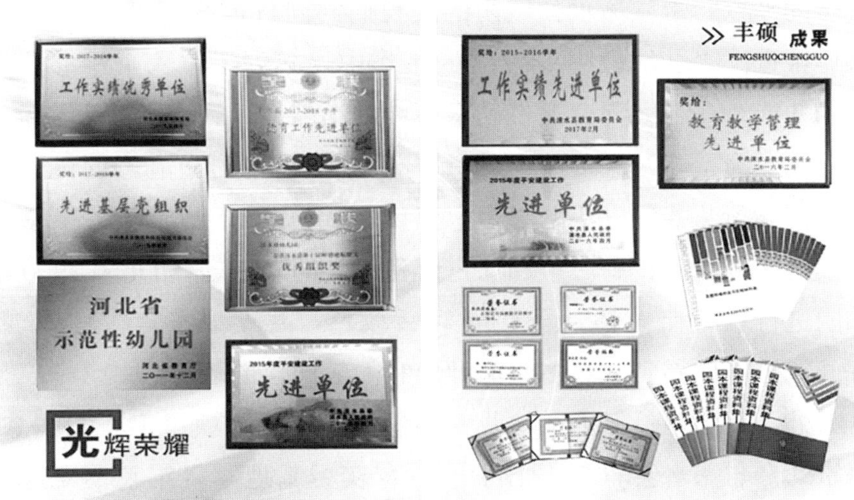

图 20　园所荣誉

图 21　园本资料集

4. 辐射带动笃行不怠

自 2018 年实施课程改革以来，涞水县幼儿园在课程开展、环境创设等方面积极探索，积累了丰富的教学资源和实践经验。受张春炬书记大爱情怀的影响，涞水县幼儿园依托“春炬园长工作室—淑华工作站”和金燕名师工作室积极为涞水园所创设资源共享、相互学习、共同进步的平台，带领涞水县域内的园长们共同行走在探寻幼教的路上，在整体推进涞水县幼教事业发展的工作中，起到了“六个中心”的辐射带动功能，在很大程度上带动了县域内学前教育的均衡高质量发展。

同时，为了更好地促进保定市内各园所之间的交流，创设资源共享、相互学习、共同进步的平台，仅 2023 年初至 2024 年初，我园便已经陆续迎接邢台市、廊坊市和保定市各区县的 50 多所幼儿园 2600 余人次来园进行观摩研讨活动，一同对话教育，共促成长。在环境创设、课程开展等方面得到了众多专家领导和幼教同仁的认可。

另外，我园还是保定市幼儿专科学校的“国培项目观摩实践基地”和保定幼专与涞水县职教中心学前教育实习基地，多年来不断迎接国培学员和高校实习生到我园观摩实践，用严谨而负责的态度助力人才培养，为区域学前教育的高质量发展贡献力量。

（二）展望未来

循真育人，沐爱而行。今后，涞幼人将继续满怀希望，以《3—6 岁儿童发展指南》和《幼儿园保育教育质量评估指南》等文件为抓手，立足新发展阶段，贯彻新发展理念，继续完善“真”文化思想体系，全面提升保教质量和社会的服务水平，以爱为基，以真为魂，以实为径，谱写出幼儿教育的新篇章！

第三篇

播种育苗

馥郁芬芳

相信种子　相信岁月

——安新县县直第三幼儿园新教育理念指导下的办园思想探索与实践

雄安新区安新县县直第三幼儿园　陈爱玲　马　丽　管　婧

一、种子文化提出的背景

安新县县直第三幼儿园成立于2023年8月，总占地面积6502平方米，总建筑面积4978平方米。小中大四轨共12个班级，可容纳360名幼儿。我园现有教职工共47人，幼儿259名，年龄班8个，3年内将达到大、中、小12个班办园规模。思想决定行为，文化引领发展。我们将三幼文化定位为种子文化，基于如下几方面的认识与思考：

（一）秀美的白洋淀莲花

我县地处河北省中部，为雄安新区三县之一。白洋淀是华北地区最大的淡水湖泊，其中85%以上的面积（312平方公里）位于我县，占全县总面积的42%。白洋淀水域辽阔，资源丰富。“接天莲叶无穷碧，映日荷花别样红”是白洋淀的真实写照。荷花，别名“莲”“莲花”。人们常将教师高尚的品格和纯洁的心灵比喻为莲，正如宋代诗人周敦颐在《爱莲说》中所言“中通外直，不蔓不枝，出淤泥而不染，濯清涟而不妖”。

（二）独特的园所建筑设计

安新三幼定位高质量主导、高起点规划、高标准建设，致力于建设安全、绿色、健康、低碳的园所。设计概念以白洋淀五颗莲子为主题，洁白光滑的形态筑造主体，俯瞰为一朵盛开的白莲花。儿童如莲子，既是果实，又是种子。

图 1 安新三幼俯瞰图

（三）契合度很高的图画书

《安的种子》是一本中国原创图画书，曾荣获丰子恺儿童图画书奖，文图作者分别是王早早、黄丽。故事的主要情节是：老师父分给本、静、安三位小和尚每人一颗千年莲花种子，并告诉他们种子很珍贵，要他们各自把它种出来。三位小和尚面对莲子迥然不同的态度与行为，恰恰和当下人们面对教育的态度与行为非常契合；莲子、莲花又和三幼建筑设计非常契合；安，不仅是智慧且从容的教育者形象，又让人自然联想到安新、雄安，以及我们对孩子们平安、安然、安好的美好期盼。

图 2　图画书《安的种子》封面

（四）积极践行的新教育理念

新教育实验是由朱永新教授发起的一个民间教育改革行动，是以教师专业发展为起点，以十大行动为途径，以帮助师生过一种幸福完整的教育生活为目的教育实验。十年来，我们认同并追随，努力践行新教育理念。2024 年 1 月，我园被确定为新教育实验学前教育实验基地。新教育实验根据潜力论提出主张：相信每一个学生都是一颗有待生根、发芽、开花、结果的种子。“相信种子，相信岁月”是新教育实验的一个重要理念。种子意味着希望、愿景，岁月是意志，是坚守。

（五）国家教育政策法规

新时代教育的根本任务是立德树人。党的二十大报告指出：“教育是国之大计、党之大计。培养什么人、怎样培养人、为谁培养人是教育的根本问题。育人的根本在于立德。全面贯彻党的教育方针，落实立德树人根本任务，培养德智体美劳全面发展的社会主义建设者和接班人。”只有坚持为党育人、为国育才的正确方向，儿童这粒生命的种子才能健康成长。

《幼儿园教育指导纲要（试行）》总则中明确了幼儿园性质：幼儿

园教育是基础教育的重要组成部分，是我国学校教育和终身教育的奠基阶段。城乡各类幼儿园都应从实际出发，因地制宜地实施素质教育，为幼儿一生的发展打好基础。《纲要》也界定了幼儿园教育的特点：幼儿园教育应尊重幼儿的人格和权利，尊重幼儿身心发展的规律和学习特点，以游戏为基本活动，保教并重，关注个别差异，促进每个幼儿富有个性的发展。

国家教育政策及法律法规是我园办园思想的政策依据和法律基础。种子是生命的起点，幼儿园教育是学校教育和终身教育的奠基阶段，二者对于生命成长而言都具有基础性，都有开端意义，关系到生命一生的发展。

基于上述诸多方面的启示与思考，我们将三幼园所文化定位为“种子”，将每一个三幼娃娃昵称“小安安”。

二、种子文化理论诠释

（一）种子内涵解读

1. 儿童与种子

儿童与种子都是生命体，他们都会经历由小到大的成长历程，生长规律和特性极其相似，所以说每一个儿童都是一颗珍贵的种子，他们具有种子的独特唯一性、自觉生长性、无限可能性、普遍规律性等特性。

每一颗种子、每一个孩子都带着他们各自独有的遗传基因，他们的差异构成了生物的参差百态。就自觉生长性而言，每个种子都蕴含着巨大的生命力，为了生存，它们能爆发惊人的力量破土而出。同样，儿童对世界充满好奇，强烈的探究欲望驱动他们主动去探究去认知，每一颗种子、每一个生命的未来会有无限可能性。

2. 教师与种子

首先，每一位教师同儿童一样也是一粒珍贵的种子，具有种子诸多特性。身为教育者，教师既是种子，应珍视自己的独特唯一性，相信自己的无限可能性，同时又要面对儿童这一颗颗种子，相信他们是未来栋梁，给予他们良田沃土、阳光雨露。因此，教师要有理想信念，有道德情操，有扎实学识，有仁爱之心。

我园文化所指的种子是莲的种子，莲花“出淤泥而不染，濯清涟而不妖，中通外直，不蔓不枝，香远益清，亭亭净植”。身为教师，即便身处纷繁复杂的社会环境中，也必须恪守学为人师、行为世范的高尚师德，像莲花一样品行高洁，为人正直，并以美好的品格熏染儿童及周边的人。三幼建筑意象是一朵白莲花，激励三幼人树立良好社会形象。“愿做三幼一朵莲”是三幼人的共同心愿。同时，做一个“安”一样的老师，既珍重生命，又遵循规律，终身学习，成为一个专家型教师。

3. 教育与种子

“教育即农业”，教育就是一项培育种子的事业。万物有时，万物有序，遵从“种子”的生长节律，遵循教育的内在秩序。不能像“本”一样，不管时令，急于求成，隆冬季节就种下莲子。也不能像“静”那样，让书本养育孩子，在温室中培育幼苗。我们要学“安”，把种子放在胸前，把孩子放在心上。不急不躁，平和安然，以平常心做平常事。春天播种，待到盛夏时节，莲花自然盛开。

4. 管理与种子

种子与儿童生长不仅有规律可循，而且受环境影响，都需要良田沃土、阳光雨露、清洁的空气和适宜的温度等一定的成长条件支持。幼儿园各项管理制度以及物质和精神环境即良田沃土；成人的关爱即阳光雨露；家庭、社会的理解支持即空气、温度，对幼儿发展都起着潜移默化、润物无声的育人作用。

（二）园标与吉祥物

安新三幼的 LOGO 包含荷叶、种子、水滴、阳光、土地等元素。种子露出嫩芽，荷叶轻轻拥抱着它们。雨水浸润岁月，土壤深藏希望，阳光温柔，时光静候。相信种子，种子里蕴含梦想；相信岁月，岁月中耐心守望。每个孩子是独特的种子，在幼儿园的土地上生根。他们有自己的时刻和光芒，如大自然的奇迹，一一绽放。

安安是安新三幼的守护精灵，如莲子一般，圆润可爱，充满活力。在安新三幼，每颗心都如莲子一般，在这里成长，梦想绽放。

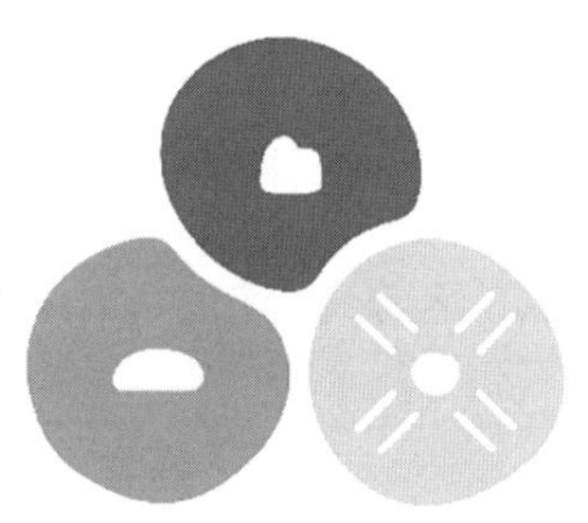

图 3　三幼 LOGO

图 4　三幼吉祥物“安安”

（三）办园宗旨与目标

新教育是“信的教育”，即对教育怀有信任、信心、信念、信仰，这也是新教育的根本概念。我园将园训确定为“相信种子，相信岁月”；办园宗旨是“让每一粒种子幸福完整地成长”；教育目标是“培根赋能，启智润心”；办园目标是“温暖幸福的家园，自由舒畅的乐园，书香充盈的学园，自然朴实的田园”。

三、种子文化实践路径

我园在新教育实验“十大行动”基础上，结合学前教育特点及本园实际情况，凝练出“六大行动”作为践行种子文化、实现办园目标的主要途径。

（一）厚植种子文化

朱永新教授认为：“学校文化是学校组织成员的精神皈依，是他们认同的信念、观念、语言、礼仪和神话的聚合体。它决定着人们的使命担当、价值追求和发展目标，同时显现在学校的一切教育行为、各种物质载体和全部的符号体系之中。”

共读共议文化产生。三幼团队组建第一天，园长向全体教师介绍三幼建筑设计理念，并为大家诵读图画书《安的种子》，每个人都表达对三幼、对设计、对图画书、对学前教育的理解。深厚的白洋淀情怀、莲子与白莲花的独特建筑意象、意味隽永的图画书，对三幼未来发展的期盼与梦想……大家畅所欲言、集思广益，感觉《安的种子》这本中国原创图画书更像是为安新三幼量身定制一般，“安”“种子”自然而然成了三幼的象征。种子文化由此萌生，大家理解并认同种子与儿童、与教师、与教育、与管理的内在联系。神奇的“种子”将地域特色、建筑设计、图画书阅读和教育真谛完美结合。

文图并用文化显现。幼儿园文化是幼儿园发展的软实力，是与幼儿园的物质条件、硬件设施、教育技术、制度规范等硬实力相辅相成的，它既以独特的风貌展现幼儿园的精神魅力，又为幼儿园各种物质、技术、制度等实体力量的增长提供强大的动力。二者刚柔并济，形成强大的综合力量。

确定种子文化之后，我园便着手设计三幼 LOGO，之后又进一步设计制作出班牌、笔记本、小书包、安安挂件等文创产品。精选《安的种子》典型画面并提炼关键文字，呈现在大门一侧，彰显种子文化，并时时提醒成人：每个孩子都是千年莲花的种子，尊重它原来的样子，郑重地给出等待的时间，享受陪伴孩子的过程。

我们也尝试着将种子文化显现在幼儿园的一切教育行为（幼儿园

节日、仪式、庆典、教育教学）、各种物质载体（设施、色彩、装饰、服装等）和全部符号体系（LOGO、吉祥物、三风一训的语言表达）之中。我们将“安”字刻在迎门景观石上，让更多的人解读“安”——安心、平安、安然、安好，更为贴切地理解为安新、雄安。新生入园典礼，我们将主题确定为“安家在三幼”，并将LOGO和吉祥物印在背板上，120名“小安安”把自己的照片贴在上面。三幼是每一个“小安安”的家，每一个安安都在这里，这是“俺”的家，都有归属感，都能平平安安。

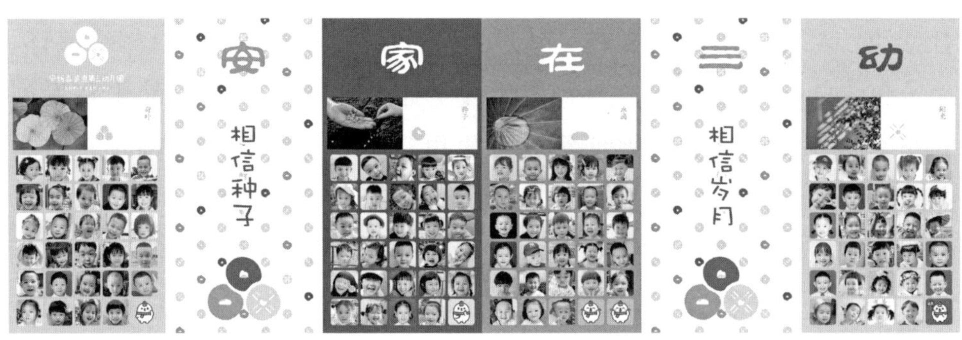

图5　新生入园展板

期待文化不断生长。作为新建园，我园种子文化初步定位，但是这仅仅是初始阶段，必然要经历不断成长才能日趋成熟。我们将深入思考三幼的办园宗旨、教育理念、育人目标、三风一训等精神内核。在逐年增加的新教师、新生家长中做好种子文化的宣传解读，在不断添置的设施设备、组织开展的各种教育教学活动、室内外环境创设中，展现具有三幼特色的文化氛围，让种子文化理念通过准确精练的文图、适宜的色彩、契合的风格予以呈现，并使其深入人心，浸润到幼儿园工作的方方面面。

（二）追求幸福完整

新教育实验把师生共同成长作为追求目标，将教师发展放在首位，提出教师要享受教育的幸福，享受成长的幸福，享受自己发展的快乐，同时享受追求教育理想的成功。关于儿童幸福，新教育旗帜鲜明地反对那种以牺牲孩子的当下幸福为代价，追求所谓“未来的幸福”的理论。如果一个人在童年没有幸福、快乐的体验，他的整个人生就会蒙受永远的阴影。

“过一种幸福完整的教育生活”是新教育实验的根本宗旨。新教育在“幸福”后面加上“完整”二字，首先是指幸福的完整：教育既要满足儿童相对低级的内在需要，如安全的需要与被爱的需要；更要促进儿童萌发高级的需要，如爱他人的需要，自我实现的需要，社会认可的需要。同时，这个完整还是受教育者“身、心、脑”的完整。新教育希望通过自己的努力，能够实现人的全面和谐的成长。

实现幸福完整教育首先要有幸福完整的教师。一个幸福的团队要有正确而光明的努力方向，有坚定一致的前行脚步，有高尚纯洁的德行品质，有专业娴熟的工作能力，有和谐健康的身心素质，有安全宽松的人际氛围。三幼教职工来自不同单位，通过团队拓展训练，增进彼此了解，和谐人际氛围，凝聚团队力量。关怀教职工心理健康，定期组织心理健康培训，建立亲密伙伴关系。利用教师节、中秋节、新年等节日送上贴心的祝福，体验职业幸福感。践行新教育实验“三专”理论（专业阅读、专业写作和专业交往），促进教师专业发展。

幼儿园教育的终极目标是培育幸福快乐、全面发展的健康儿童。孩子的快乐首先来自情绪稳定，有安全感。因此，我园的办园目标定位首先是温馨幸福的家园，全园每一位教职工葆有爱心，用心用情面对孩子与家长。在爱心滋润下，孩子们感受家的宽松与温暖。

自由舒畅的乐园是我园另一个办园目标。游戏是孩子的天性，幼儿期必须保证充分自由地探索玩耍，获得直接感知和经验，为当下及终身学习与发展积聚生命能量。我们为孩子购置了丰富适宜的玩具材料，将游戏精神融入幼儿一日生活，提供充分的自主游戏时间和空间。

活动中，老师善于观察，了解、支持、满足孩子的学习与成长需要，孩子们体验到童年的美好和快乐。

（三）培育书香校园

“营造书香校园”是新教育实验十大行动之首。新教育实验发起人朱永新教授说，“一个人的精神发育史就是他的阅读史，一个民族的精神境界取决于这个民族的阅读水平，一个书香充盈的城市必然是一座美丽的城市，一所没有阅读的学校永远不可能有真正的教育，共读共写共同生活。”可见，阅读无论是对于个体，还是民族、社会、学校，学习共同体都有着特别意义。

1. 创建适宜环境

我园由专业设计并施工的“安安书屋”，营造了静谧温馨的阅读氛围。通过精挑细选，配备了1万多册经典的图画书。在班级阅读区铺设淡雅的地垫，卡通小沙发，孩子自由舒适地阅读。班级书籍根据活动主题和幼儿兴趣定期更换，保障孩子们阅读量及愉悦的体验。

2. 成立阅读组织

书香校园建设，需要行政力量的推动，也需要非正式组织的助力。既有所约束，又自由轻松。我园成立了心田教师读书会，通过设定阅读任务，保障阅读数量和质量；成立家长童话剧社，焕发家长的童心爱心，为孩子们真诚奉献精彩童话表演剧目。爸爸、妈妈（爷爷、奶奶）进班讲故事，深受孩子们欢迎。

3. 各项活动支持

每一个三幼小安安在入园第一天都会收到一个阅读小书包，装有帮助入园适应的图画书，以此开启我们共同的阅读之旅。定期开办亲子阅读专题讲座，帮助家长树立阅读理念，掌握阅读方法。开展“播种阅读好习惯”的亲子阅读活动，引领每一个家庭积极行动。仲春时节，带孩子们到户外踏青、阅读、游戏、野餐，成为孩子们最喜欢的“走进春天，快乐阅读”活动。每日晨诵，孩子们在琅琅书声中开启一天诗意生活；午睡前，老师给孩子们阅读，孩子们在好听的故事中进入甜蜜梦乡。

大人喜欢了，孩子才有可能亲近阅读。自三幼成立之始，老师们就坚持每日阅读，每人每天至少读 3 本图画书。每周业务学习时间共读专业用书，每个假期共读专业书籍。利用听说读写等方式，深入阅读。隔周周五，利用下班后的时间，由一名老师分享读书体会。全园教师共读共写，建立起三幼人特有的精神密码。集腋成裘，积沙成塔，每天的阅读积累必将增加人生的长、宽、高。

（四）构建园本课程

中国教育科学研究院基础教育研究中心刘占兰研究员讲："坚持儿童本位的课程观是园本课程建设的基本前提、核心理念和价值取向。""园本课程建设是教师专业发展的重要途径，能提高教师的课程意识，加强教师对课程的理解，又能拓展教师的专业知识，提升教师的专业水平和实践能力。园长和教师要以科学严谨的态度对待园本课程，深化对课程内容的理解，夯实课程建设的理论基础，掌握课程建设的方法和技术，按照园本课程的理念、特点和程序建构自己的园本课程。特别是在挖掘和利用当地自然资源和社会文化资源时，要确立儿童立场，凸显儿童本位，立足儿童发展，充分考虑儿童的年龄特点，让园本课程助力儿童的童年幸福和终身发展。"

我园注重借鉴优质课程资源，参照朱激文老师著作《幼儿园田园课程理论与实践》、胡华园长编写的《幼儿园生活化课程》，尝试建构我园的园本课程。我们抓住新区教育发展的历史机遇，尊重教育规律及幼儿年龄特点，结合白洋淀地域文化特色及三幼独有的园所文化，梳理出"珍视童年、尊重规律、融于生活、亲近自然"的课程理念，确定了以"荷"为核心的课程架构体系，以促进幼儿德智体美全面发展为目标，积极探索并建构"荷"悦、"荷"阅、"荷"跃、"荷"乐等涵盖五大领域的园本课程。

自开园以来，我园陆续开展了“我爱幼儿园”“秋天，你好”“下雪天，真快乐”“一颗扣子的旅行”“好饿的毛毛虫”“鱼你在一起”“送你一片云”“小兰和小黄”“好饿的小蛇”等主题活动。新生入园典礼上，我们发给每个小朋友一个小布袋，里边有一颗莲子，并组织幼儿春季种植。我们带领孩子们收集各种种子，请有播种经验的家长入园指导，孩子们一起随大人锄地、播种、浇水，经历“一粒小种子”的成长过程。

（五）促进园所互动

“独学而无友，则孤陋而寡闻。”孤军奋战无法促进幼儿园发展，如果困囿于自己的一方天地，疏于同外界交往，往往会由于自身的习以为常、思维见障而无法看清问题，或即便意识到问题却无法找到解决问题的途径。因此，我园坚持开放办园，积极互动，资源共享，相得益彰。

身为县直园，我园肩负着帮扶农村园的重任，需要和农村园互动，帮助帮扶园解决困难，引领发展。新区园所蓬勃兴起，全国招聘的园长、教师等优秀师资为三县学前教育的排头兵，通过与新区园所积极互动，汲取科学办园经验，共享优质教育资源。另外，我园为保定市“春炬园长工作室”成员单位，工作室主持人为保定市青年路幼儿园书记张春炬，成员都是河北省内外优秀园长。参加工作室活动，和各园所友好往来，即是与高人同伍，与智者同行。

（六）沟通家园社区

《幼儿园教育指导纲要（试行）》指出：“幼儿园应与家庭、社区密切配合，综合利用各种教育资源，共同为幼儿的发展创设良好的条件。”儿童健康成长离不开幼儿园、家庭、社区三方密切合作。幼儿园对家庭和社区起着科学指导和教育辐射作用，同时，家庭与社区的人、财、物、信息等资源都能为幼儿园所用。三方以促进幼儿健康成长为共识，形成互助合作的共育模式。

我们利用网络、宣传栏、家长学校等方式，针对幼儿生理、心理、习惯、能力培养等方面，对家长进行科学育儿指导。通过“家长开放日”“大家访”“家长会”等多种形式的家长工作，增进家园相互了解与密切合作。发挥家委会监督评价机制，对幼儿园各项教育工作全面评估。结合课题研究，积极推行家、园、社区三位一体，形成教育合力，共建和谐平安校园。

我园地理位置得天独厚，周边自然与社会资源丰富。我们绘制“附近500米”资源图，带孩子们走进四季。春天，在附近公园踏青、阅读、快乐游戏；秋天，以“三幼小安安，一起去稻田”为主题，走进附近稻田试验基地，认识水稻，观看丰收，触摸一粒粒种子；下雪天，孩子们在附近的木栈道上，走一走，跑一跑，跳一跳，聆听雪地里行走脚步的嘎吱嘎吱响。因为资金短缺，我园户外玩具少，孩子们最爱到小区游乐场爬土坡、堆沙包、攀爬网、滑滑梯。附近的消防大队经常到三幼附近公路上集训，我们随时组织孩子们观看。超市、学校、医院等，身边的资源让孩子们和真实的生活亲密接触，为幼儿释放天性、发展主动性和创造性提供更广阔的空间及更有利的条件和机会。

四、成效与展望

（一）种子文化深入人心

开园第一天就有小朋友开心地说：“我是小安安！”家长也喜欢这样称呼孩子。因为“安安”，孩子们知道自己是雄安人，安新是家乡。

家长最受触动的是《安的种子》所映射出来的三种不同的价值理念。这个关于等待的故事，不断提醒自己，面对生命，要摒弃“本”的盲目急躁，警惕“静”的功利溺爱，学习“安”的平和从容，懂得尊重、耐心、信任，让生活多一份安然，相信种子，相信岁月。种子文化被孩子、家长、教师接纳认同。

老师们因为共读《中国新教育》，认识新教育理念及价值追求，对新教育的学理基础、十大行动、九大定律等都有一定的了解。铭记“行动，就有收获；坚持，才有奇迹”；“相信种子，相信岁月”“寻找尺码相同的人”“榜样＋底线”等等。这些信念时刻为个人成长及园所发展助力鼓劲。

（二）文化凝聚精神力量

随着种子文化对我园物质环境、规章制度、言谈话语的浸润，老师们对其精神内涵、价值观念有了进一步了解。种子，代表着生命，代表着希望。孩子是种子，教师自身也是种子，三幼这个新建园也是一粒种子，儿童观、教师观和教育观清晰明确。种子的隐喻，让三幼人如重生一般，信心满满，动力十足。

如果说“种子”是初始的生命，一个崭新生命旅程的开启，赋予了三幼人希望与梦想。那么“信”则是让目标和方向更加坚定的力量。2023 年 9 月，教育家顾明远先生为我园题词：“相信种子，相信岁月。”步入三幼，首先映入眼帘的就是这八个字。信任、信仰、信心等相互

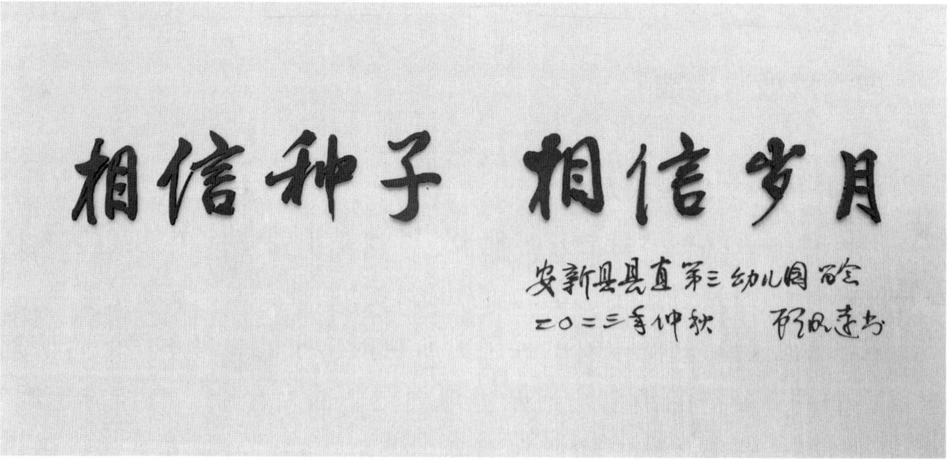

图 6 顾明远先生为三幼题词

关联的丰富内涵无一不提醒着每一位老师和家长，在日常工作学习生活中要建立真诚的信任关系，要坚持自己的信仰，并保持足够的信心，以促进每一名幼儿健康茁壮成长。偶尔受挫，我们会相互鼓励：做人要有信。相信孩子，相信家长，相信时间，相信你自己！

（三）文化提升办园品质

我园的教育目标是培根赋能，启智润心。幼儿教育是学校教育和终身教育的奠基阶段，正如一粒种子落地生根，根深才能叶茂，基础教育影响孩子一生的发展。基于这样的理解与认识，我园坚持“立德树人”，将德育工作放在首位，培养幼儿良好行为习惯。在一日生活中，通过多种教育途径，建立积极的自我认知和独立自主品质，促进交往与合作，引导幼儿关爱他人，团结友善。鼓励幼儿正确表达与管理情绪，萌发幼儿积极的社会情感。同时，我园在日常保教工作中时刻围绕培养目标开展各项教育教学活动，激发幼儿学习兴趣，保护幼儿好奇心，探究欲望，注重饮食营养，加强体育锻炼，为生命成长储备能量。

“温暖幸福的家园，自由舒畅的乐园，书香充盈的学园，自然朴实的田园”是我园的办园目标。全园教职工以莲花“出淤泥而不染”的高洁品质相互勉励，树立崇高理想，培育高尚师德，爱事业，爱幼儿，全心全意为孩子为家长奉献青春。寓教于乐是幼儿园教育的根本原则。我们立足儿童立场，认真观察，了解儿童学习特点与个体差异，然后通过教师个体反思与集体研讨日常工作中存在的问题，如幼儿游戏空间的合理设置、幼儿游戏的组织与指导策略等，建立标准，指导实践。种子生长离不开大地，孩子健康发展需要亲近自然。我园充分借助周边自然资源优势，开辟“时光的果实”种植园、“安安花园”、“小荷塘”，老师、孩子们和家长共同参与种植与管理。每天入园，孩子们最喜欢到花园、菜园、草地、树木间，通过播种、施肥、浇水、除草、捉虫、收获、品尝等活动，学习着观察，学习着劳动，在亲身体验、实际操作、直接感知中，认知、情感、习惯等方面得到发展。田园中的孩子和小种子们一样，在阳光照耀、雨露滋润下一天天健康成长。

（四）未来展望与挑战

作为新建园，我园深具诸如硬件设施高标准、交通便利、区位优越等发展优势，2024 年 5 月，新教育基金会为我园捐建 10 万元童书馆，并给予长期专业培训，支持我园书香校园建设。未来三年，我园将努力打造新区品牌园、全国学前领域书香校园样板单位。同时，我园也面临诸多挑战与困难：首先，在教师队伍建设方面，我园 2023—2025 三年内每年招收 4 个小班，教师逐年相应补充，师资来源部分为县域内农村园或学校，另外是省内招考的新入编教师，因此，师资力量比较薄弱。其次，园本课程建设方面存在很多困惑，课程建构不系统欠科学，课程标准与评价、内容与形式等都存在很多模糊认识。另外，作为新建园，虽然有较为明确的办园思想，种子文化已经初步确立，但这仅仅是初始阶段，园所文化需要长期积淀，在实践中不断完善。我们将在今后的工作实践中，深入思考、提炼、梳理出符合三幼气质的核心价值和相应的精神文化、物质文化、制度文化、行为文化。

安新三幼这粒种子，扎根于雄安新区这片充满勃勃生机的大地，这座承载着希望和梦想的未来之城是我们赖以生存与发展的良田沃土。国家教育方针是阳光，各级政府关怀是雨露，家长的理解尊重是和风，社会各界支持是适宜的温度，自身的信念、信心是无穷的内在力量，我们必将自主自强，破土而出，拔节生长！

行和谐教育　促快乐发展

——望都县县直机关幼儿园“和乐”办园思想研究报告

望都县县直机关幼儿园　程淑卿　张庆杰　霍　敏

望都县县直机关幼儿园教育集团，隶属于望都县教育和体育局，旗下拥有3所直管园，简称县直一幼、县直二幼、县直三幼。多年来，集团通过不断传承、积累和创新，逐步确定了鲜明独特的办园思想：“行和谐教育，促快乐发展。”

一、“和乐教育”办园思想的提出

望都县县直机关幼儿园教育集团作为望都县幼教工作的龙头，认真贯彻落实党的教育方针，挖掘幼儿园地域优势，在园所历史传承的基础上，从三个维度提炼出“和乐教育”办园思想。

（一）国家政策背景

党的十六届四中全会首次明确提出了“和谐社会”的概念。教育和谐是社会和谐的重要基础，幼儿园也要立足时代发展需要，培育和践行社会主义核心价值观，努力构建和谐教育。

《幼儿园工作规程》指出：“幼儿园的任务是：贯彻国家的教育方针，按照保育与教育相结合的原则，遵循幼儿身心发展特点和规律，实施德智体美等方面全面发展的教育，促进幼儿身心和谐发展。”《3—6岁儿童学习与发展指南》中提出：“幼儿园和家庭实施科学的保育和教育，促进幼儿身心全面和谐发展。”以上指导性文件当中均提出了全面、和谐、快乐发展的育人目标。

（二）教育理论指导

陈鹤琴“活教育”的课程论明确提出“大自然、大社会都是活教材”，提出“做中教，做中学，做中求进步”的教学方法，强调“做”是儿童获得知识和经验的基本途径。

陶行知先生的生活教育理论提出“生活即教育”“社会即学校”，幼儿园应充分发掘和利用周边的各种教育资源，让幼儿走进大社会、亲近大自然，做到“为生活而教，让自然来育”。

卢梭的自然教育理论的核心是“回归自然”。主张教育要顺应人的自然本性，让儿童过适合儿童天性的生活。根据儿童身心成长的自然节律因材施教，让儿童遵循自然、率性发展。

以上教育理论为“和乐”教育实践提供了重要的指导性原则。

（三）地域文化奠基

望都作为千年古县，文化底蕴丰厚，素有“尧母故里、孕育名邦”之美誉。望都以四大文化名片为特色：辣椒文化——体现人与自然、人与人之间的和谐关系；尧母文化——弘扬家庭和睦、社会和谐的传统美德；孙氏太极拳文化——注重身心协调的内在修养；围棋文化——彰显智慧传承的人文和谐理念。这四大名片共同构成了“和乐教育”的文化根基，通过持续传承与创新发展，不仅为学前教育提供了丰富的教学资源和实践平台，更有力促进了幼儿在认知发展、情感培养、身体锻炼和社会性发展等维度的全面成长。

二、“和乐教育”办园历史沿革

望都县县直机关幼儿园前身是1950年县城内小学附设的学前班，1957年改称幼儿园，1958年与城内小学分开独立成园。几经发展，直至2021年9月县直第三幼儿园建成，成立望都县县直机关幼儿园教育集团。到2025年6月，集团三所园共设有47个班级，在园幼儿1740人，占全县在园幼儿总数的1/3，为望都县扩大优质教育资源、铸造学前教育品牌、加快提升望都县教育知名度和美誉度注入不竭动力。

（一）固本筑基，绘就“和乐教育”办园底色（1958—1979年）

建园伊始，幼儿园实行全托，工作重点是对幼儿进行健康、品德教育。

70年代，提出“用心工作，服务为上”的要求，不断改进工作作风，提高保教质量。当时虽然物资匮乏，幼儿园却给了孩子们一个最温暖的港湾，在幼儿园温馨和谐的氛围中，孩子们度过了快乐的时光。

（二）履践致远，赓续“和乐教育”发展篇章（1980—2020年）

八九十年代，幼儿园提出保教并重的工作原则，并把“一切为了孩子，为了孩子的一切”作为工作目标，以“让孩子开心，让家长放心，让教职工舒心”为指导思想，逐步形成“务实、奉献、合作、快乐”的园风。随着《幼儿园教育指导纲要（试行）》的颁布实施，幼教改革也全面展开。幼儿园提出了“让孩子在快乐中健康成长”的育人目标，坚持“以和为基、以爱为魂、以实为本”的工作准则。2003年，明确提出“和谐育人、快乐成长”的办园理念。

（三）聚势谋远，探索“和乐教育”思想雏形（2021—2025年）

不忘初心，和而厚植。幼儿园站在新的节点上，传承老一辈县直人团结和谐的园风，坚持以党建引领为核心，落实立德树人根本任务。持续在创设“和乐”环境、实施“和乐”管理、组建“和乐”团队、构建“和乐”课程等方面做出积极探索。

三、“和乐教育”办园思想体系

“和乐”一词的《词源》解释为“和睦安乐也”。“和乐”就是凝聚力，“和”与“乐”是紧密相关、互为衍生的关系，“和”是手段，“乐”是表现，由和致乐，乐方显和。

通过文化溯源，我们发现儒家的“乐学”文化和孔子的“和为贵”思想是一脉相承的。幼儿的培养正需要建立在乐趣的基础上，因此我们在园所历史文化积淀中凝练出“和乐教育”办园思想。

（一）办园宗旨——和谐共长，乐享生活

幼儿园积极营造自然和谐的人文氛围，实行和谐管理。和乐教育润物无声，幼儿、教师、家长和谐共长，享受快乐生活。

（二）办园理念——行和谐教育，促快乐发展

融汇我园多年的历史积淀，通过以人为本的精神文化和自然生态的物质文化，展现出和谐教育的深层内涵。教师和家长之间多元沟通、多维指导、多向互助，幼儿在自主快乐的氛围中体验、感知、探索、发展。

（三）园训——知机，会趣，阳光，和乐

“知机，会趣”出自明代洪应明收集编著的语录集《菜根谭》，是中国传统文化中的经典之作。原文为“知机其神乎，会趣明道矣”，强调一个人应当既要有洞察事物本质的智慧，又要有在生活中发现和享受乐趣的能力，这样才能达到一种明智而愉悦的生活状态。“知机，会趣，阳光，和乐”体现了对幼儿全面发展的期望和教育理念。

（四）园风——和谐、求实、乐群、创新

集团内三所园既注重各自的个性彰显，又注重各园的和谐发展。各项工作有规划、有目标、有执行，讲究实效，干出实绩。师幼团结一心，友爱互助，和谐共处，乐于分享。在薪火相传中，创新理念，创新方法，创新文化。

（五）教风——爱园如家，爱幼如子，耐心充盈，责任担当

像爱护家一样爱护幼儿园，像建设家一样建设幼儿园。用“爱”滋养生命成长，做幼儿健康成长的启蒙者和引路人。用充足的耐心去尊重、信任、理解幼儿，用心倾听、积极回应、有效支持。在知责、明责、负责、尽责中为园所发展做出自己的贡献。

（六）学风——自然、自主，有礼、有序，和谐、和乐

教育要顺应幼儿天性，尊重个体差异，与自然和谐共处。让幼儿通过独立探索、质疑、创造等自主的方式来获得自我成长，为幼儿的可持续发展奠定坚实力量。

“不学礼，无以立。”三到六岁是幼儿行为习惯养成的关键时期，开展品格礼仪教育，传承和弘扬家乡“礼教文化”，让幼儿学礼、知礼、懂礼、明礼，塑造健全人格品质。

让幼儿在和谐、自然的环境中获得身心和谐、快乐发展，培养蕴含力量和希望的和谐儿童、充满生机与色彩的幸福儿童。

（七）园徽及园歌

同心的椭圆、温暖的黄色、生机的绿色、火红的辣椒、可爱的“笑脸”合在一起，呈现出一种和谐的美感，寓意着全体县幼人团结一心、和谐共进、追求卓越的幼儿园精神。

《和乐园之歌》旋律轻快、活泼、纯真，以幼儿和老师对唱的方式呈现，表达着县直幼儿园的老师像妈妈一样精心呵护每一个孩子的成长。

图 1　望都县县直机关幼儿园教育集团园徽

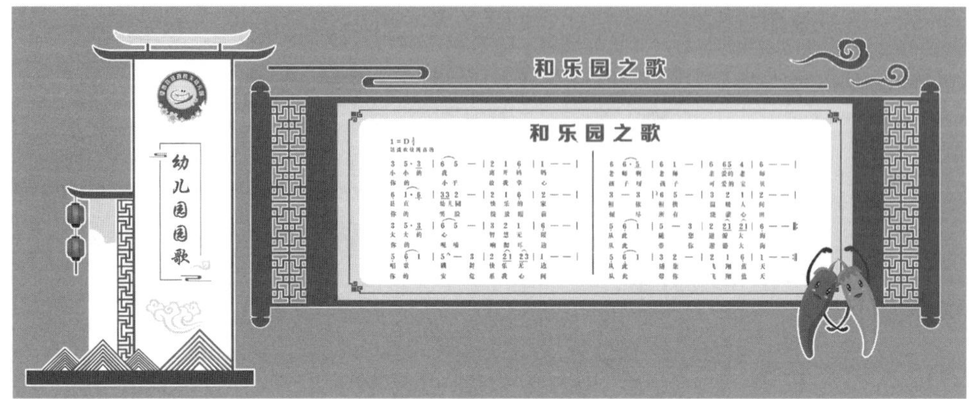

图 2　《和乐园之歌》

四、“和乐教育”的目标和原则

（一）“和乐教育”的目标

望都县县直机关幼儿园教育集团追溯发展起源至今已有 67 年的办园历史，几代耕耘，薪火相传，积淀了丰厚的文化底蕴。把“亲自然·和人文·悦身心”作为教育目标，既承载着传承的文化基因，又汲取了先进的教育理念，以“和”之法，“乐”教祖国花朵，铸造望都县幼儿教育品牌。

（二）“和乐教育”的原则

以《3—6 岁儿童学习与发展指南》《幼儿园保育教育质量评估指南》《中华人民共和国学前教育法》为指导，以“和乐教育”为引领，正视幼儿园的办园条件与教育基础，有效利用自身的文化和优势，建构独具特色的发展之路。“和乐教育”原则主要围绕以下几个方面：尊重幼儿的发展规律性；教育环境创设的适宜性；强调游戏活动的重要性；注重幼儿的个性化教育；重视家园社教育协同性；提高教师成长的专业性。

这些原则指导着幼儿园和乐教育的实践，旨在为幼儿提供一个快乐、和谐、富有教育意义的成长环境，促进他们的全面和谐发展。

五、集团化管理一体发展

集团化管理，其核心就是构建一个统一管理、协同运行的发展共同体，以达到共享优质资源、节约办园成本、提升管理效率、放大优质教育资源张力等目的。望都县县直机关幼儿园教育集团拥有两所省级示范园，肩负着带动望都县幼教发展的光荣使命，积极探索管理之道，撬动发展核心动力，让管理更加具体化、可视化。

（一）党建引领　激发活力

望都县县直机关幼儿园教育集团党支部坚持以习近平新时代中国特色社会主义思想为指导，坚定不移加强党对幼儿园工作的全面领导，形成支部书记全面抓、支部委员配合抓的党建工作格局。

集团现有党员 42 名、党政工妇管理人员 24 名，管理中以“和乐”为总基调，以十二字箴言“把方向，定目标，谋路径，促落实”为行动指南，引领党员讲党性、重品行、做表率，在园内各岗位冲锋在前。

集团党支部注重党建赋能，融合保教资源。以“爱国教育”丰润课程，助力文化传承；以“爱国教育”引润教师，淬炼初心使命。

（二）“一”体推进　“集”力同行

望都县县直机关幼儿园教育集团管理，集人、集事、集智，实行“统一＋特色、统筹＋自主、统整＋灵活”的原则，实现“文化共生、资源共享、质量共建、教师共长、评价共研、发展共进”。

1. 文化共生

在“和乐”文化引领下，集团三所园结合实际，按照达标、优质、示范三个标准推进课程建设，建构起既有集团的“神”、又有各园的“形”、文化同源、特色各异的课程。同时集团制定了一系列规章制度以及各岗位工作职责，广大教职工认真践行示范，将“和乐”文化落实到更为具体的行动中。

2. 资源共享

集团内部工作分为四个职能组：行政组、保育组、教育组和后勤组。四个职能组是落实各项工作的管理枢纽，对上承接教体局各个科室，对下负责三所园各项工作的实施推进。在工作中遵循方案共建、实施共推、资源共享的方法，大幅度提升工作效率。

3. 质量共建

集团三所园之间通过相互交流和规范管理，实现办园条件、规章制度、园务管理、保教质量的同步提升。从管理人员到教师，坚持大局观，服从集团的整体调配，实现教育资源的均衡发展。

4. 教师共长

落实“研训联动”，构建“集团＋园级＋教研组”三级教研制度，推进研训工作一体发展。构建“分层＋分类”保教队伍培养体系，开展“定期培训＋全员培训”。全面提高教师的课程领导力、建设力和开发力等专业素养，实现集团内教师共同成长。

5. 评价共研

根据县教体局各项考核文件精神，集团通过教代会、考核小组、党代会等形式建立以发展为导向的幼儿园办园质量评价机制。注重结构性、过程性和结果性评价的整合，形成集团统一的考核方案，并根据考核方案分岗位、分指标进行评价，考核结果运用到工作中，直接和教师各项利益挂钩。

6. 发展共进

制订集团和各幼儿园三年发展规划，实施“梯次提升”并逐年推进实施。各园不断完善组织架构和运行机制，打造一园一品，进行优势互补，加强组织合作，实现和谐发展共进。

六、保教工作与特色活动

望都县县直机关幼儿园教育集团坚持保教并重，保教融合，协同育人，确保儿童身心健康、人格健全、品德优良。

（一）坚持儿童本位，实施保教结合

根据《幼儿园教育指导纲要（试行）》精神，围绕教育教学总体目标，遵循幼儿认知过程和规律，结合幼儿年龄特点和本地、本园、本班实际状况，组织开展有效的保教活动。

1. 制订保教工作计划

学期初制订好切实可行的保教工作计划。在追随幼儿兴趣爱好的基础上，选择既符合幼儿现实需要又有助于其长远发展，既贴近幼儿生活又有助于拓展幼儿经验和视野的保教活动，全力落实“大主题引领，小主题落实，分阶段跟进”的主题教育及实践活动。

2. 建立班级常规管理

让幼儿参与到班级常规管理当中，指导幼儿协助教师完成班级的管理，锻炼幼儿间的合作能力，培养幼儿的责任感。此外，教师还巧妙地利用教学中的隐藏性信息对幼儿进行教育，如用音乐规范幼儿的活动常规，在环境中体现生活常规等。

3. 合理安排保教活动

围绕五大领域目标，整合多种教育资源，探索“亲近自然、实际操作、亲身体验”的途径，运用“自主、合作、探究”等学习方法以及现代教育手段，开展融生活、游戏、学习、户外运动以及自然体验于一体的保教活动。同时开展好保教常规观摩与交流研讨活动。

4. 打造适宜育人环境

以“儿童视角”为前提，在室内外环境创设中浸润园所“和乐教育”理念，与地域文化相融，努力创设“和而有美、乐在自然，和而

不凡、乐在生态”的幼儿园环境。

对幼儿园户外场地进行优化布局，划分多个功能区，达到绿化、美化、儿童化、游戏化、教育化。配置不同功能的活动材料，及时填充各类体育用品和器械，使每个活动区实现不同的教育功能。县直一幼打造占地面积3693平方米的户外活动场地——趣园，创设攀爬小木屋、厨房交响乐、快乐娃娃家、开心玩沙池、泥巴乐、梦想小舞台、高空滑索等游戏区。四季葱郁的小山坡、生机盎然的种植园和热闹的饲养角也融合其中，处处都蕴含和谐的教育资源。

5. 重视保教质量评估

依据《幼儿园保育教育质量评估指南》，制订集团幼儿园保教质量评估方案，定期对各园保教工作进行评估。强化对保教活动主体的评价，注重对幼儿游戏活动、自主探索、社会交往及发展水平的过程性评价；以幼儿园为单位建立健全幼儿观察与评价档案，重视对评价结果的运用。

6. 提高保教工作实效

按照幼儿年龄段设置保育组年级组长，组织保育员每周五进行集中学习和问题研讨，强调优化保育过程，提高保育保健工作实效。强化安全责任，全面落实安全工作制度，完善安全措施和应急处置机制，定期开展安全主题教育、培训与演练。

（二）践行“和乐”课程，培养快乐儿童

集团以尊重幼儿成长规律为出发点，以“和乐”为途径和手段，整合多方课程资源，以“与自然和谐”“与社会和融”“与人和善”为三大主线，开展“和乐”园本特色课程实践，开设了“阳光体育”“品格礼仪”“二十四节气”“生活课程”等园本课程。

1. 阳光体育课程，塑造“和乐”品格

县直一幼结合国家“努力增强人民体质”倡导，面向全体幼儿开展丰富多彩的、亲自然的、适宜的“阳光体育”课程。把体育运动融入到幼儿一日活动各环节，使幼儿通过锻炼强身健体，养成乐于运动的好习惯，塑造“和乐”品格，达到身心和谐。

以“回归游戏本真·聚焦儿童发展”为中心，积极探索传统民间体育游戏，通过让家长和孩子一起玩民间传统游戏、幼儿自主创新游戏等形式，构建了具有本园特色的传统体育游戏课程。跳皮筋、跳房子、滚铁环、斗鸡、投壶等游戏成为户外活动时孩子们争相尝试的活动。

传承家乡非物质文化遗产“孙氏太极拳”，将太极文化与幼儿早操的健身理念相结合，创编了一套幼儿“太极拳操”，它将体能和智能有机整合，动势优美，内外结合，气势舒畅，极利身心。孩子们在操节锻炼过程中充满自信、充满热情，“打”出运动好体魄。

此外还积极组织篮球课程、足球课程和乒乓球、中国舞、围棋社团等活动，为孩子搭建多元化的成长舞台，满足不同孩子的个性发展需求。

2. 品格礼仪课程，孕育“和乐”精神

《幼儿园教育指导纲要（试行）》指出：“教育要充分利用社会资源，引领幼儿感受祖国文化的丰富和优秀。”

县直二幼传承家乡“尧母故里”的母教文化、孝文化，同时结合《3—6岁儿童学习与发展指南》中幼儿学习与发展的规律特点，将中华优秀传统文化融入幼儿园五大领域课程当中，重点开展品格礼仪教育，凸显“礼教文化”，使幼儿在园学习生活，达到人文和谐。

品格礼仪课程主要包括5个方面：生活礼仪、节日礼仪、交往礼仪、情绪管理和品德教育。从《弟子规》《三字经》及成语故事入手，通过生活实践、劳动教育、亲子诵读、国旗下宣讲、节日节庆等活动，将礼仪课程渗透到幼儿一日生活中。

幼儿园通过公众号定期分享品格礼仪故事，分为“幼儿之声”“家长之音”“教师寄语”3个板块，使幼儿从小学礼、知礼、懂礼、用礼。

3. 生活课程，激活“和乐”教育

县直三幼依靠得天独厚的自然条件，传承椒乡文化，重点开展自然生态教育，结合二十四节气开展生活课程，让幼儿认识自然、了解自然、顺应自然。

（1）以本土文化为基点

幼儿园充分利用家乡资源，搭建起本土文化与课程内容的桥梁，使幼儿园教育外延至家庭和社会。比如，教师带孩子走进辣椒博物馆、参加辣椒文化季活动；到孙禄堂公园感受四季，到庆都书院游学，到尧母文化园听鸡鸣井的声音，到九龙河畔寻找故事……这些带有望都特色的元素成为支持幼儿活动的载体。

（2）以生活活动为核心

我国著名教育学家陶行知说过：“一切课程都是生活，一切生活都是课程。”县直三幼是混龄编班，教师从培养幼儿自主入园、自主签到、值日生工作、自主进餐等生活的点点滴滴入手，进行一日活动的调整与优化，让孩子们在生活中感受自己的成长。

（3）以自然教育为导向

教师和孩子们一起追随四季变化的脚步，清明时节在踏青、放风筝中感受春天的生机与活力，数数鸟窝的数量；谷雨前后种下瓜果种子、再看看蜗牛壳上的花纹；立夏时节探秘蚯蚓，测量小草的高度；立秋时节，山坡、草地、菜园里到处都有孩子们捉蚂蚱、丈量影子长度的身影，还要体验一下刨花生的乐趣；白露时节去寻找晶莹剔透的露珠；霜降时节晒柿饼、晒萝卜干、晒山楂片。在这些活动中，孩子们成立学习小组，开展项目学习，形成了回归与还原儿童本真的生活课程。

（4）以实践探索为契机

拓展幼儿的生活和学习空间，与社会教育接轨。带孩子走进农场、生态园，感受大自然的变化；到社会职业体验馆深入了解社会；到森林研学基地挑战自我；到地道战、纪念馆开展爱国主义教育等。

在集团化办园的引领下，三所园通过多途径、多方式的课程融合，发挥各园优势，在“保持自我”的同时不断优化“和乐”课程创设路径，达到“和而不同，美美与共”。

七、师资建设与家园共育

（一）和研共创——成就“优秀教师”，助力专业发展

望都县县直机关幼儿园教育集团致力于师德师风建设以及教师的业务水平和教学能力的提升，紧紧围绕“师德好、素质高、观念新、业务精”四方面夯实教师基本素质，倾力打造一支“和而有爱、乐在互助，和而有为、乐在协作”的教师队伍。

1. 以师德建设为先导，强化教师思想道德建设

集团通过师德管理社会化、师德评价规范化、师德教育常态化三条路径，构建幼儿园、家长、社会三位一体的师德评价体系，促使教师将外在的师德知识、师德规则内化为道德力量和高尚人格，使每一位教师在职业精神的滋养中获得成长。

2. 以“三个举措”为途径，打造专业教师队伍

集团不断完善教师培养机制，制订教师三年发展规划，以“三个举措”为途径，将教师队伍的培养与持续提升作为实施“和乐教育”办园理念的关键，勠力推进。

（1）以培训交流为驱动力，助推教师专业素养

集团积极创造条件，将“走出去、请进来”作为师资培养的有效模式之一，为教师专业成长铺就平台和道路。通过国培项目、专题讲座、园本培训、观摩教学等学习机会，深化教师的儿童观、游戏观、课程观。引导教师立足“和乐”教育思想，努力以学促思、以思促行，并学以致用，做到“心中有目标、眼中有孩子、处处有教育”。

（2）以骨干教师为号召力，引领教师专业成长

集团结合幼儿园教师的年龄结构与教学水平实际状况，构建起“做实底部、做强中部、做亮顶部”的教师专业成长“梯队”，底部为入职3年以下的“新手型”教师，中部为4—10年的“成长型”教师，顶部为10年以上的“成熟型”教师。为不同“梯队”的教师“量体裁衣”。同时借助名师工作室的辐射，发挥园内骨干教师的示范引领作用，通过“师徒结对”“半日观摩”“班本活动分享”“社团活动”等多种形式，畅通教师交流互助渠道。

（3）以教科研为创造力，赋能教师创新发展

教与研携手，学与思并肩。集团通过各项自主学习、园本培训、教学观摩与教研活动相结合，逐渐形成边学习、边研究、边反思、边提升的研学一体化模式。切实发挥教研组长的主导作用，以教研组为主阵地，通过教研组长例会、每周五的园级大教研、每日班级微教研等活动，开展教学实践和研究，形成教研共同体。

课题研究是提高教师专业素养、提升办园品质的有效载体。集团以园本特色课题研究为契机，帮助鼓励教师研究教育方法与策略，梳理总结各类活动经验，理论层面与实践层面相结合，提升教师教育科学研究水平。近年来，开展省级课题4项、市级课题5项、县级课题6项。

（二）和融共育——推进“协同育人”，共促幼儿成长

《幼儿园保育教育质量评估指南》中指出：“幼儿园要与家庭、社区密切合作，积极构建协同育人机制，充分利用自然、社会和文化资源，共同创设良好的育人环境。”集团以全环境立德树人为抓手，用足用好各类育人资源条件，着力构建家园一体、线上线下联动、高质量协同的育人新模式，凸显“和而有亲、乐在尊重，和而有力、乐在支持”的家园关系。

1. 健全家园合作机制

本着尊重、平等、合作的原则，不断完善家长委员会制度、家园联系制度、家长学校制度等，健全家园合作机制。开展形式多样、内容丰富的家园联系活动，引领家长加深对幼儿园教育观念的理解，共同参与幼儿发展评价，更好地配合幼儿园工作。

2. 拓展家园沟通途径

定期召开家长会，举办家长讲座、家长开放日、家长接待日、线上线下家访、家长助教等活动，密切家园联系与沟通，帮助家长树立正确的儿童观。定期开展“亲子运动会”“亲子游园”“亲子联欢会”等活动，增进亲子感情，让家长成为幼儿成长过程中的支持者、引导者、合作者。

3. 推进园所信息平台

不断更新、丰富幼儿园公众号、视频号内容，充分发挥信息平台的教育、沟通和服务功能，引领家长通过信息平台了解幼儿园的教学活动、办园理念、浏览幼儿活动掠影等，为幼儿园的发展出谋划策，有效构建家庭、社区、幼儿园“三位一体”的现代教育体系。

八、办园发展方向与规划

（一）聚焦规划谋发展

随着社会的快速发展和教育改革的深入推进，幼儿教育作为教育体系的基础，其重要性日益凸显，为了更好地满足社会对优质幼儿教育的需求，我们将不断探索、不断实践、不断创新。

通过集团化办园，提升幼儿园的品牌形象和知名度，打造本地区有影响力的幼儿教育品牌；继续整合和优化教育资源，实现集团三所园教育资源的合理配置和高效利用，全面提升保教质量；积极创设条件，加强幼儿园现代化教育师资力量的自培和管理，充分实现现代化教育技术手段的运用；与社区联动，发挥幼儿园在社区早期教育中的辐射作用，积极指导0—3岁婴幼儿家长开展早期教育。

（二）深度剖析促提升

放眼幼儿园未来，在集团的整体发展战略中，我们面临以下两方面的问题。

1. 幼儿园文化建设的再落地

文化是一所幼儿园的灵魂。集团对“和乐教育”的文化建设期待较为迫切，但同时深感思考、内化不足。如何让幼儿园文化变得可视、可听，在教师、家长、幼儿心中落地，形成文化标识，是我们思考的问题所在。

2. 幼儿园课程建设的再提升

学前教育高质量发展时代，缺乏高效专业化的课程引领，如何把《3—6岁儿童学习与发展指南》精髓与教育教学实践相结合，如何在教育教学活动中渗透、体现园所文化，缺乏可借鉴的课程方案和教科研机制。

九、认真总结 展望未来

“和乐教育”理念的全面落实使集团建设不断迈上新台阶，形成了“资源共享、优势互补、协作提高、共同发展”的管理新格局，正在从谋篇布局的“大写意”向精耕细作的“工笔画”转变。

（一）行而不缀，践行致远——“和乐教育”初显成效

“和乐教育”的践行和落地是推进集团持续发展的正确选择。两年多的时间，集团内部管理机制、师资、课程、资源共建共享上有了初步的合理规划，做到高效推进、科学发展。三所园在各级领导、有关部门的支持下，教育管理水平和保教质量明显提高，办园特色更加鲜明，家长和社会满意度进一步提升。

集团将园所文化和课程有机融合，是对“行和谐教育，促快乐发展”办园思想的诠释。随着研究的不断深入，集团的“和乐”文化氛围逐渐凸显，三所园分别构建了园本课程《民间传统体育游戏》《品格礼仪课程》《二十四节气活动》；教师的专业能力不断攀升，撰写的多篇论文、案例在各级各类刊物公开发表，在河北省微课比赛、保定市优质课评比、县级优质课评比、信息技术大赛中获多项殊荣。集团通过“五爱并重、五育融合”的实践活动助力幼儿全面发展，孩子们在活动中不断感知、体验、收获、内化、成长。

为充分发挥集团内两所省级示范园的示范引领作用，努力缩小园际差距，提升保教质量，集团分别与县域内 8 个乡镇的 8 所中心幼儿园签订帮扶协议，通过党员骨干教师入园诊断、主题教研、培训讲座、跟岗观摩、同抓共管等形式，切实将集团党建引领优势转化为助推乡镇园保教质量提升的强劲动力。

（二）展望未来，把握机遇——“和乐教育”发展新方向

初心如磐，奋楫笃行，望都县县直机关幼儿园教育集团将继续坚持党建引领，转理念、强师资、乐儿童。坚持“行和谐教育，促快乐发展”的探索实践，在实践中发展，在发展中创新，在创新中升华，致力打造“管理科学、师资优化、特色张扬、集团发展”的省级示范性幼教集团，为办好望都人家门口的优质幼儿教育而不懈努力。

陪伴“真”童年　助力“和”人生
——涞源县第一幼儿园“和·真”文化引领下的办园理念与实践

涞源县第一幼儿园　王立峰　李玉霞　高彦芳

幼儿园的办园思想是一个园所的精神内核和价值追求，也是幼儿园的根基和灵魂所在。办园思想引导着办园行为，使幼儿园的教育更加具有方向性和自觉性，而在实践中，办园行为又能不断丰富和完善办园思想的内涵，使其更加符合实际，更加科学。可见，办园思想与办园行为在实践中是相辅相成、相互促进、螺旋上升的，起到共同推动办园水平不断提高的作用。

图 1　涞源一幼全貌

一、办园思想形成背景

（一）办园历史

涞源县第一幼儿园始建于 1956 年，时名涞源保育院，是为解决非农业职工子女的托管问题开办的，在园幼儿 30 余名，教职工 7 人，先后由张玉梅、张明两位同志担任园长。1963 年，全国精简机构，保育院停办。1979 年，按照改革开放的要求，在涞源县城里村租房重新组建，名为涞源县幼儿园，在园幼儿 80 余名，教职工 12 人，先后由赵秀芝、胡秀英两位同志担任园长。1984 年，涞源县幼儿园迁至现址——原“五七”小学旧址，由张秀梅同志任园长，同时调入教师 15 人，教职工总数达 29 人，设 5 个教学班，在园幼儿 130 余名，教育局拨款 3000 元作为开园购置费，活动室是土坯房，除了水泥黑板和破旧桌椅外，再无其他设备，至 20 世纪 90 年代末，涞源县幼儿园综合排名在全市处于末尾。为了给山区孩子创造一个更安全、适宜的生活学习环境，2000 年 5 月，涞源县幼儿园在王立峰园长的带领下，克服重重困难，通过艰苦卓绝的努力，在原址新建教学楼并于 2002 年 2 月投入使用。办园条件的改善，为孩子们高质量的学习、生活提供了保障，促进了办园水平的大幅提升。同年，幼儿园被评为省级一类园。2005 年，建楼期间租用的北关分园独立成为涞源县第二幼儿园，涞源县幼儿园更名为涞源县第一幼儿园。2014 年 7 月，涞源一幼晋升为省级示范园。2023 年 12 月，高标准通过了省级示范园复检验收。梳理涞源县第一幼儿园近 70 年的办园历史，我们深切体会到：无论是 50 年代建园初期的艰辛，还是 60 年代“文革”期间停办的等待；无论是 80 年代重新开办时的希冀，还是 90 年代课程改革时的迷茫；无论是 2000 年新教学楼筹建时的艰苦卓绝，还是 2002 年落成典礼时的欢欣鼓舞；无论是 2014 年晋升省级示范园的瓶颈突破，还是目前走高质量内涵发展之路的再启程：每一次蜕变，无不是一代又一代一幼人和衷共济、和力拼搏的结果，无不是一代又一代一幼人真心不改、真情奉献的体现。追根溯源，我们逐步明晰了“崇和尚真”的文化建设主基调。

图 2 20 世纪 90 年代园舍照片

（二）地域文化

涞源县地处太行山、燕山、恒山三山交会，拒马源、涞水源、易水源三水同源，两省三市交界的钟灵毓秀之地，天人合一的自然生态，造就了纯朴真挚的民风，成就了和谐和美的文化内涵。自古以来，这里就是农耕文化与游牧文明交融碰撞的舞台，是重要的军事要塞和交通枢纽，南来北往的商队和边塞战争时来自五湖四海、保家卫国的兵甲士卒，把不同的思想文化、饮食习俗汇聚到这里，与杨家将抗击辽金历史有关的穆吉村、插箭岭、合婚台等村落留存至今。油炸糕、莜麦卷、玉米面搅粥，极大丰富了人们的味蕾，悠久的历史传承和特殊的地域环境使涞源兼具了和而不同、丰富多彩的人文形态。

（三）传统文化

在中华传统文化中，“和”是最核心、最优秀的智慧结晶之一，从《道德经》《论语》等典籍中，我们都能领略到先贤“崇和能容、和而不同、和合共生”的哲思，“和”成为我们与世间万物的相处之道。而“真”，是对童年最客观的写照。《庄子》有云：“真在内者，神动于外，所以贵真也。”用教师的真情、真挚和真知，保有孩子们的天真、纯真和本真，陪伴他们真体验，真快乐，真成长，为他们的和美人生奠基，正如陶行知先生所说：“千教万教教人求真，千学万学学做真人。”“真”，成为我们的为教、为学之道。

综上所述，幼儿园发展历程的积淀、地域文化的熏习、中华优秀传统文化的滋养，为我们对“和·真”文化的挖掘与提炼提供了强有力的支撑。以“和·真”为根，“育人”为本，既是对中华优秀传统文化的传承，对地域文化的发扬，也是全体一幼人对未来的展望与期许。涞源一幼的“和·真”文化脉络日趋明晰，贯穿在了思想和行动之中。

图3　国庆节时的爱国主义教育

图4 升旗仪式上的鼓乐队

（四）办园现状

涞源县第一幼儿园，现占地面积6180平方米，建筑面积4003平方米，设16个教学班，在园幼儿502名，教职工76人，其中专任教师61人，学历合格率100%。近70年的风雨历程，园所文化不断积淀、发扬。2002年，随着办园条件的彻底改善，为了内外兼修，从“幼吾幼以及人之幼”的朴素情怀出发，我们提出了“敬、慈、和、真”的办园思想，经过多年实践，特别是自2016年参加“春炬园长工作室”以后，在专家老师的引领下，在向姐妹园所学习的过程中，我们对办园思想和文化理念进行了进一步梳理和提炼，形成了以“和·真”文化为引领的办园思想体系，概括地说，“和”就是“和人生”，“真”就是“真童年”。陪伴“真”童年，助力“和”人生，是一种动态的推进，教师的和谐成就幼儿的本真，幼儿的本真终将成就幸福和美的人生。

在教学实践中，我们践行陈鹤琴先生的“活教育”思想，坚持“走文化之路，育有根之人”，肩负起“育人，育中国人，育现代中国人”的光荣使命。悠久的办园历史为涞源一幼积淀了深厚的文化底蕴，在文化的感召下，陪伴“真”童年，助力“和”人生，成为一幼人的共同追求和美好愿景。2020 年 9 月，中国高等教育学会“十三五”科研课题“幼儿园开展优秀传统文化途径与价值的研究”顺利结题；2023 年 4 月，河北省教育科学研究“十四五”规划课题“传统启蒙读物融入幼儿园德育教育的实践研究”顺利结题；园级课题“教师适宜行为规范”“幼儿园养成教育”已结集成册，成为全园教师指导用书。随着园所文化建设的深入探索，我们对文化引领的力量越来越深信不疑，着力探索“文化立园、内涵发展”的道路，努力培养“胸怀中华文化，行走纵横世界”的一幼娃。

图 5　爱国主义教育活动

二、办园思想体系

（一）价值观体系

1. 道德价值

幼儿园教育要坚持党的教育方针，好的幼儿教育是影响、引领不同的孩子，按照各自的路径成长为一个人格健全、品德高尚的人。良好的教育体系，能够全面阐释为谁培养人，培养什么样的人，怎样培养人的问题。基于以上思考，涞源县第一幼儿园坚定不移的地把立德树人作为根本任务。“和·真”文化视域下，“和·德”是道德价值的最高目标。教师层面，将拥有“谦逊中和”的师德视为为师的首位条件，它代表着对幼儿的理解与尊重，与家长的沟通与合作，对工作的执着与热爱，将惠及所有孩子的师恩师德作为自我要求，将爱自己、爱身边的人、爱家乡、爱祖国的大德寓于“和真”教育之中。在幼儿层面，我们追求的是“和真而德”，它代表幼儿“以和养德，以真培德”。幼儿和谐和睦，纯真本真的成长，能促进其全面发展与自己和，文明礼让与同伴和，温良恭敬与长辈和，敬畏珍重与自然和，融洽自律与社会和，团结进取与祖国和，善良勇敢与世界和，保有童年纯真、本真，培养全面发展且品德高尚的人。一个人最高尚的品德，莫过于热爱自己的祖国，继承中国优良传统的温良恭俭让的和真之人，一言一行都有中国人的标记，纵然行遍天下，依然是一个明大德、守公德，严私德的爱国之人。

2. 社会价值

幼儿园教育肩负着培养人、培养中国人、培养现代中国人的社会使命。在全球化、价值多元化的时代背景下，涞源县第一幼儿园的“和·真”办园思想，坚持社会主义核心价值观，从而实现“真教育”“真学习”“真合作”，注重幼儿的全面发展、教师的稳步提升和家园之间的良好互动。围绕办园宗旨和办园目标，全园做到对人、对事、对物、对工作、对事业讲真话，干真事、动真情、出真力、求真知、做真人，以真促和，以和养真。把“陪伴真童年，助力和人生，对幼儿实施全面发展、全面培养的教育，为幼儿终身成长奠定坚实的基础”作为价值追求，走内涵发展之路，办高质量人民满意的幼儿教育。

3. 个人价值

国家大计，教育为本，教育大计，教师为本。在涞源一幼，每一个服务于幼儿的教职员工都要具备一位师者的素养，做一个师德高尚、业务精良的幼儿教师，这是促进幼儿健康发展的重要保障。“和・真”文化视域下，在教师层面我们追求的是“平和睿智、真情真知”的价值体现。工作中做到与孩子和、与家长和、与工作和、与家庭和、与社会和、与自然和，当真人，做真事，教真知，做一个有专业素养又充满爱心的幼教人。而孩子们在“和・真”文化的浸润下，追求“和而不同、真知真行”的价值体现。在践行自我之和中形成自我认知，拥有健康与自信；在探究真知真行中形成独立思考与团结合作，也终将在学习与生活中让幼儿发展为有一技之长、能够自食其力、同时能为社会发展、人类进步发挥一定作用的和美幸福之人。

4. 文化价值

“和・真”文化蕴含着中国特有的文化底蕴，它是内置于心的温润与坚定，也是外显于行的豁达与执着。在涞源一幼，课程是文化，环境是文化，制度是文化，执行是文化，管理是文化，师德是文化，形成“崇和尚真，葆和守真”的文化主基调。在环境文化中，形成观往知来、继往开来的具有历史时间架构的“和・真”园史馆，让园所成长伴随一代又一代一幼人共同成长；春生夏长、秋收冬藏自然时间架构的“和美”自然园，陶冶师幼家长的性情；课程推进过程中幼儿学习推进记录的“真足迹”成长展示墙，让幼儿的成长看得见，听得见，成为文化价值中重要的组成部分。同时，形成与自然、与他人、与社会、与世界“和合”的空间架构以及想玩、爱玩、敢玩，寓教于乐的“真”环境育人架构，让环境文化建设元素丰富，特点突出。在课程中，充分落实幼儿为主体的“真”成长，教师为主导的“和”培养思想。在管理文化中，我们追求“和管理、真服务”，实施民主规范、科学精细的管理，力求管理者与教师和，教师与幼儿和，员工与家长和，园所与社会和，人文与自然和。在管理层面，我们树立“管理就是服务”的理念。自上而下，党支部的决策服务于教育教学管理、德育工作管理、后勤保障管理；中层管理服务于教师工作需要和专业发展需要；教师的班级管理服务于幼儿成长需要。自下而上，幼儿的成长需要教师的支持，同时，促进教师进步；教师的进步需要管理层的支撑，同时促进管理的科学和精细；管理层服务于园所发展的需要、幼儿成长的需要。往返循环，形成和合共生、和谐共进的管理观和服务观。

图6　专家入园指导

（二）办园理念

涞源县第一幼儿园办园理念的形成经过了70的积淀，五六十年代，基于百废待兴的建设需求，我们以“服务家长”为办园理念，解除家长参与社会工作的后顾之忧。20世纪90年代到21世纪初期，随着改革开放的深入，我们确立了“一切为了孩子”的办园理念。2016年，在“春炬园长工作室”的引领下，我们进一步对办园理念进行提炼，最终确立了以“和·真”文化引领下的办园思想体系。

图7　师生爱国诗词诵读

（三）目标体系

坚决落实党的教育方针，坚持立德树人为根本任务。办园思想体系的确立、文化的引领，为目标体系的形成提供了方向，在此基础上，践行陈鹤琴先生“活教育”思想，以“博爱厚德、开蒙养正、培根固本”为根本遵循，以“全面培养、全面发展、为幼儿的终身成长奠定坚实的基础”为办园宗旨；以创建“管理优化、保教优质、队伍优秀、设施优良、服务社会、人民满意”的高质量幼儿教育为办园目标；以

“健康自信、善思聪慧、博爱乐群”为培养目标；以“崇和尚真”为文化建设主基调；以“机制建设、制度完善”为基本保障；以“规范办园、科学保教”为实施路径，逐步提升保教质量，培养德智体美劳全面发展的社会主义建设者和接班人。

（四）风尚体系

思想和文化不是书写在墙上的标语，也不是挂在嘴边的口号，它存于心践于行，如同个人的气质与修养，虽看不见摸不着，却在实践中发挥着巨大的影响和作用，深刻地影响着一个园所的风尚体系。

1. 园风

人懂得尊重自己，所以有品位；人懂得尊重别人，所以有道德；人懂得尊重自然，所以有永续的智慧。先进的文化理念，要内化于心、外化为行，才能落到实处、取得长效。涞源县第一幼儿园深入贯彻《纲要》和《指南》精神，形成了“团结信任、艰苦拼搏、无私奉献、开拓进取、与时俱进”的良好园风。

2. 教风

幼儿园教风是教师在教育教学过程中展现出的态度、行为和风格，对幼儿的成长至关重要。涞源一幼“和・真”文化中孕育了“温馨和谐、纯真天然”的教育氛围，一日活动各个环节中，师幼关系都以平等、尊重、陪伴、引领为基调，形成了“真陪伴，和教育”的良好教风。

3. 学风

幼儿园学风是指幼儿在学习过程中表现出来的带有倾向性的、稳定的态度和行为，具体体现在幼儿的学习行为和学习习惯上。涞源一幼着力培养幼儿树立规范的学习行为、积极的学习态度，营造浓厚的学习氛围激发幼儿学习积极性、提高幼儿的学习质量，建立良好的师生互动和家园共育机制共同推动幼儿园学风的建设和发展，形成了“‘真’成长、‘和’人生”的学风。

（五）园训

《中庸》中提出：喜怒哀乐之未发，谓之中，发而皆中节，谓之和。中也者，天下之大本也；和也者，天下之达道也。致中和，天地位焉，万物育焉。《中庸》的思想，既体现道德观念，又蕴含教育原则。涞源县第一幼儿园将“坚持做有爱、有温度、负责任的幼儿教育”作为园训，体现着“中和”的思想，展现着“毓和共真”的教育之爱。这种爱，它不仅等同于父母之爱，更具有作为教育的责任与义务，并且赋予了这种责任和义务以爱育爱，激发生命本能的温度。

图 8　玩沙戏水

图 9　搭建游戏

三、办园实践行动

（一）组织管理，崇和尚真

规范的管理出效率，精细的管理上水平，科学的管理提档次。“崇和尚真”的管理理念，体现在我园实行党支部书记负责制，下设保教处、德育处、后勤处，严格落实一岗双责制度的“合和”。这种“合和”是服从也是共进，是“和而不同”也是“和美与共”。幼儿园的工作琐碎繁杂，需要更加严谨的态度、严明的纪律、明确的职责作保障，这就体现在“共真”的合作之中。首先，在班子建设中，我们实施了“向学习要素质，向团结要力量，向勤奋要成绩，向廉政要形象”工程，打造出了一个“团结务实、勇于创新”的班子队伍。同时，在教师团队建设中，我们实施“我因一幼骄傲，一幼因我而自豪”工程，在我们幼儿园，每一次决策、每一个举措、每一项制度的出台，首先要考虑是否有利于全园孩子全面且富有个性的健康成长，是否符合幼儿园的长足发展，是否符合广大教职工的切身利益，由党支部提出、园务会讨论、教代会通过，经全体教师表决后实施。每位教师都是幼儿园的主人，是管理者也是维护者。为了全园各项工作的健康发展，在制度建设中，从1998年至今，《涞源县第一幼儿园规章制度》已经进行了7次修订，新修订的制度7章63项652条，内容详尽，可操作性强，全园教职工人手一册。民主规范、科学精细的管理模式，保证了全园各项工作的落实横向到边、纵向到底，形成了有职必有责、有责必担当的良好局面，完美诠释了“合和共真”的传统管理文化与时俱进的优势。

（二）环境建设，养和育真

我园坚持“强健体魄文明精神、渲染底色陶冶性情”的环境建设目标，把“你喜欢在户外玩什么”的话筒交给了孩子，他们的回答异彩纷呈：我喜欢打篮球；我喜欢奔跑；我喜欢玩沙；我最爱玩水；我喜欢踢足球；我喜欢爬高；我喜欢从高处跳下来……我们知道，孩子们的这些喜欢，都是他们身体大肌肉、小肌肉、空间感知和心理建设发展的内驱力使然。于是，基于孩子们的兴趣和成长需要，我们将全园环境进行了一次较大的调整和填充，将园所环境打造成为一个运动乐园、游戏乐园、学习乐园。首先，在户外投放了一系列大型运动材料，实现了大院、一楼、二楼、三楼楼顶及高架平台的互联互通，极具运动性、开放性、趣味性、挑战性的环境，大幅度增加了户外活动面积，为孩子们走、跑、跳、钻、爬、攀登、平衡、悬垂等多种运动能力的发展，以及坚强自信、阳光乐群良好品质的培养，提供了丰富且具有挑战性的空间。同时，滚筒、轮胎、梯子、小车、炭烧等辅助材料的投放，让整个环境更富有创造性和灵动性。另外，大院中间的足球场、三楼东楼顶的篮球场，为足球和篮球运动的开展提供了适宜的场地。还有，我园因地制宜，在滑梯下、在边角区增设了沙坑、水池、涂鸦墙，满足孩子们永远乐此不疲的戏水、玩沙、搭建、涂鸦的需求。现在，环境的各个角落都有孩子们起的名字、制定的规则，我们实现了把环境的使用权和维护权交给孩子，把时光流转、四季变迁的感受赋予孩子，教师定点护安全、幼儿自选去挑战的循环模式。丰富的室内外环境，让孩子们体验到了“真”运动，“真”学习、“真”快乐。我园春看新绿夏赏繁花、秋观硕果冬听笑语的时间架构，一处一景，景景不同，仰观俯瞰美美与共的空间架构以及身在其中，想玩、能玩、会玩、爱玩的育人架构，充分发挥着每一寸空间的教育价值。

（三）保教工作，润和培真

《幼儿园教育规程》《幼儿园教育指导纲要》（试行）和《3—6 岁儿童学习与发展指南》《幼儿园保育教育质量评估指南》，是促进学前教育事业发展的重要保障。涞源一幼先后进行 4 次教改，历经 1998 年分科教学模式、2002 年主题课程模式、2006 年蒙氏教学模式改革，2014

年最终形成运用自主、探究、发现的主题整合课程模式，在不断学习和完善中，合理整合资源，探索游戏化途径，创设体验式的教学情境，建构以“真”为核心的园本课程，即“真”课程，“真”学习，“真”探索，“真”成长。同时，开展社会实践活动，使幼儿享受“一日生活皆课程”的教育，促进幼儿身心全面和谐发展。

将教育教学作为中心工作，切实肩负起“为党育人，为国育才”的使命，我们以“真”教育为核心，充分落实“幼儿为主体”的教育思想，通过园本课程和班本课程两条脉络，依托生活教育、养成教育、集体教育、区域活动、节庆活动等多种形式，探索游戏化途径，创设体验式教学情景，推进课程开展，促进幼儿身心全面和谐发展。

教育教学的开展从幼儿的学习兴趣和发展需要出发，孩子和老师一起确定学习主题，讨论主题开展进程，形成主题网络，在活动不断深入的过程中，激发幼儿学习的内驱力，让孩子成为学习的主人。同时，孩子们的思考、体验、表达、经验、记录自然而然丰富到了班级环境中。主题墙与作品区成了孩子与环境对话的窗口，区角创设成了他们与材料互动的空间。每一面墙壁都说话，每一个角落都育人，在这里，我们倾听着他们的一百种语言，欣赏着他们的点滴进步，让孩子真正成为学习的主体和环境的主人。

园本课程以“养成教育”“全语言阅读”“动感一幼”等形式组织开展。例如“动感一幼”，以户外环境和活动的探究为内容，在大循环设施使用初期，把为设施命名、确定玩法和规则，养成保护自己、保护他人的安全能力等多种权利赋予孩子，使园本课程日渐丰满。生成的班本课程有“奇石妙想”“美丽的家乡”“与沙有约”“我是中国娃”“甜蜜蜜”“山楂红了”“我长大了”“扎染”等，孩子用喜欢的游戏形式，发现和探索来源于生活的独特教育价值，在与环境、材料的互动中认识事物间的关系，养成深度学习习惯，形成发现问题、思考问题、解决问题的高阶思维方式，满足他们“我想尝试、我愿意坚持、我能够完成、我接受挑战”的身心成长需求。

图 10　端午节包粽子

图 11　区域游戏

图 12 读书节活动

同时，我们用二十四节气和传统节日串联起孩子们的生活，在读书节、体育节、艺术节开展丰富多彩的活动。“红色信念一幼”“动感一幼”“节庆中的一幼”“经典里的一幼”“二十四节气里的一幼”等系列园本课程的开展，使我园主题整合课程内容更加丰富。活动中，致敬民族英雄，聆听诗词音韵，品读文人气节，展示成长收获，从而把文化自信的种子深植于幼小的心田。

让孩子“真”思考、“真”体验、“真”探索的教育方式，定会开启他们的“真”童年，必将为成就他们的“和”人生奠定坚实基础。

（四）团队建设，平和修真

在团队建设中，我们坚持“平和修真”的思想。实践中，我们深切体会到“文化建设”较“制度规范”的作用更加深远而强大；日常工作中，我们积极拓宽渠道，促进教师专业化成长，外出学习、名园参观，请专家来园指导，开阔了视野，增长了见识；园本教研、岗位练兵，解决日常工作中的实际问题，提高教师实战能力。除此之外，为了消除职业倦怠，减小心理压力，我们多次邀请专家开展以“乐享工作”“中华美德”“魅力沟通”等为主题的团队建设活动，增强集体的凝聚力和战斗力。努力营造“温馨和谐、纯真天然”的集体氛围，用文化的雨露滋润每个教师的心田。当他们生活中遇到困难时，大家都会送上鼓励的话语，伸出援助的双手。生日时一个甜甜的蛋糕、节庆时一束芬芳的玫瑰，都满载同事的祝福，为忙碌的姐妹送去一份温暖。在建园60周年之际，我园成功举办了“我们是一家人”联谊活动。班子成员自创自演的节目《我们在一起》使现场的老师们都热泪盈眶，大家为自己是涞源一幼的一分子而感到由衷的光荣与自豪。为迎接建党100周年，我们又举办了《礼赞建党百年　矢志为党育人》诗词诵读会，在经典著作的浸润里、在红色文化的熏陶中，我们深知，生活越奋斗越幸福，快乐越分享越浓烈，爱心越传递越强大，文化越坚定越自信!

（五）家园共育，畅和乐真

如果把幼儿教育比喻成一架车，幼儿园和家庭就是最主要的两个动力轮，只有幼儿园和家长理念方法保持一致，才能把握正确的方向，共同促进幼儿全面和谐发展。每学期我们都会组织家长课堂活动，引导家长学习先进的教育理念和方法；通过家长座谈会，让家长了解班级学期目标、方法措施及主要活动开展的意义目的；邀请家长助教，请家长参与到教学当中，比如和孩子一起调查研究、搜集资料等；学期中还会请家长参加家长开放日，亲身体验孩子的学习、生活大型主题活动、家长陪餐等，并利用微信群、公众号、校讯通、明白纸等多渠道、及时向家长展示幼儿成长和进步。畅通的沟通渠道、一致的目标要求，使家园工作实现了同心同德、同向同行。

图 13　生活教育

图 14　自然教育

（五）辐射引领，谦和共真

多年来，一幼充分发挥示范带头作用，本着“谦和共真”的精神和“平等开放、合作共赢”的原则，为全县幼教事业的高质量发展做出积极努力。自 2005 年以来，我县国办园由原来的 1 所发展到现在的 8 所。其中，二幼和四幼由我园分园独立而成。截至目前，我园为全县各级各类园所，输送中层以上管理人员 32 人，骨干教师 61 人，为全县幼教事业均衡发展提供了管理和专业支撑。同时，我园积极接待市、县各级姊妹园观摩，取长补短，并主动与乡镇园所沟通，提供培训、送教以及物资支持，为缩小城乡差距竭力而行。以诚相待的帮扶实现了园所间的理念共享、资源共享、成果共享，和美与共，为提升全县学前教育水平起到了积极作用。

四、办园成效与发展

（一）办园成效

涞源县第一幼儿园风雨兼程，在各级领导极大的厚爱与支持下，先后接受了省、市各级领导的视察与指导，接待省市县各级各类姐妹园所的观摩与学习，现已发展成为社会满意、家长信赖、孩子向往的学习、生活、成长乐园。先后被评为“国家首批足球特色幼儿园”，河北省“校园安全先进集体”“省级卫生先进单位”“省级近视防控示范园”，保定市“幼儿教育先进单位”“市级教师专业化发展示范校”“保定市安全文明校园”“保定市平安校园”“保定市少儿工作先进单位”“保定市先进妇女组织”“保定市三八红旗集体”，连年被评为涞源县“先进基层党组织”“教育教学先进单位”，并于 2023 年 11 月高标准通过省级示范园复检。

（二）存在问题

回望过去，我们还有很多不可回避的问题，比如，近些年教师只出不进，致使队伍的稳定性和专业性得不到保障；文化建设对各领域的浸润不够深入，与课程建设结合不够紧密；园本课程的体系和内涵还有待挖掘和提升。

（三）发展思路

1. 强调文化认同

增强师幼对园所教育文化的认同和对优秀教育理论的借鉴，树立指向幼儿一生的可持续发展的儿童发展观，基于幼儿、家庭、园所、社会长远发展初步探索出一条“教育生态文化引领下教育特色的实践”之路，发挥强大育人功能，促进幼儿发展，坚定教师专业自信。

2. 强化教育家精神

加强新时代教师队伍建设，着力发挥党员的先锋模范作用，造就一支具有较强党性修养、师德高尚、业务精湛的高素质专业化教师队伍。

关注青年教师成长，将青年教师发展纳入课题研究内容，开展师徒结对、深度教研等活动，强化成长内驱力，加快新教师向成熟教师发展的步伐。关注班主任团队打造中层，以开展“班务宣讲”“优秀班评比”等活动，立足教师需求，从班级管理视角引领班主任厘清工作思路，提升思想意识，从而实现自身价值。

3. 深化课程改革

以课程为主线助推园本化实施，坚守儿童立场，深化课程改革，提升教研品质。探索室内外游戏一体化的生成之路，将游戏和课程深度融合。明确课程体系的建构是关注幼儿学习与发展的整体性过程，是源于儿童、基于兴趣、师幼共同创生后总结形成的，是在随儿童、教师、环境、现实等变化而不断调整的，形成一个以儿童为核心的整体性的行动方案，从专注课程审议、转变教师角色、优化实施过程、班本化等后续建设，最终推动班本化课程建设落地。

4. 整合自然资源

根据幼儿的身心发展规律和学习特点三位一体整合课程资源，确保课程适宜性。建设课程游戏化资源，开发以游戏为基本活动、以幼儿为主体、适合本园特点，有效促进幼儿学习与发展的课程，形成内容科学、管理有序、应用有效的幼儿园教育资源库。

总之，从事幼儿教育是幸福的，这份事业让我们见证了势不可挡的成长，随时都会有“小荷才露尖尖角”的惊喜，更有“伫看他日结果时”的期待。在感受幸福的同时，我们更加感觉到了沉甸甸的责任，涞源一幼将继续发扬艰苦拼搏、开拓进取的工作作风，坚定我们的信念，守望孩子的未来，不断提高办园水平，为全县幼教事业高质量发展做出更大贡献。

办园守正　育儿养正

——保定市直属机关第二幼儿园办园思想研究报告

保定市直属机关第二幼儿园　沈永霞　崔新杰　张　俊

一、办园思想形成的背景

文化具有强大的规范、引领和育人功能。对幼儿园育人文化进行梳理和完善，使其进一步系统化、科学化、规范化、显性化，通过“固化于制、物化于景、内化于心、外化于行”，切实发挥好文化的宣传、教育、育人功能，对更好地实现“以文化人”十分必要。

市直二幼建园已30多年，一代代二幼人薪火相传，脚踏实地深耕教育事业，形成了自己的办园思想、理念等，与此同时，恰逢参与“春炬园长工作室”进行园所文化建设的契机，2021年，我园开始了文化建设之旅。经过全体教职工对办园思想的总结与凝练，在上级主管部门的高度重视和帮助下，在高校专家的专业指导和引领下，我们组成了市直二幼文化建设团队，历时3年，经历4个阶段，通过60余次的实地研讨、集中培训和线上汇报，搜集相关文献资料上百篇，最终梳理了五大板块，27项内容，制作了近千张PPT，形成了属于我们市直二幼的办园思想与文化体系，即“养正”文化。

（一）办园历史

1. 筑基（1992—1995 年）

保定市直属机关第二幼儿园始建于 1992 年，1993 年 4 月正式开园，初名“保定市直属机关幼儿园”，设立在机关宿舍内，由市政维护处等市直机关单位出资筹建，园所占地面积 1600 平方米，户外活动面积 800 平方米，教学楼体附属建筑面积约 880 平方米，教学班 6 个，在园幼儿 180 名。办园之初，我园秉持“安全第一，杜绝事故；健康为本，讲究卫生；注意特点，因人施教；德育为主，全面发展”的办园理念，以“全心全意为幼儿和家长服务”为宗旨，切实解决了市直机关子女入学难的问题。

2. 发展（1996—2003 年）

1996 年，我园被评为市一类园，同年，地市改革后，我园正式更名为“保定市直属机关第二幼儿园”，在园所规模、教育教学水平等方面获得了家长及社会认可，软件硬件达到了标准的最高级别。在园所规模方面，自筹资金建立了建筑面积 100 余平方米的多功能音乐厅，可兼做大型活动室和舞蹈教室；建立了幼儿微机室，增添了电视机、CD 机、钢琴等多媒体设备；厨房设备由燃煤灶改为燃气灶，增加了搅面机等。对幼儿活动室和寝室进行改造扩建，拆除了隔断墙，购置了活动床垫，室内活动面积扩大了 70%，解决了长期以来幼儿多、活动面积小的问题。在教育教学方面，于 2003 年引进整合课程，推行《南师大整合课程》，以主题为主线，将集体教育活动、环境创设、家园共育、区域活动和日常活动融入其中，同时开设了英语课及舞蹈、美术特色班。

3. 提升（2004—2016 年）

经过数年积淀，我园办园水平稳步提升。2004 年，我园被评为省级示范园，标志着办园环境、理念、组织机构和日常管理都进入了一个快速提升的阶段。之后，我园相继被评定为“河北省学前教育研究实验基地”“图画书阅读实验园”“河北省托幼机构卫生保健示范园”，连多年被市、区教育部门评为“社会力量办园先进单位”“教育工作先进单位”，被团市委授予“青年文明号”和“五四红旗团组织”的称号，被保定市直工委评为“先进基层党组织”，被保定市妇女联合会评为“保定市巾帼建功先进集体”等，得到了社会及家长的广泛认可。

4. 飞跃（2017—2023 年）

2017 年至 2023 年，我园进入了蓬勃发展的阶段，教职工编制由 29 人增至 46 人，从拥有园南园一所园发展成为拥有燕云园在内的一园两址的规模，同时我园第二枚、第三枚园徽相继诞生，彰显着办园理念的凝练与提升，形成了以“养正”为主题的办园思想体系。在教学成果方面，我园出版了《幼儿园绘本教学活动设计》《幼儿园教育活动案例评析》；在园所合作方面，开启了“高校＋幼儿园”资源融合共享，打造学前教育专业实践共同体模式，建立了与河北大学、保定学院、保定开放大学等高校的合作机制。

（二）办园现状

我园现有教职工 80 名，其中青年教师占 80％，全部为本科及以上学历，其中研究生学历 6 名，园长、副园长各 1 名，区骨干教师 6 名，幼儿园教师资格证达标率为 100％。

目前，我园拥有园南园和燕云园两个园区，燕云园位于深圳园内，2024 年春季投入使用，设有 12 个班级，占地 6125 平方米，可容纳 400 余名幼儿。

（三）办园价值观体系

养正主题确立依据有以下两点。

1. 幼儿教育的职能

幼儿教育是幼儿的“启蒙”时期，是教育的奠基阶段，“蒙以养正”是自古至今人们公认的幼儿教育首要职能。“养”即培养、教育；“正”即正道或端正的品性。幼儿教育以培养幼儿养成端正的品性为首要目的。

2. 二幼办园的特点

市直二幼隶属保定市机关事务管理局，在地理位置上紧邻保定市政府和市委等市直部门，主要职责是为市直机关干部职工学龄前儿童提供保育和教育服务。幼儿园在 30 年的办园过程中，以政治建设为统领，坚持党组织对幼儿园工作领导的机制，始终不渝地坚持“为党育人、为国育才”的正确方向，不折不扣地贯彻党的教育方针。办园方向正、思路明，坚持守正创新，形成了市直二幼“办园守正”、“育儿养正”的一贯作风。

基于以上两点，二幼文化的主题名称确定为“养正”。

二、基本依据

（一）国家政策法规要求

《幼儿园教育指导纲要（试行）》中指出：“幼儿园教育是基础教育的重要组成部分，是我国学校教育和终身教育的奠基阶段。幼儿园应为幼儿提供健康丰富的生活和活动环境，满足他们多方面的发展需要，使他们在快乐童年生活中获得有益于身心发展的经验。”这与我园的办园思想是一致的。

《幼儿园工作规程》提出“幼儿园的任务是：贯彻国家的教育方针，按照保育与教育相结合的原则，遵循幼儿身心发展特点和规律，实施德智体美等方面全面发展的教育，促进幼儿身心和谐发展”，我园的育人目标就是依此而来。

（二）教育理论指导

德国教育家福禄贝尔在其教育名著《人的教育》一书中提出“教育应顺应自然”这一核心观点，意思就是顺应幼儿天性的发展历程，对幼儿的教育回归自然，遵循幼儿的天性，遵从孩子的本性，给予幼儿充分的自由。正确看待幼儿，解放幼儿，让幼儿发挥他们的主动性与创造性，使幼儿在自然中自由、自主、自在地健康发展。

陈鹤琴曾提出："大自然、大社会都是活教材，让幼儿在与大自然、社会的直接接触中，通过亲身观察获得经验与知识。"在教育中，最重要的就是接触大自然、接触生活，因此我们的环境设计遵循自然，在自然环境中生活，聆听自然中的鸟语花香，感受彼此间生活的气息。

三、办园思想体系与理念

保定市直属机关第二幼儿园的办园宗旨是："强身心之健、启天赋之智、润尚美之心、养良善之行，为幼儿终生幸福奠基。""强身心之健"，即赋予幼儿健康的身体和心理；"启天赋之智"，即遵循幼儿身心发展规律，激发其潜在的智慧；"润尚美之心"，即潜移默化地滋润幼儿感受美、表现美、创造美的心灵；"养良善之行"，即培养幼儿良好的道德品质和行为习性；"为幼儿终生幸福奠基"，即为幼儿一生的发展和幸福奠定坚实的基础。

办园思想体系里的价值追求是让孩子开心、家长安心、老师舒心、人民放心。

办园愿景是为幼儿打造"温馨家园、童趣乐园、启智学园、筑梦田园"。

"温馨家园"的理想样态在精神上表现为教师和幼儿互相尊重，幼儿与幼儿互相帮助，教师与教师互相关心，领导与教师互相理解，家长与教师互相信赖；在物质上表现为安全、卫生、舒适、有私密性的空间，熟悉、喜欢、开心、有归属感的氛围，自主、开放、动态、可以操作的环境。

"童趣乐园"的理想样态在精神上表现为保护幼儿特性，尊重幼儿天性，还给幼儿童心，关爱幼儿发展，支持幼儿创造；在物质上表现为安全、自然、舒适、可奔跑玩耍的场地，自主、有趣、丰富、可互动交流的游戏，充足、开放、多变、可动手操作的材料。

“启智学园”的理想样态在精神上表现为重视幼儿探索过程，支持幼儿进行创造，保护幼儿好奇心理，允许幼儿试误犯错，鼓励幼儿表达交流；在物质上表现为利于幼儿发展并隐含教育意义的环境，适宜幼儿身心特点和发展需要的材料，提供幼儿动手操作和进行探索的机会。

“筑梦田园”在精神上，关注幼儿学习发展的整体性，尊重幼儿发展的个体差异性，保护幼儿好奇心和学习兴趣，鼓励幼儿自由探索大胆想象，帮助幼儿建立自信乐于展现；在物质上，提供幼儿和谐互动的环境，满足幼儿丰富多样的体验，给予幼儿展示自我的平台。

办园理念为“幼儿为本、顺应自然、回归生活、自主探究”。“幼儿为本”在二幼体现为呵护幼儿的生命、尊重幼儿的价值、满足幼儿的需要、保障幼儿的权利；“顺应自然”在二幼体现遵从幼儿本性、提供自然场域、倡导自主活动、自由生长；“回归生活”在二幼体现为目标立足生活、课程源于生活、能力回归生活；“自主探究”在二幼体现为多种情境激发探究、维持兴趣深入探究、解决问题积累经验。

二幼秉持的教师观是做拥有爱心的陪伴者、葆有童心的参与者、善于观察的支持者、蹲下身来的学习者、育人环境的营造者、家庭育儿的指导者。

二幼坚持的儿童观包括以下 4 个方面：儿童是独立自主的人、儿童是具有个体差异性的人、儿童是有独特学习方式的人、儿童是发展中的人。

风尚体系中的“园风”是博爱、奉献、务实、创新；“教风”是严谨、耐心、善导、乐研；“学习观”是自由、自主、合作、探究。

二幼园训的凝练表达为“正人正己、修己达人”。将“正人正己”作为园训的首句，用意有二：一是要做好“正人”之事；二是先做

“正己”之人。

“蒙以养正”，养正是幼儿教育的重要职能，养正过程也可称为“正人”的过程，即培养幼儿有端庄的体态身姿、正确的行为举止、准确的言语表达、端正的人格品性。二幼教师要谨记以正人为己任，正其身、正其心、正其言、正其行、正品性，将幼儿培养成行端品正之人。

“正人先正己”。孔子曰：“其身正，不令而行；其身不正，虽令不从。”幼儿园教师和管理者要深知，打铁必须自身硬，喊破嗓子不如做出样子的道理，要时刻注意加强自身修养，以身作则，率先垂范。在正己的过程中，潜移默化地实现正人的教育效果。

将“修己达人”作为园训的第二句，用意有二：一是师者“终生修己”；二是职责“修己达人”。

“教育是一种修行”，选择了教师职业，就是选择了终生修行。不断地修炼自己，是教育的职业所需。“修己”内容有三：修为师之德（职业道德），修从业之能（专业能力），修育幼之情（爱幼情感）。“修己达人”是由教师的职责所决定的。教师除了要修养自己，还要唤醒别人，完成“立德树人”之大任。

二幼全体教职员工要通过不断修炼自己，努力实现让“孩子开心、家长安心、老师舒心、人民放心”的价值追求和“立德树人”的教育职责。

四、教育目标与原则

（一）教育目标定位

1. 办园目标

将二幼办成设施先进、环境温馨、师资雄厚、文化浓郁、管理规范、课程完备、家园共育、充满生机活力的高品质一流示范园。

2. 育人目标

我园致力于培养身心健康、会听乐说、自信友善、敢于探究、创艺向美的阳光幼儿。

“身心健康”包括身体健康和心理健康。“会听乐说”是指提高幼儿运用语言交往的积极性，培养运用语言交往的基本能力。“自信友善”是指增强自信，萌发幼儿爱祖国、爱家乡、爱集体、爱劳动、爱科学的情感；培养诚实、友爱、勇敢、勤学、好问、爱护公物、克服困难、讲礼貌、守纪律等良好的品德行为和习惯，以及活泼开朗的性格。“敢于探究”主要强调发展幼儿智力，培养正确运用感官的能力，增进对环境的认识。激发幼儿的好奇心和探究欲望，培养初步的动手探究能力。“创艺向美”在于丰富幼儿的情感，培养初步的感受美、表现美、创造美的情趣和能力。

3. 教师发展目标

我园的教师发展目标是打造一支敬业爱幼、潜心启智、深研拓新、知行合一的高素质、动力型教师队伍。

培育敬业爱幼的教师精神是二幼建设教师队伍的重点内容。二幼教师必须塌下心来，求真务实地倾心培养幼儿；理解幼儿保教工作的意义，具有良好职业道德修养，热爱学前教育事业，具有职业理想和敬业精神，关爱幼儿，相信幼儿。

幼儿启蒙教育是幼儿教育的起点，对其以后的学习和发展起着关键性作用。在此阶段，幼儿正处于认识世界、掌握基本生活能力和形成健康习惯的关键时期。因此，二幼教师要充分将行为、意象、语言等形式，通过动态循环、相互映射的方式表现在教育实践中，引导幼儿在日常生活中进行感受、认识、体会、欣赏和表征，开启幼儿的智慧之门。

深度理解儿童、把握核心内容、创新适宜方法——三位一体的综合性能力提高，已成为当今时代幼儿园教师的核心专业要素，同时也是我园园本教研的新重点、新任务。未来，我园教师将实现研训一体化，聚焦三要素的教研模式，实现理论与实践的相互转化与生成，同时做到理念和行为的深刻变化和持续性的发展。

二幼教师要用理论指导实践，用实践检验理论，真正把理论与实践有机结合起来；同时要做研究型教师，研究幼儿、研究保育、研究教育，并把研究的经验总结成方法，概括为理论，用于指导更广泛的教育实践活动。

“动力”指幼儿园教师自主、积极、不竭的内驱力。“动力型”教师是教师能动性的体现，也是不断蓄能、不断前行的二幼教师精神。

（二）教育实施方式

1. 组织管理

在“养正”文化的引领下，二幼教师谨记“正人正己养师生正气，修己达人育家国栋梁”箴言。

在组织管理方面，重视党建工作，充分发挥党组织的政治核心作用；在管理体系方面，建立了以园长、副园长、行政主任、教研组长、带班长自上而下的分工管理新体系，并且强化管理机制，明晰岗位职责；在组织机构方面，有党团、保教、后勤、工会等组织，各组织之间分工合理，团结高效；充分发挥园务委员会、教代会和家长委员会的作用，健全科学民主决策机制，发挥民主监督机制；在安全管理方面，成立以园长为第一负责人的安全管理责任网，签订一岗双责；在健全制度方面，完善幼儿园日常管理制度、教学教研制度、师德师风考核制度、园长负责制，实行园长带头执行园内的 17 项工作制度和 20 项岗位职责，认真抓好各项制度的落实。

2. 育人环境

在园所文化的引领下，我园努力为幼儿创设温馨家园、童趣乐园、启智学园、筑梦田园成长环境，让孩子在温馨、自然、有探究价值的环境中去生活学习探索，努力实现“教学环境生活化，生活环境自然化，自然环境安全化，人文环境教育化，卫生保健规范化，膳食营养科学化”。

(1) 打造温馨舒适的外部环境

在室外，我园秉承“自由、自主、愉悦、创造”的游戏精神和卢梭教育思想中的“五感”理念对游乐场进行设计，以“蜗牛的森林”游乐园为载体，设置了涂鸦、种植角、木屋、水渠、沙池、泥塘、土坡等多种形式幼儿探究区域，促进幼儿视觉、听觉、触觉、嗅觉和味觉的多感官参与，形成了实现春季有花、夏季有景、秋季有果、冬季有乐，打造花园式游乐场。

(2) 营造良好的师幼互动心理环境

创设良好的师幼互动心理环境，能使幼儿感受到接纳、关爱和支持的良好环境，以关怀、接纳、尊重的态度与幼儿交往，耐心倾听，努力理解幼儿的想法与感受，支持、鼓励他们大胆探索与表达。作为教师和幼儿互相尊重，保护幼儿特性，尊重幼儿天性，支持幼儿创造，重视幼儿探索过程，保护幼儿好奇心理，允许幼儿试误犯错，鼓励幼儿表达交流，帮助幼儿建立自信。

(3) 课程教学

我园遵循“幼儿为本、顺应自然、回归生活、自主探究”的办园理念，实施“全发展”课程，注重幼儿发展的全面性，坚持五爱并重、五育并举、五大领域并行，通过“一二三”式育人路径，培育身心健康、会听乐说、自信友善、敢于探究、创艺向美的阳光幼儿。“一”指一日生活，即一日生活任何环节皆可成为课程；“二”指两个空间，即室内和室外两个空间活动相结合；“三”指三条途径，即生活活动、游戏活动和集体教学活动三种形式。

五、特色活动

(一) 保教并重的具体措施

保教并重通过建立家长委员会和伙食委员会两个长效机制来实施。

1. 家长委员会

家长委员会是家长与幼儿园间的桥梁和纽带，充分发挥家长委员会的职能作用，能促进幼儿园与家庭、社会的密切联系，使幼儿园的保教工作取得良好的整体效应。我国成立了家长委员会，设立了会长、副会长等职务，并明确了各岗位职责。

2. 伙食委员会

幼儿伙食是幼儿园工作中十分重要的一环，也是家长最关心的问题之一，我园成立了伙食委员会，让家长参与到幼儿园伙食工作的监督和管理中来，了解掌握幼儿膳食、饮食情况，对幼儿园伙食结构和水平进行监督，结合幼儿与家长的要求，对幼儿园伙食工作提出意见和建议。

（二）特色课程与活动

1. 手指操

为全面贯彻《幼儿园教育指导纲要》《幼儿园入学准备教育要点》内容要求，完善课程体系，我园坚持示范先行，着力推动幼小衔接，从发展幼儿精细动作出发，开展了幼小衔接手指操系列活动，并将手指操作为我园园本课程。根据各年龄段幼儿的生理与心理特性，我园教师对钱志亮老师的 26 个手指操进行改编，主要从儿歌、动作两方面进行创新，并将内容相似的手指操进行融合，形成 15 个符合我园幼儿发展特点、富有教育意义的手指操。

2. 二十四节气

在课程开发过程中，我们珍视传统文化的社会作用，依托二十四节气，让幼儿更好地与自然对话，围绕“自然探索”“节气体验”“文化艺术”“饮食保健”四个维度，按照大、中、小不同幼儿年龄特点，融合家园社会资源，分别开展不同形式的节气活动，让幼儿了解、学习并体验中国传统文化，构建了属于我园的二十四节气园本特色课程体系。

3. 传统游戏

我园借助河北省教育科学“十三五”规划重点课题“去小学化”背景下幼儿园游戏化课程探索与研究的大背景下，完成了“幼儿园户外体智能活动游戏化课程探索与研究——以传统民间运动类游戏为例”的子课题，实现了“游戏和课程的融合优化”，最终形成了《传统游戏案例集汇编》，课题研究成果得到升华，丰富了园本课程资源库。

六、师资队伍建设与家园共育

（一）师资培养与管理

目前，我园专任教师44名，其中教龄20年以上的12人，教龄10—20年的4人，教龄10年以下的28人，占到近65%。在学历水平方面，本科及以上占到90%，学前教育专业32人，其中研究生6人。我园拥有一支年轻的高素质教师队伍，为促进教师专业成长，提升师资队伍素质，使青年教师尽快适应教育教学工作，我园采用“一二三五式”培养方案促进教师专业成长。

在“一二三五式”幼儿园教师专业成长路径中，“一”即一条路径——“五级四步”递进式发展路径；“二”即两个机制——考评机制、激励机制；“三”即三大工程——青蓝工程、助力工程、领航工程；“五”即五项举措——师带徒、听评课、学习培训、经验宣讲、课题研究。

（二）家庭与幼儿园的合作

父母是孩子教育的第一责任人；父母是幼儿园教育的重要合作者。

“五凡”，即凡是幼儿能自己观察的都要让他自己观察；凡是幼儿能自己想的都要让他自己想；凡是幼儿能自己说的都要让他自己说；凡是幼儿能自己做的都要让他自己做；凡是幼儿感兴趣的都让他大胆探索。

"七要"，即要给孩子创设温馨和谐的家庭环境；要爱孩子但不溺爱孩子；要放下权威但要守住原则；要尊重孩子，倾听孩子内心的声音；要给幼儿高质量的陪伴和自由的空间；要接纳孩子的不完美，给孩子试错和成长的机会；要给孩子树立好的榜样，做好孩子的旗帜。

日常沟通、主题活动、培训学习、家长会议、展示宣传是我园进行家园共育的5个途径："日常沟通"主要包括微信群沟通、电话沟通、家访；"主题活动"主要包括家长开放日、家长进课堂、亲子运动会、春/秋游活动、远足活动、节日活动、展览活动、参观学习活动；"培训学习"主要包括家长学校、家长沙龙、专家讲座、专题培训；"家长会议"主要包括全园新生家长会、班级家长会；"展示宣传"主要包括公众号、视频号、美篇、家长等候区宣传栏、园所公示栏、家园直通车。

七、办园发展方向与规划

（一）发展规划

面对《学前保育教育质量评估指南》的出台，我园会结合园所文化进一步研发园本课程，做好幼小衔接的系列课程。同时对应文件标准，将幼儿园文化与国家政策高度结合，做到以幼儿为本，尊重幼儿的学习特点和成长规律，珍视幼儿生活和游戏的独特价值，有针对性地创设环境和条件，支持和引导每个幼儿从原有水平向更高水平发展。

（二）自查与整改情况

"一二三五式"教师专业成长路径培养方案，是基于我园实际情况制定的，在制定过程中综合考虑教师及园所的实际情况，园本化水平较高，实施的可行性和实效性也很高。但在实施的阶段性反思过程中也出现了一些问题，如制定的某些标准不符合个别教师的能力水平，措施的落实过程中与预设方案略有不同等。在后续方案落地中，我园会继续做到阶段性总结与反思，科学化实施，有层次性、针对性对教师培养。

八、结论与展望

（一）办园思想的实施成果

幼儿园文化建设思想体系的落实是全体教职工将其内化的过程，因此建立规范、有章、有序、有效的教师培养、管理机制，是推动文化建设思想体系内化于心的保障，致力于把文化精神要求与园所规定有机结合，即将“软文化”与“硬制度”熔于一炉。

1. 文化在环境中的体现

幼儿园文化所营造的育人环境具有隐蔽性和延续性的特点，环境之于幼儿是无声的教育。因此，我园将文化建设思想体系落实到环境创设中，通过在环境中彰显文化理念的方式充分发挥环境的隐性教育功能。在文化建设思想体系的引领下对园所已有 LOGO 进行重新定义，同时也设计了一系列相应的 VI 产品。燕云园的门头设计、楼梯环境设计、运动会幕布背景设计、园旗等一系列环创设计都有文化 LOGO 的体现。

2. 园本课程的形成

在秉持“强身、启智、尚美、养行，为幼儿生幸福奠基“的办园宗旨下，在“全发展”课程实施中，我园根据园所教师、幼儿情况汇编形成了园本一系列《户外传统游戏集》《幼小衔接园本课程系列之手指操》《图画书案例集》等园本课程。

（二）挑战与展望未来

我园已经形成了相对系统的文化建设思想体系，将文化内化于心、外化于行，做到以幼儿为本、服务于家长，实现“以文化人”是我们最终目标。因形成文化系统时间较短，存在未将所有理念完全落地的情况，但在日后幼儿园发展过程中，我们会做到日臻完善。

未来，我园将依托“一三五七”发展思路，将办园思想体系落地。“一三五七”发展思路即一条思路、三个结合、五大战略、七项举措：“一条思路”即依托新园开办和省级示范园的复检验收，实现规模扩展与质量提升同步发展；“三个结合”即幼儿园与高校联合，常规管理与数字化管理结合，幼儿园教育与家庭教育、社会教育结合；“五大战略”即依法治园战略、科研兴园战略、文化润园战略、师资强园战略、质量立园战略；“七项举措”包括坚持党对幼教工作的全面领导，筑牢“为党育人，为国育才”的政治方向；紧跟幼教改革发展的时代步伐，确保《纲要》《指南》等各项政策的落地生根；制定阶梯递进式教师成长规划，塑造一支专业化师资队伍，筑牢提质增效生命线；依托高校、专家、园长工作室等智力资源，持续加强课程、保育研究，全面提升教学质量；梳理完善办园思想体系，进行园所文化顶层设计，持续打造理念引领、文化育人新高地；完善标准化、流程化、可视化的制度体系，辅以配套激励机制，向科学化、规范化管理；构建家园共管、共育、共赢机制，增强协同育人功能，不断拓展育人渠道。

新发展带来新高度，新高度成就高品质。我们相信，在不久的将来，市直二幼一定能够建设成为温馨家园、童趣乐园、启智学园、筑梦田园，实现“孩子开心、家长安心、老师舒心、人民放心”的价值追求。

顺性而育　养正于苗

——邢台市第四幼儿园“育苗”办园思想探索与实践

邢台市第四幼儿园　郭冬雪　未素焕　胡　静

办园思想是幼儿园在长期发展过程中，经过实践检验，为幼儿园全体成员认同而形成的思想体系。办园思想传承园所历史文化底蕴，遵循幼儿教育规律，既是国家的教育政策、方针在幼儿园的践行，也是幼儿园文化内涵和核心价值取向，对外展现园所文化品牌形象，传播先进的育人理念，对内激发幼儿园的凝聚力和活力，促进幼儿园发展从普通走向卓越。

图 1　四幼全景图

邢台市第四幼儿园在凝练办园思想的过程中，结合幼儿园文化建设，提出了“育苗”理念，即“顺性而育，养正于苗”。参天大树，始于幼苗，每一个孩子都是成长中的幼苗，教师是精心的育苗者，寓意着幼儿园教师对生命的尊重与呵护，遵循“天性即自然法则”的教育哲学，践行人与自然和谐共生的思想内涵，使教育真正成为生命成长的有机滋养。

一、办园思想形成的背景

伴随国家学前教育政策与法规的颁布，我园“育苗”教育这一办园思想经历了不断丰富与发展的过程。纵观幼儿园 45 年的发展历程，从 1980 年建园之初只有 40 多名幼儿的小家到如今这个 800 多名幼儿的大家庭，饱含了太多四幼前辈的辛勤努力和付出。

“吃水不忘挖井人”，有太多催人奋进的往事值得回忆，有太多实践中的经验需要借鉴。从 1980 年建园初的第一任园长开始，至今已有 6 任园长为四幼建设呕心沥血，6 任园长都是从本园成长起来的，他们不断继承和发展前任园长所创立和倡导的教育理念，既体现了幼儿园办园思想的传承，又体现了幼儿园文化成长和创新发展。几代四幼人怀着无比广阔的大爱，承载着“以园为家、团结务实、爱幼如子”的光荣传统，传承了我园在 40 多年的发展过程中所日益积累的经验和做法，用培育幼儿、服务家长的实际行动，夯实了我园的办园思路和园所文化，培养了一批批身心和谐发展的幼儿和德才兼备的老师，赢得了家长和社会的良好口碑，成为“育苗”思想之源。

（一）“育苗”办园思想在实践中孕育

1. “育苗”办园思想的基础（1980—1992 年）

第一任园长刘信是新中国成立前的老党员，1976 年曾在人民大会堂接受国家领导人的亲切接见，享受国务院政府特殊津贴，现已 102 岁高龄。1980 年，我国正处于一个历史性的转折点，当时地委行署做出决定，创办一所幼儿园解决所在地区各部门职工教育孩子的后顾之忧。按照这个初衷和定位，我园将“给幼儿创设一个和谐大家庭，人人是家庭一员，人人为大家，齐心协力照顾好幼儿，为工作中的家长分忧解难，让幼儿快乐成长”的办园目标落实在工作的方方面面。分科教学的体育、语言、计算、常识、绘画、音乐是统一的课程模式，当时幼儿园的教育更多的是教师生活中言传身教，老师们更多地履行着妈妈一样的责任，带着爱心在生活上照顾孩子，在行为上陪伴和影响孩子。幼儿和老师之间更多的是亲密的伙伴关系，一日生活中教师的行为和语言是幼儿模仿的榜样，直接影响幼儿行为习惯的养成和品德教育。在这个温暖的大家庭里，有一位好家长，让老师和孩子们备受感动，她就是我们的第一任园长——刘信。为了让来自各地的老师们居有定所，她把分配给自己的房子让给年轻的老师们做集体宿舍，把涨工资的机会让给家庭困难的职工渡过难关。老师们在这样一个备受关爱的大家庭享受着长者的爱，同时又把满满的爱给了在园的幼儿。家长们赞叹地说：“把孩子送到这个和谐的大家庭里我们心里放心，工作安心。”爱的传递让园所文化有了温暖的底色，给“育苗”理念奠定了基础。

2.“育苗”办园思想的萌芽（1993—2006 年）

随着学前教育的发展，陆续有正规师范院校的毕业生补充到幼儿园教师队伍中来，师资力量的壮大让幼儿园的保教工作越来越规范。2001 年，教育部颁发《幼儿园教育指导纲要（试行）》，通过理论学习，教师和管理者对教育的目标和内容有了新的认识，卫生保健、教学教研、后勤服务三支队伍分工合作，提出“一切为了孩子”的办园目标。

一是用爱守护育幼苗。教学模式依然是集体教学主导，幼儿活动形式逐渐丰富，院里的长廊是幼儿最喜欢的游戏天地，观察蚂蚁、找蜗牛、说悄悄话、捡石子，幼儿三两一组自主选择、自由活动，老师静静守护，支持幼儿在轻松的氛围中自发活动，感受快乐。至今回忆起来，老教师们依然怀念曾经慢时光的师幼生活。

二是用心陪伴传薪火。当时的教育环境自然朴素，电视机、录音机是宝贵的现代化教学设备。每位老师都身怀绝技，手指游戏、折纸、剪纸、唱歌、舞蹈、民间游戏，她们是幼儿的玩伴，一块手绢在幼儿的手里能玩出十几种花样。教具远没有现在丰富，教师和幼儿却乐在其中。档案里的老照片记录下老师们薪火相传、用心培育的场景，也让我们看到了“育苗”教育在幼儿园里扎根萌芽。

3.“育苗”教育的发展（2007—2020 年）

社会对幼儿教育的关注度越来越高，园所本身也更加关注保教质量，开始思考自身的发展定位，寻找一个完整的文化体系，彰显自身的品牌形象。

在不断的培训和学习中，一是教师们的教育理念快速提升。班级区域活动从单一的分组操作，发展成各领域的游戏体验，教师更加关注幼儿的个体表现、心理健康。二是老师对园本课程的研究、课题研究和主题教学如火如荼地开展。新教学楼建成投入使用，办园条件得到改善，2011 年，我园确定了“开展经典教育和生命教育，打造三名幼儿园”的办园目标。在北京师范大学沈立博士的指导下开展食育特色园本课程，教师自主编写了食育园本教材。食育课程的开展为幼儿提供更加丰富多彩的教育活动，让教师获得专业能力的提升，让每一棵幼苗都拔节生长，幼儿园进入对“育苗”思想的探究阶段。三是教师队伍不断壮大，高学历教师充实进来，为园所发展注入活力，把家庭教育、社区资源融入幼儿园教育，幼儿园、家庭、社会形成合力，成为幼苗成长的土壤。这个阶段幼儿园提出了“和谐教育”的管理理念，寓意着和谐的师幼关系、和谐的育人环境以及幼儿身心和谐成长。幼儿园文化墙上、文创袋上题写“把最宝贵的东西给予儿童”，幼儿园自上而下形成一种共同的认知——以儿童为本，珍视幼儿品德的培养，让一棵棵幼芽把根深深地扎进土壤，为未来的成长奠定基础。“育苗”思想初步形成体系。

4.“育苗”办园思想的确立（2021年至今）

幼儿园进入集团化发展阶段，管理团队和教职工围绕立德树人的根本任务，梳理幼儿园文化体系，实施文化育人，凝练办园思想引领集团发展。2022年《幼儿园保育教育质量评估指南》的颁布，让我们进一步认识到幼儿是积极主动的有能力的学习者，加强教师对幼儿的观察、引导，开展自主学习、启发性回应、提问幼儿的话术教研。补充大量的玩教具和幼儿图书、增设建构游戏室、科学探究室、混龄游戏室，从环境创设和材料准备方面为幼儿游戏活动提供支持，放手让幼儿在游戏中自主探究。幼儿园传承创新中华优秀传统文化内涵，构建具有传统文化底蕴的园本课程群；集体参与谱写、传唱园歌，促进了办园思想的自然融汇。“育苗”办园思想自然确立。

邢台市第四幼儿园有45年的办园历史，在信都区教育局的领导下，现已发展为一园三址，拥有在岗教职工133人、幼儿880余名、教学班30个的集团化幼儿园。幼儿园致力于内涵发展，儿童视角体现在每一个角落，一景一物皆课程，时时处处是教育，人人都是幼儿园主人翁。“育苗”文化润物细无声，影响教职员工的思与行，陶冶幼儿的情感和心灵，促进幼儿德智体美劳全面发展。

（二）“育苗”办园思想与地域文化互动互融

邢台有3500年的发展历史，是五朝古都，是冀南抗日根据地和冀南革命的中心，抗日军政大学设在邢台浆水镇，邓小平、刘伯承、徐向前等老一辈无产阶级革命家曾在这里战斗过，留给了邢台不朽的抗大精神。抗战胜利后，邢台成为河北省第一个武装解放的中等城市，为革命胜利做出了巨大贡献，邢台红色文化是宝贵的教育资源，滋养着幼儿的爱国情感。

邢台是元朝著名科学家郭守敬故里。邢窑是中国白瓷的发祥地，四股弦、梨花大鼓、隆尧秧歌、威县乱弹被称作邢台的四大地方戏，是国家级非物质文化遗产。华夏医祖扁鹊是邢台内丘人，其所创造的望、闻、问、切四诊术和针灸术至今仍是中医精粹。丰厚的邢台地域文化充实了幼儿园的课程资源，增进了幼儿的文化自信。

二、办园思想体系

国学经典《中庸》开宗明义，指出“天命之谓性，率性之谓道，修道之谓教”，即通过顺应自然、遵循本性、修养自身来达到道德的完善和人生的和谐。这种思想强调了人与自然的和谐、人与社会的和谐以及人与自身的和谐。邢台市第四幼儿园以“顺性而育，养正于苗”为办园思想，每一个幼儿都是“育苗”理念儿童观中全面发展的人，顺应幼儿自然发展，满足个人需要，同时将幼儿发展融入社会需要，自由自主与科学规范的和谐相容是“育苗”思想的应有之义。

（一）“育苗”思想内涵

“顺性而育”的典故出自唐代文学家柳宗元的《种树郭橐驼传》，柳宗元通过这篇文章传达了“顺木之天，以致其性”的教育思想，强调教育应顺应自然规律，不能过度干预或束缚儿童的发展。

“育苗”教育思想重视从小培养幼儿端正的品德。《说文解字》有“教，上所施下所效”，“育，养子使作善也”，它指出教育的目的是使人为善。在教育的语境中，“育苗”指培养人的过程，德为苗之根，育苗重在养根，“育苗”即从人生的起步开始，给予幼儿爱的滋养，培养良好的品德，提供支持的环境，让幼儿自然地从善去恶，全面发展，拥有幸福人生。

“育苗”教育重视为幼儿提供自主、支持的成长空间。幼儿如苗，代表生命的源泉和成长的力量，幼儿园、家庭、社会是幼苗成长的土壤，苗的教育是生命最初的教育，我们理解、欣赏幼儿的表达方式，优化育人环境，科学开展保教活动，为幼儿创造开放、包容、自由、自主的空间，形成一种深入人心的园所文化，为全体成员拥有和认同，在幼儿园的发展历史中自然汇聚，引领教职工的保教行为实践，并不断创新。

（二）“育苗”理念目标体系

邢台市第四幼儿园在发展历史过程中，始终坚持“思想走在前头”，把教师和幼儿作为思考问题的出发点，形成教职员工心理上、感情上的凝聚力量，健康向上的幼儿园园风、和谐宽松的教育环境体现着良好的精神风貌、价值观念和文化气势。这种内核形成四幼人共同的荣誉感和责任感，从而激发出高度的自觉性和创造性，不断地将信念转化为行为。

幼儿园不是一座填满规则的建筑，而是一片让童年扎根、生长、开花的沃土，是每个生命独特韵律的自然舒展。“育苗”理念的办园宗旨是“为孩子一生的幸福奠基”；幼儿品牌是“培养健康、自信、乐学、感恩的小公民”；教师品牌是“做有幸福力的教师，滋养每棵幼苗的独特生长”；办园品牌是“办一所充满童真、童心、童乐、童趣的儿童乐园”。“育苗”思想是邢台市第四幼儿园的文化品牌，彰显了幼儿园鲜明的园本特色。

（三）风尚体系

1. 园风——以爱育爱、真为根本

教师用大爱之心去培养幼儿的爱心，实事求是做教育；幼儿教育是培根的事业，根基牢固，幼苗才能茁壮成长为参天大树；把真、善、美放在教育的首位，以教师为主导，以幼儿为主体，不搞形式主义，不讲空话、套话，尊重生命成长的自然规律，为幼儿的全面可持续发展奠定基础。

2. 教风——开放包容、修德润教

以开放的理念，实施开放式教育，也寓意着幼儿园开放办园，博采众长，兼收并蓄，让幼儿在自由的环境中学习探索，注重培养幼儿的自主性、创造性；用教师的爱心包容幼儿，让每一个幼儿都有成长的机会，收获自信绽放精彩，促进幼儿全面发展；教师在言传身教的过程中，用自己高尚的师德去引导幼儿，做幸福教师成就幸福儿童。

3. 园标——XTSY

在园标中，XTSY是邢台四幼的拼音缩写；图形SY是四幼的拼音缩写；左边黄色O像朝阳，代表希望；右边是S的变形，绿色S像幼苗，代表着成长；O和S组合是Y的变形，清晨的阳光、绿色的小苗，寓意着四幼的每一个孩子在老师们爱的雨露下茁壮成长。

图2 四幼园标

（四）园训——自由舒展，幸福成长

教师和幼儿在尊重、理解、自由、赏识、激励的氛围中成长，倡导在自然中学习，在游戏中发展；教师们团结和睦，共同为幼儿园的发展开拓奋进、无私奉献，教师和家长关系融洽，合力为幼儿创造良好的成长环境；通过顺天性、尊个性、养正气、常包容、求和美的教育方式，让每一个生命在“育苗”教育的润泽下和谐绽放，幸福成长。

幸福童年

张硕　曲
集体　词

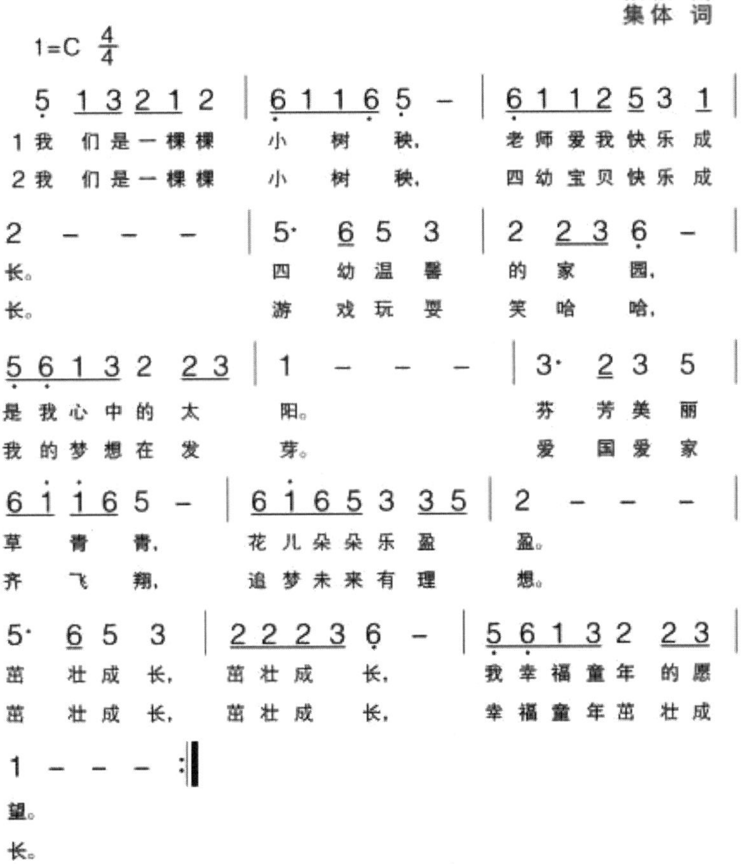

1=C 4/4

5 1 3 2 1 2 | 6 1 1 6 5 – | 6 1 1 2 5 3 1 |
1 我 们 是 一 棵 棵 小 树 秧， 老 师 爱 我 快 乐 成
2 我 们 是 一 棵 棵 小 树 秧， 四 幼 宝 贝 快 乐 成

2 – – – | 5· 6 5 3 | 2 2 3 6 – |
长。 四 幼 温 馨 的 家 园，
长。 游 戏 玩 耍 笑 哈 哈，

5 6 1 3 2 2 3 | 1 – – – | 3· 2 3 5 |
是 我 心 中 的 太 阳。 芬 芳 美 丽
我 的 梦 想 在 发 芽。 爱 国 爱 家

6 1 1 6 5 – | 6 1 6 5 3 3 5 | 2 – – – |
草 青 青， 花 儿 朵 朵 乐 盈 盈。
齐 飞 翔， 追 梦 未 来 有 理 想。

5· 6 5 3 | 2 2 2 3 6 – | 5 6 1 3 2 2 3 |
苗 壮 成 长， 苗 壮 成 长， 我 幸 福 童 年 的 愿
苗 壮 成 长， 苗 壮 成 长， 幸 福 童 年 苗 壮 成

1 – – – :‖
望。
长。

图 3　四幼园歌

三、办园实践行动

“育苗”办园思想确立之后，做好理念内容的解读，从实践中来，再到实践中去，将其文化内涵转化、运用到幼儿园的组织管理中，使师幼的日常行为受到熏陶，幼儿园设施设备、事务办理等自觉受到办园思想的影响，使“育苗”思想内涵行不言之教。

（一）组织管理

我园积极倡导“探索以人为本的制度文化，促进教职工队伍专业成长”的管理理念，注重提升教职工的自我价值。

建立幼儿园组织管理人员架构：党支部书记、园长，专职副书记、副园长、中层、班主任、教师；党支部、团支部、教职工代表大会、园务会、家委会、幼代会发挥管理监督职能。在管理上，增强教职工的园本意识，变他律式管理为自主式管理，发展教职工的主体性，促进教职工队伍全面和谐发展。

探索“育苗”管理三步骤——制度管理、文化陶冶、主动参与，三原则——上下一致原则、整体性与实效性原则、民主与集中统一原则。运用绩效积分评价、家长评价、民意测评、督导评价等多元化的评价方式，把定性与定量，自评与他评，结果评价和过程评价，诊断性评价、形成性评价与终结性评价结合起来，以发展的眼光看待老师的进步，关注个体差异和优势特长，把评价机制变成促进老师成长的内驱力。在交流分享中让老师们梳理工作思路，总结反思活动过程，知行合一将“育苗”的教育理念渗透在日常生活和工作中，促进教师由经验型向研究型、专才型向全才型转变。

（二）育人环境

为了深入贯彻《纲要》精神，让环境真正为幼儿服务，给幼儿创设一个良好的生活、游戏、学习环境，幼儿园构建“一厅两域三园四岛八场馆”的环境模式：“一厅”是幼儿园的中心大厅，彰显教育理念与文化特色，为幼儿提供展示自我的公共活动空间；“两域”是幼儿园户外环境的两个活动场域，发展幼儿运动能力，提高身体协调性；“三园”是指打造以幼儿为本的院落文化，育苗园、赏花园、百果园，为幼儿开展种植活动、观察了解二十四节气自然变化提供了有力支持；“四岛”是幼儿园一道亮丽的风景线，绿树成荫，木屋连廊的童话岛，玩沙场地沙丘岛，草坪水系交错的戏水岛，攀爬滑索开展国防教育的探险岛，合理的空间划分，发挥幼儿园环境的育人价值；“八场馆”展示了儿童食育工坊、国学教室、箱庭游戏室、科学探索室、建构游戏室、绘本馆、美工室、混龄社会角色体验室8个专用兴趣活动室，满足幼儿多方面的兴趣需求。每一处环境体现幼儿的参与，每一面墙壁具有班本特色，环境中给幼儿留有创造的空间，充满儿童乐趣。

（三）课程教学

1. “育苗”课程目标

课程是幼儿园文化的核心，在“育苗”文化的引领下，我园的课程建设实施“双线并进”生成机制，本着“五育融合全面育苗、回归自然幸福成长”的理念，我园将生成活动和教师预设活动作为课程的两个主要来源，既顺应幼儿的自然发展，又注重教师预设的系统性，将幼儿的发展纳入社会发展的轨道。以课程为载体培养幼儿良好的行为习惯、动手能力和性格品质，把幼儿培养成为身心健康、能适应社会全面发展的幸福人。

2. “育苗”课程内容构成

课程是园所发展的基础，也是幼儿全面发展的重要保障，在“育苗”思想的引领下，我园诞生了具有传统文化底蕴的“食育园本课程群”。课程设计遵循“感知—体验—创造”的认知精神，形成“四维一体”课程框架，即生活常规、区域游戏、主题课程、实践课程，涵盖食物认知、营养知识、饮食习惯、传统文化、饮食礼仪、阅读、审美、环保、感恩自然、农场实践等十大教育维度，融合了五大领域的教育内容，增进幼儿的身心健康和培养健全人格。世界是多元的，幼儿的好奇心和想象力是无边际的，幼儿的经验具有整体性特点，食育园本课程群追随儿童视角，呈现出多样化、无边际、整合性的特点。

（1）食育源于生活，回归生活且服务于生活——“育苗”

一是传承传统节日食育课程。我园教师以二十四节气为时间轴，结合中国传统节日，创设“家—园—社”联动的节日教育场景。父母、幼儿和祖辈团圆，感受其乐融融的家庭氛围。家园共育引导幼儿了解节日习俗，制作节日美食，开展传统节日艺术活动，阅读与节日相关的神话故事为幼儿开启思想之门。在节日仪式中幼儿深切体验饮食与传统文化的息息相关，潜移默化地感受亲情、传承孝道，有利于良好家风的传承。

二是开启小厨房食育行动。“舌尖上的食育”，让幼儿探究食物的形、色、香、味的自然奥秘；“厨房小达人”，教师、家长和幼儿一起走进厨房，带领幼儿学习厨具的用法，引导幼儿学习揉面、做面点、择菜、洗菜等一些力所能及的事情；“和食物交朋友”，幼儿与食物亲密接触，调动多种感官认识食物的形状颜色，增进对食物的情感联结，使幼儿能更容易接纳食物的营养和味道，家长担心的幼儿挑食问题得到改善。

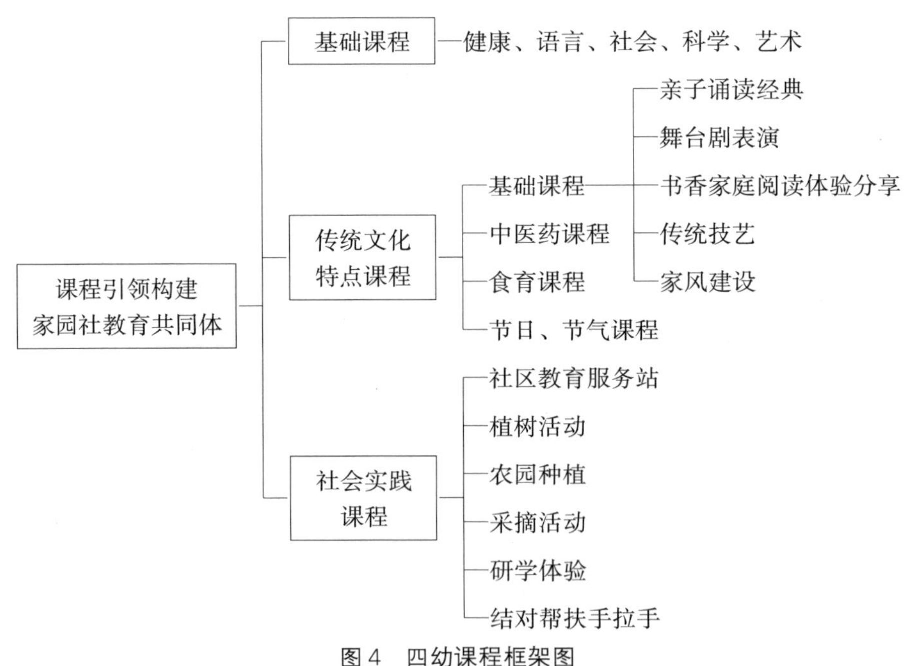

图4　四幼课程框架图

（2）创新食育模式，五育融合赋能幼儿全面发展——“壮苗”

一是开展丰富的食育活动锻炼幼儿实践合作能力。“我的食物秀”，发挥幼儿的艺术想象力，同伴合作制作美食，表现食物之美；“食物小药方”，幼儿、家长、教师合作搜集生活中的食疗偏方，以图文并茂的方式放入教室环境中；“我是小中医”，班级开展中医区域游戏，幼儿模仿中医诊断方法——望、闻、问、切，了解食药同源、日常生活习惯和身体健康的关系等，将食育游戏化，幼儿在协商交流的过程中学会主动解决问题，发展社会交往能力，在食育中获得不同程度的成功体验。

二是实施农园种植涵养幼儿优秀品德。食育理念不仅是吃出健康，更要让幼儿走入农园，感受食物从一粒种子经过漫长的旅行才来到餐桌上的过程。例如，让家长带领幼儿到农园亲自体验播种、浇水、锄草、除虫等活动，不仅使生活在城市里的幼儿增长了知识，还培养了幼儿的劳动习惯，懂得珍惜粮食，同时养成与大自然和谐相处的生态意识。

三是遵守餐桌规矩培养幼儿饮食礼仪。幼儿园非常重视建立幼儿餐桌上的饮食规矩，例如教育孩子感谢长辈对自己的照顾和关心，文明进餐；家长示范，坚持开展无屏幕餐桌；餐桌上讲卫生、长幼有序，正确使用餐具、细嚼慢咽……幼儿的挑食、浪费粮食等一些日常行为习惯问题都是我园食育活动中加强幼儿饮食礼仪教育的内容。

（3）探索食育途径，教学做合一创造幼儿幸福生活——“润苗”

一是每学期组织食育节。食育节是家长、幼儿和老师共同开展食育活动的盛会，突出班级特色，做什么、怎么做与幼儿协商决定，全程渗透食育理念，引领家长改善饮食习惯。食育节分享仪式，幼儿先敬长辈，再分享同伴，在细微之处轻松为幼儿厚植孝道和乐于分享的良好品质。二是让食育活动形成循环路径。幼儿园结合主题教育每日安排食育课程，如花式面点、凉菜摆盘、养生茶汤等，让幼儿在做中学；春分立蛋、水果发电等让幼儿探究食物中的科学；每周有食育微课堂，家园双向推动按计划实施，在公众号分享食育系列课程；每月有家长助教进入班级开展个性化食育活动，丰富课程资源；每学期有社会实践活动，家委会组织家长分组参与食育文化研学，利用食育实践基地，提高幼儿食育的社会应用价值。

（4）课程回归自然，童年在自然的怀抱中自由舒展——“优苗”

顺应幼儿的发展，秉承“活教育”的理念，我园的二十四节气课程让幼儿的成长回到自然之中，把自然环境融入宝贵的教育资源。春天带幼儿观察、记录幼儿园里各种花的开花时间，户外写生、采摘、饲养等；雨天探索雨的知识体验雨中游戏的乐趣；雪天团雪球、打雪仗，探究雪花的奥秘。幼儿在与自然和谐相处中陶冶情操，增长智慧，激发幼儿对周围世界的好奇心，培养创造性思维和学习品质，让幼儿在成长中获得幸福力。

（5）红色主题教育，薪火相传厚植爱国主义情感——“正苗”

充分挖掘红色文化资源，组织开展“不忘初心育幼苗，牢记使命话传承”系列红色教育活动；幼儿红色诗朗诵，体验红色革命诗词的气势磅礴；组织大班幼儿进社区慰问百岁老红军战士，幼儿把用心准备的绘画作品、手工制作等爱心小礼物赠送给红军战士，表达敬仰之情，观看老照片体验老战士的革命历程；开展“强身健体向未来”师幼红色运动会、“巧手倡廉洁”为主题的师幼创意画展活动；开展师幼国旗下讲话、红色阅读日、唱红歌等活动，让红色文化浸润师幼心灵，在孩子们心中生根发芽。

（四）社团活动

幼儿园成立了社区志愿服务队，制订社区志愿服务方案服务社区教育。园本课程开发团队编写了“邢台历史故事”“和音乐一起玩”“幼儿园保育手册”等系列丛书，其中《幼儿教师食育指导用书》《幼儿食育绘本》在河北科技出版社出版并在全国发行。

根据幼儿的不同兴趣需求，组建了百灵鸟小合唱团、小剧场社团、口才社团、美术社团、足球社团，每周定时开展社团活动，促进教师和幼儿个性化成长。

微信公众号发布团队围绕幼儿园中心工作，划分教育教学、家庭教育、食育微课、宝贝听故事、节气时光机等多个板块，及时梳理总结有价值的信息资料，发布宣传活动开展，推广宣传办园理念。

信都区郭冬雪名师工作室成立后，把不同层次的幼儿园凝聚在一起，带领工作室成员立足每所幼儿园实际情况为教师成长搭建平台，组织开展交流、研讨活动促进教师成长，提高幼儿园保教质量。

（五）师资队伍

践行“育苗”教育理念，实施园所文化建设，有助于促进教师和幼儿“双主体”成长。教师既是“育苗”人，又是幼儿园发展中的“苗子”，通过对“育苗”文化的梳理，我园师资队伍建设充分表现出人性化管理的思想，以促进教师发展为本，使教师感受到在园工作的职业幸福感。

1. 梯队培养模式，促进教师专业成长

梯队建设，彰显活力。树立终身学习的理念，构建反思、学习型教师队伍，形成一支结构合理、综合能力强的中青年骨干教师队伍。

（1）班级半日精品观摩

侧重于对新入职教师幼儿园一日工作流程培养，通过平行班半日跟踪观摩，学习班级工作各环节的有序衔接，减少幼儿无效等待和频繁转换，有助于教师之间同伴互助经验交流，提升教育责任感，快速成为一名合格教师。

（2）圆桌教研

通过案例分享，对工作5年以上的青年教师进行师德修养、课堂教学、教育科研、班级管理等方面的指导，夯实专业理论知识，助其成为幼儿园的骨干力量。

（3）骨干教师周

对工作10年以上的骨干教师提供更高层次的各类培训，提升理论水平、学科教学水平，承担科研课题，做学科带头人。为发挥骨干教师的带动作用，搭建示范和引领的平台。通过具体的案例分析和现场指导，有专业特长的教师展示多年来积累的工作经验，促进教师之间的观摩交流和学习，激励新教师乐学专研，推动年轻教师的业务水平尽快提升。

2. 实施青蓝工程，体现教师职业价值

（1）青蓝工程

让新教师得到一对一具体指导，让老教师体验到职业价值，师徒之间教学相长。老教师甘当人梯，传经送宝；新教师拜师学艺，日益精进。我园每三年举办一次“教学传承拜师典礼”，由经验丰富的老教师自荐、竞聘师父，新教师根据自己的专业特长择师，师徒在为人处世、常规管理、教学技能提升等各方面展开口传心授、耳提面命式的师徒互动，充分发挥“传、帮、带”的作用，新教师业务能力得到了快速提升，我园的办园思想、文化内涵得到很好的传承与发扬。

（2）“五进阶”工作坊

以园内树木命名，成立新手教师“山楂坊”、新秀教师“红杏坊”、骨干教师“黑枣坊”、成熟教师“石榴坊”、名师“青松坊”。把研究的自主权交给教师，打造了一支朝气蓬勃的师资队伍。

（六）家园社协同共育——家园协同育苗实践

我园把家庭作为重要的合作伙伴，将社区作为教育资源的重要补充，成立“童芯圆”教联体，取意“以童为芯，共育同心圆”，构建“1—2—3—5”协同育人实践模式。“1”即以幼儿全面发展为一个核心目标；“2”指两种课程策略，用食育园本课程群和二十四节气时光轴主题活动丰富幼儿学习内容；“3”是三条育人途径，幼儿园教育是主导、家庭教育是主体、社会资源支持是补充，建起家庭、幼儿园、社区三位一体的协同育人生态；“5”指五枚“育苗”勋章赏识评价方式，自评和他评结合，围绕德智体美劳对幼儿实施多元评价，助力幼儿全面成长。

1. 丰富家长学校内容，提升家庭教育质量

我园家长学校有 27 位教师取得了高级家庭教育指导师资质证书。幼儿园把家长学校工作纳入培训体系，分批选送教师外出学习先进的家庭教育工作经验和方法，提升师资水平。家长学校深入开展“经典诵读对改善家庭教育的研究”“家校社协同背景下幼儿劳动教育的实践研究”等课题研究，引领工作开展。组建家长学校讲师团，家长学校制订了每学期的培训计划；科技赋能开启网上家长学校，基于当前家庭教育中的突出问题，如幼儿的心理健康教育、幼儿的习惯养成、如何实现高质量陪伴、二胎时代孩子如何相处的问题、电子产品对幼儿的影响等，每月组织 1—2 次家长沙龙、家长课堂，对家长进行分批培训。家长学校培训内容大部分来自家长的实际需求，帮助家长解决了家庭教育中的困惑，提高家庭教育质量。

2. 创新家园沟通途径，促进家园合作共育

一是落实好“六个一”常规工作。每学期召开一次家长学校委员会；每学期组织一次家长开放活动，全面展示幼儿园教育教学与特色教育工作；每月更换一次家教专栏，宣传科学育儿知识；每周三设一个家长接待日，解答来访家长疑难困惑；每日与家长直面交流、约谈，及时反馈幼儿在园情况和在家表现，采取一致的教育方法；每年进行一次总结表彰家教经验交流活动，通过表彰优秀家长、请家长现身说法、交流成功的家教经验等，鼓励家长之间互相学习，营造学习型家庭氛围。

二是开展亲子社会实践活动，增加幼儿的社会认知和情感体验。发挥教联体作用，充分挖掘社区教育资源，让家长参与到幼儿的生活中来。文庙大成殿的祭孔活动，家长和幼儿在仪式中传承经典，感悟

尊师重教；前南峪采集中草药亲子研学活动，指导幼儿运用看、捏、闻、尝等方法观察中草药，了解中草药的神奇，增进亲子感情的同时还促进了各个家庭之间相互合作交流，教育合力在真实的生活场景中自然形成。

三是打造童梦小剧场，培养阅读习惯。经典诵读是我园传统文化教育和幼儿阅读习惯培养的主要方式，在幼儿园，我们设置了专用的国学教室，配备专职国学老师，全园教师本着“全体参与、快乐诵读”的原则，把经典诵读活动渗透在孩子一日生活中。在家庭中，每天都有固定的亲子阅读时间，培养家庭阅读习惯。幼儿园组织开展家庭经典诵读比赛，推选出优秀诵读家庭，在家长学校为大家分享亲子阅读经验，帮助家长们了解更多亲子阅读的方法和技巧。

“童梦小剧场”让阅读活动更加立体，孩子自主选择角色，体验故事情景，在舞台表演中增进对角色情感的理解，端正道德品质，建立文化自信。“童梦小剧场”是我园阅读活动的品牌，《花木兰》《愚公移山》《拔苗助长》《守敬治水》等传统故事成为保留剧目。

四是通过吸纳家长助教丰富幼儿园教育资源。家长助教来自不同岗位职业，拥有丰富的文化背景和自身特长，是极其丰富、难得的教育资源。我园每周有家长助教活动，武术、球类运动、食育、戏曲、书法、中医、美术等家长课堂各具特色。家、园、社联动为孩子注入温暖快乐的正能量，用爱与智慧编织教育共同体，为孩子的终身发展筑牢根基。

五是利用“育苗”勋章，用赏识评价呵护幼儿心灵。幼儿园用五种颜色的“育苗”勋章代表对幼儿不同行为表现的赏识和奖励。教师和家长观察、了解孩子的发展表现，引导幼儿用绘画的方式记录自己的行为表现，有的幼儿记录自己吃饭干净，有的幼儿记录自己坚持锻炼身体……教师在班级设置“闪亮的我”专栏，从德智体美劳五个视角赏识幼儿的发展，正向激励幼儿获得勋章，通过集勋章兑换奖品。

转变以往单纯家长、教师评价幼儿的方式，自评与他评结合，幼儿知道获得积分的标准，从而主动规范行为表现，提高自我管理意识。

四、办学成效与发展

（一）办学成效

在“育苗”教育这一办园思想的引领下，老师、家长和孩子们的思想和行为有了巨大的变化：老师们的工作更有方向感和使命感，让家庭教育更加明晰和深入，为孩子们健康成长、终生发展打下良好的基础。

幼儿园相继获得“河北省托幼机构卫生保健示范园”“河北省教育科研先导型实验学校”“河北省示范家长学校”“河北省心理健康实验幼儿园”等荣誉称号。

我园教师承担并成功结项的课题有国家级课题 4 项、省级课题 7 项、市级课题 25 项，教师撰写的近 300 篇论文在国家、省、市各级刊物上公开发表，优质课、优秀案例在各项比赛中取得优异成绩并获奖。

在“育苗”办园思想的指导下，幼儿园的亮点工作有 3 个方面：一是 2011 年以来幼儿园实施传统文化进校园，构建传统文化背景下的园本课程，探索食育课程，编写整理食育、中医、二十四节气、幼儿成长纪念册、幼儿入园手册等园本课程资源。我园获批“全国足球特色幼儿园”，全国二十四节气自然学院实验幼儿园，“活教育”实践基地在专家团队的支持引领下，我们将在食育和二十四节气课程中继续深耕，为幼儿提供更加丰富的探究空间。二是先进的教育理念大力提升了幼儿园的办园质量，使幼儿园赢得了良好的社会声誉。在信都区教育局的大力支持下实施集团化办园模式，让更多的孩子享有优质的幼儿园教育。三是充分发挥省级示范园的引领辐射作用，作为国培实践基地，多次迎接邢台、廊坊、衡水、邯郸、的国培班学员及新疆、西藏等省内外各县市区姊妹园参观学习达 1000 人次，送教送课、教师培训到新疆、承德滦平县、邢台下辖的县区等多地，先进的教育理念和办园经验得到大力应用推广，推动优质教育资源均衡发展。

（二）存在问题

目前，我园发展主要存在以下两个方面的问题：一是存在办园理念与实践脱节现象，未能在一日工作中全面突显办园思想的有效作用；二是家园社协同育人形式单一，资源匮乏，未能深入探讨幼儿全面发展问题。

（三）发展思路

幼儿园今后的发展思路和工作谋划主要包括以下方面：加强理论学习和课题研究，努力提升教师队伍的整体综合素养，通过培训和自学的方式不断更新教师的教育观念；加强文化建设，走访老教师，调查全体教师，提炼、总结、传承“育苗”精神，不断丰富“育苗”文化内涵，制订发展规划，谋划幼儿园建设的具体实施内容，明确未来发展理念与奋斗目标；发挥信都区名师工作室的辐射引领作用，加强与省内外园所之间的交流学习，优质资源共享，不断向外传播“育苗”文化，积极影响薄弱园所转变理念，优化办园行为；“育苗”办园思想的实践是一项系统工程，需要幼儿园、家庭、社会多方协同，在理念落实、课程优化、家园合作等方面持续深耕，推动幼儿园保教工作高质量发展，促进幼儿身心健康成长。

合于心　润于行

——易县第一幼儿园“合润”文化建设的探索与实践

保定市易县第一幼儿园　郑斌颖　郝然然　张　丹

河北省保定市易县第一幼儿园始建于 1959 年 5 月，园址原在易县西城根，是易县第一所公办幼儿园，原名易县县直幼儿园，历经变迁，发展规模不断壮大。

自 2010 年改扩建后，幼儿园占地面积 4471 平方米，建筑面积 4880 平方米，户外活动场地 2670 平方米，可招收 12 个教学班。

为了顺应新时代对学前教育的要求，提升办园品质，我园开启了校园文化建设的新征程。在这个过程中，“合润”文化理念应运而生，它犹如一条红线，贯穿于幼儿园教育教学的各个环节，引领着幼儿园向着高质量发展的目标稳步迈进。

一、文化理念形成的背景

幼儿园的园所文化能彰显幼儿园的精神品质和独特内涵，是园所的根和魂。自 1959 年建园以来，我们的园所文化理念的形成经历了 4 个发展阶段。

（一）萌芽阶段（1959—2009 年）

原易县幼儿园，是易县教委直属公办幼儿园，虽无统一的办园理念，但老一辈的幼教人，注重幼儿思想品德启蒙教育，以游戏方式授课，培养幼儿多方面能力,. 其教育实践潜移默化、润物无声地感染着一代代幼儿，也影响着一批批新加入的教师，为园所文化发展奠定了基础。

（二）初探阶段（2009—2013 年）

自 2009 年以来，随着保教质量的提升、保教费标准的提高，幼儿园发展也迈入一个新的阶段。特别是 2010 年国家颁布的《国家中长期教育改革和发展规划纲要（2010—2020 年）》提出，学前教育对幼儿身心、习惯养成、智力发展具有重要意义。要遵循幼儿身心发展规律，坚持科学保教方法，保障幼儿快乐、健康成长。幼儿园意识到学前教育的重要性，也有了建设园所文化的意识，秉持“为孩子一生快乐幸福奠基”的宗旨，积极开展各项活动，并于 2013 年 1 月顺利通过河北省省级示范园验收，成为易县第一所河北省省级示范园。

（三）探索阶段（2013—2019 年）

园所文化蕴含着幼儿园的办园宗旨、理念、社会责任、管理模式、园风园貌、精神气氛等，蕴含着独特的凝聚力，是激励全体教职工不断努力的精神力量，是幼儿园可持续发展的巨大内驱力。自通过省级示范园以后，我园更加注重园所内涵式的发展，也开始认识到内涵发展需要园所文化的支撑。

《国务院关于当前发展学前教育的若干意见》（国发〔2010〕41 号）中提出：“必须坚持科学育儿，遵循幼儿身心发展规律，促进幼儿健康快乐成长。”在本着“为孩子一生快乐幸福”奠基的基础上，我们初步探索了易县第一幼儿园的“乐园”文化，我们真切地希望幼儿在幼儿园开心快乐地度过每一天。

但是在实践过程中，由于理论知识的缺乏，校园文化不聚焦，以及缺少文化建设上的专业引路人，“乐园”文化未系统形成。

（四）发展阶段（2019 至今）

2019 年 1 月，习近平总书记在京津冀协同发展座谈会上提出 6 个方面要求，推动京津冀协同新发展，在此背景下，我们与北京市六一幼儿园对接，手拉手密切联系。2019 年加入河北省保定市贫困县张春炬工作室，2022 年加入河北省张春炬名园长工作室，在优质的教育资源带动下，我们的眼界更加开阔，更加认识到了校园文化建设的重要性，加快了校园文化建设的进程。

《中国教育现代化 2035》指出，提高教育质量是教育现代化的核心要求。我国学前教育改革和发展的焦点，已经从粗放式的规模扩张转向了内涵式的质量提升。一所高质量的园所离不开文化建设，园所文化是幼儿园的内核，于是我们开始了原有基础上的对校园文化的系统梳理与提炼。

人是文化的核心。在幼儿园中，教师价值观念、行为模式对园所文化建设至关重要，其教育理念及与各方的互动方式都是园所文化的体现。

易县第一幼儿园为确定园所文化理念，积极组织教职工开展学习活动，通过阅读《幼儿园文化管理》等专业书籍、收听相关音频、召开研讨会、到名园学习，提升对校园文化建设的认知。

在广泛征求意见时，幼儿园通过教职工征集建议、召开研讨会、老教师讲故事、家长调查问卷、家委座谈会等活动，提炼出“和谐”“友爱”“浸润”“传承”“专业”等文化关键词。考虑到易县地域文化，易水河滋养万物，如同幼儿园的教育润物无声，所以最初拟定“和润”为核心理念。

我们又通过多方学习和深入思考，发现“合润”更契合幼儿园发展，主要基于以下三点：一是“合”是基于教育主体的多元“整合”，我们在遵循儿童教育规律的同时推动“家—园—社—师—幼—友”多个主体的深度合作，关键在“合”，在于合作、协同；二是基于我园教育内容的全面“融合”，根据幼儿的教育特点我们开展符合“教育要求—易县文化—园所特色—家长资源”的四方对接的常态融合课程体系，魅力在于“合”，即在于合作、对接；三是基于“合”与“润”的不同指向，“合”指的是教育主体和环境，合作共赢、协同对接，是一个动态结合的过程。“润”指的是过程和效果，潜移默化、润物无声，达到一种由外而内的结果。而“和”与“润”均有结果、状态的意指，意思重复。所以与“和润”相比，“合润”更契合我园幼儿教育的特点和规律，更具差异性表达需要。经过 3 年的不断积累与重塑，我们最终确立了现在的“合润”文化理念。

二、合润文化的内涵

（一）办园宗旨及阐释

易县一幼的办园宗旨是“为孩子一生幸福奠基”。办园理念是“三合三润”；园训是“合于心，润于行”；教风是“思辨，求实，合作，温润”；学风是“在体验中发现，在探索中进步，在合作中收获”；育人目标是“优秀的品格，健康的体魄，智慧的头脑，爱美的情趣，灵巧的小手”。

幼儿教育是基础教育的重要组成部分，学前教育对幼儿的终身发展有着重要的影响，因此我们致力于通过幼儿在园的生活与学习，采用融通浸润式的教育方式，力求把幼儿培养成全面发展的孩子。

（二）办园理念由来和具体阐释

1. 办园理念由来

“合润”文化理念的形成主要是融合易县地域文化、园所发展史、时代精神和未来幼儿发展需求，顺应时势，顺势而成。

（1）深厚的地域文化

易县历史文化悠久，素有“千年古县，绿色易州”之称。在这里，人与自然和谐共生，古老的易水河滋润着易县这片土地。易县区域内有多个民族，汉、满、回、蒙等在这里融合，易县清西陵的满族文化与我们当地的回族文化和汉族文化也在不断融合，和谐共长。

我们的“合”与易水河的“河”谐音，相得益彰。于是，在上善若水、诚义担当的易水文化的浸润下，我们以深厚久远的易水文化做根基，进而延伸出符合自身特点的“合润”文化理念。

（2）和谐的园所发展

自1959年建园以来，在政府、社会、园所的共同努力下，幼儿园和谐发展，不断做大做强，这是园社之“合”；我们致力于家校协同育人，优质资源共享，幼儿园得到家长一致好评，这是家园之“合”；在园所发展过程中，教师努力进取、团结合作、关爱幼儿，良好互动，这是师幼之“合”。而纵观幼儿园的整个发展史，“合”也是园所发展最重要的元素，而温暖浸润的理念也在“合”的影响中不断深化和体现出来了。

（3）未来的发展需求

培养“全面发展的人”是各个时代有关人才培养的一致诉求，但重点发展哪些素养则体现不同时代社会要求和育人方针的价值变迁。2014年颁布的《教育部关于全面深化课程改革落实立德树人根本任务的意见》，深入回答“培养什么人、怎样培养人”的问题，继而首次在政策文本中提出要研究各学段学生发展核心素养体系，之后《中国儿童发展纲要（2021—2030年）》中提出要“加强理想教育、道德教育、法治教育、劳动教育，养成良好道德品质、法治意识和行为习惯，形成积极健康的人格和良好心理品质”。合润文化理念正是采用融通式教育方式致力于培养未来社会发展需要的人才。

综上所述，我们以深厚久远的易水文化做根基，以合作融通的园所文化为文化实践，以幸福温暖的家长文化做文化参与，合未来发展趋势，逐渐形成了融通育人的“合润”文化。

2. 办园理念的具体阐释

我们的办园理念“三合三润”即合自然，润天性；合生活，润实践；合社会，润未来。

“合自然，润天性”指合乎自然，浸润幼儿天性发展。利伯蒂·海德·贝利说：“感知生命是教育成果的最高境界。”儿童最适宜在自然的环境中生活、学习、成长，而这种成长又渗透在儿童日常的一日生活各环节中，我们尊重幼儿身心发展规律和特点，用自然的法则引导孩子直接感知、亲身体验、实际操作，浸润孩子天性，让孩子自然、完整地成长，实现孩子自然、健康成长的最终愿景。

“合生活，润实践”指合乎生活，浸润幼儿实践养成。陶行知先生指出生活即教育，“没有生活做中心的教育是死教育”，所以我们倡导让教育结合生活，浸润幼儿实践，让幼儿在体验中发现，在探索中进步，在合作中收获。

“合社会，润未来”指合乎社会，浸润幼儿幸福未来。在2018年全国教育大会上，习近平总书记进一步明确了培养“德智体美劳全面发展的社会主义建设者和接班人”的目标。培养社会主义接班人，也就是要培养适应社会发展需要的人，为此我们着眼多元的教育过程，帮助儿童发展其核心素养，使儿童能够在未来解决现实社会情境中的问题，适应未来社会发展需要，为孩子的未来幸福奠基。

（三）园训的阐释

我们的园训是“合于心，润于行”。从教师角度上，我们强调学前教育从儿童心性出发，注重发现和培养孩子的真善之本，教育过程要重实践、重过程，从学习的实际活动中养成孩子良好习惯；从儿童角度上，我们重视幼儿的“知行合一”，读万卷书，行万里路，既要有心存之理想，又要脚踏实地起而行之。

（四）教风的阐释

“思辨、求实、合作、温润”的教风，提示我们当今教育发展日新月异，作为一名教师在与时俱进不断学习的同时也要学会思考，根据实际情况思辨求实，并在合作和温润的氛围之中不断前行。

（五）学风的阐释

“在体验中发现、在探索中进步、在合作中收获”是我们的学风，我们遵循让幼儿直接感知、实际操作和亲身体验的教育原则，意在让幼儿在感知体验中发现教育的起点，在实际探索中不断进步，并在合作体验中收获经验和本领。

（六）育人目标的阐释

我们的育人目标是“优秀的品格、健康的体魄、智慧的头脑、爱美的情趣、灵巧的小手”，意在遵循幼儿身心发展特点和规律，促进幼儿在幼儿园能德智体美劳全面发展，成为未来社会需要的多元化综合型人才。

三、文化理念的实践策略

（一）以精神文化为主导，领文化建设之航

幼儿园精神文化是园所文化的深层次体现，它既是一所幼儿园所特有的精神基因，又是为大多数成员所共同遵循的价值标准、基本信念和行为规范，可以说幼儿园精神文化蕴含着独特的凝聚力和感染力，是激励全体教职工努力的精神力量，是幼儿园可持续发展的巨大驱动力。①

易县第一幼儿园的精神文化可以用 6 个字来形容：“合于心，润于行。”为了让精神文化深入人心并转化为实际行动，幼儿园从两方面入手：一方面，让教职工充分参与文化探索，通过拜访老园长、讲园所故事、收集园所老物件，深入了解园所的文化历史，增强自豪感；另一方面，倡导教师学习教育理论，如顾明远的生命教育、加德纳的多元智能理论、陶行知的生活即教育理念，并结合园所实际开展种植养

---

① 线亚威. 幼儿园文化建设指导策略［M］. 北京高等教育出版社，2018，第 26 页.

殖、幼儿安全教育活动、幼儿良好习惯培养等。教师在学习与实践的过程中对园所文化有了更深刻的理解，坚定了文化建设的信心。就如蒙台梭利在《童年的秘密》一书中说道："我听到了，但可能忘记了；我看见了，就可能记住了；我做过了，便真正理解了。"园所文化建设人人参与，"合润"精神文化已经深深地印刻在每位教职工的内心深处。

（二）以物质文化为载体，亮文化建设之采

幼儿园物质文化是园所文化的物质层面，是精神文化的固化体现，是外在园所文化，是人们能用感官直接感受的客观存在物，体现了办园的教育理念、价值观以及其他寓意。①

我园通过梳理文化符号、优化园所环境，从户外、门厅、走廊、幼儿活动室、专用教室和幼儿园形象设计等方面潜移默化地将教育浸润其中。

1. 梳理文化符号

物质文化是幼儿园有形的"名片"，它包含园所装修基调、色彩搭配、空间布局以及各种装备。为了更好地彰显园所文化，幼儿园成立校园文化专项小组进行研讨，从园所楼梯装修到每一面的墙做什么、怎么做都进行深入研讨，力求从环境和布局上能将园所文化充分地展示出来。

如我园标志采用圆形徽章形式，图形取"易县第一幼儿园"中的数字"1"元素作为创意主体，与周围抽象化的易水河形态相融合，水滴生发成循环往复的动感图形，象征一生二、二生三、三生万物，生生不息。园标既展现出上善若水的人文精神，又表达了易县一幼的"合润文化"理念。同时，主体图形四周辅以易县标志性元素——古城楼、瓦当图形，配以嫩芽、书本、星星、花朵等图形，比喻幼儿园借

① 线亚威．幼儿园文化建设指导策略［M］，北京高等教育出版社，2018，第 82 页．

图 1　园标

助地区优势，让幼儿在“合润”的教育氛围中快乐成长。

再如，主体楼颜色主要以橙黄色为主，体现创新思维、情感教育，给人以温暖、幸福、活力；辅助以绿色，体现生命健康、自然教育，给人自然、生命和能量；配以红色，体现思想引领、红色教育，让革命、坚定、热情展示出来。这些颜色基调与我们当地的文化相呼应，很好地体现了我园诚义担当、温暖幸福、合作融通的文化生态。

门厅的文化建设是一所幼儿园面向家长展示特色的窗口。我们的门厅在设计沿用主题楼颜色的基础上，还将园所文化的理念、园所特色等以拱形门形式展示出来，整个门厅犹如时光隧道一样，给人温润、幸福的感觉。

楼道和楼梯一步一景，在满足幼儿探索需要的同时，也将常规教育、生命教育、传统文化教育浸润到环境之中，让环境温暖育人。

2. 优化园所环境

环境在幼儿生活和学习中起着十分重要的作用。好的空间不仅是眼睛看到的视觉美感，更是能用心去感知体验、能用手触摸的质感。为此，我们在“三合三润”融通式办园理念下科学规划物质文化建设。

依据幼儿年龄特点和发展需求，幼儿园成立园所文化建设小组，通过打造微景观，设立种植区、沙水区、攀爬区等活动区域，为幼儿提供丰富的探索空间。例如，园门口的文化石周边以及园内绿化区域，由单一植被提升为微景观，更加彰显幼儿园灵动活泼的特色。在满足幼儿观赏的同时也能渗透浸润着教育，通过观察让幼儿领略到四季植被的不同变化，感受时间的更迭和大自然的美好，让幼儿在与自然互动中发展幼儿的感知觉。再如，为了将精神环境外显化，我园将"夸夸我的好搭档"、读书体会张贴到环境中，将幼儿生活、学习的轨迹用儿童表征展示在墙面上，发挥环境的育人功能。

3. 设计园所形象

形象设计是视觉识别系统，是幼儿园形象的静态表现，主要包括园徽、园旗、园歌、园服、标准色、吉祥物、办公及生活用品等，目前我园已设计好属于自己的园徽、标准色、园歌及办公和生活用品等。

（三）以制度文化为抓手，固文化建设之本

科学规范的幼儿园管理制度可以培育出自我管理、自我约束的制度文化，但无论规章制度多么细致、严谨和科学，其核心还是在于能否被大多数人所接受。马斯洛提出的需要层次里，"自我实现"是最高层次的需要，园所要保持良好的发展，形成浓郁的文化氛围，必须锲而不舍地进行制度文化建设，而"以人为本"的制度管理无疑是满足教师"自我实现"需要的最好方法之一。[①] 为此，我们本着求真、务实的态度，集思广益，园所每项制度的制定教师都会参与其中，并且要经过教师讨论，讨论过程中教师提出的意见符合实际工作发展需要就会被采纳，我们尊重教师，凝聚共识，形成合力，充分发挥人的作用来推动制度文化的形成。同时，我们在制度落实过程中将"硬"制度与"软"管理相结合，兼具"保障"和"人本"，让制度变得有温度，从而达到制度管理走向人本管理。

---

① 线亚威. 幼儿园文化建设指导策略［M］. 北京高等教育出版社，2018，第151页.

（四）以行为文化为基础，提文化建设之质

1. 务实笃行，课程浸润童心

课程文化能够充分显示幼儿园文化软实力的内涵与品格，也在一定程度上反映了幼儿园及其环境的一些重要特质和风格。我们在“合润”办园理念指导下，基于儿童立场，深入挖掘课程体系，不断通过课程建设与教师们一起共同探讨、共同成长，形成幼儿园“三合三润”融通式幼儿教育理念，促进幼儿全面发展。

（1）开展主题活动，促进全面发展

“主题探究”预设课程与追随儿童兴趣的班本课程相结合，开展主题教育，关注幼儿自身兴趣，注重五大领域的融合，尊重幼儿的主体地位。将幼儿一日生活通过生活、运动、游戏和学习四类活动，把各类知识、技能、情感、态度等内容整合为一体，保障幼儿的均衡全面发展。

《指南》建议大家运用幼儿喜闻乐见和能够理解的方式激发幼儿爱家乡的情感，进而延伸到爱国情感。为此，我们开展了美丽易州主题活动。我们以易县行政区图为中心，以发射线思维导图的形式展示易县的文化、旅游等。在此过程中，幼儿充分参与，因为每个行政区都各自有各自的特点，有的是旅游景区出名，幼儿就去实地旅游运动打卡；有的是土特产出色，幼儿就链接生活经验分享美食；有的是历史文化比较出名，幼儿就收集文化故事。最终将易县的历史人物、有名的地方等经幼儿和家长、老师一起搜集资料一起探讨汇总出来，并用绘画和思维导图形式展示出来的。幼儿在低墙部分用自己绘画、照片打卡、思维导图等形式展现自己去过的地方、吃过的美食、了解的人物等，下面低墙与上面高墙充分呼应。教师们也会利用散步时间带幼儿过来翻翻看看，幼儿在翻到自己制作的小书时，还会自豪地跟同伴分享介绍，于是，幼儿在参与、分享过程中加深了对家乡的了解，也深化了爱家乡的情感，同时在整个活动过程中潜移默化地让幼儿的运

动、语言、社会交往、逻辑思维等能力得到浸润式发展。

（2）注重辅助活动，尊重个性发展

我们尊重儿童个性发展，融合社会资源，以主题月和特色活动的方式，助力幼儿获得多样化的有益经验，实现长足发展。

我们围绕主题有计划、有目的地开展内容丰富的主题月活动。学雷锋月、读书月、安全月、爱国月、敬老月等系列活动，让幼儿感受责任，领会规则，获得和谐发展。

我们也开展丰富多彩的特色活动——阅读、扎染、舞蹈、篮球等，让幼儿多元发展，凸显个性，绽放光彩。

（3）融入传统活动，树立文化自信

我们着眼多元的教育过程，扎根区域文化，传承和保护非物质文化遗产，培养幼儿爱家乡、爱祖国的情感，树立文化自信，将我县的国家级非物质文化遗产与园所活动相融合。

“摆字龙灯”进园活动中，邀请非遗传承人对老师和幼儿进行文化和技能的传授。将“摆字龙灯”与五大领域的教育相结合，通过“持节”、“倒把”、走、跑等动作锻炼幼儿体能，增强身体协调性，培养合作意识。通过制作龙、讲龙的故事提高幼儿动手能力、逻辑思维及语言表达能力。在制作龙灯之初，我们多次带幼儿实地体验，根据幼儿身高、力量特制与之相符的龙灯。此外，为了使幼儿动作更加规范统一，我们还对全员教师进行了龙舞课程培训，对摆字龙灯历史文化进行回顾、对园所实践教学方面进行梳理，促进幼儿园对传统民间文化的弘扬和对传统民间艺术的传承。2023 年 6 月 13 日、14 日，我园的“龙舞队”受邀参加中央电视台与文旅部联合推出的《非遗里的中国·河北篇》节目，此次拍摄既是对易县、对河北的宣传，也是对文化的传承，更是孩子们为文化传承贡献的“力量”。

为了让孩子和家长们进一步领略易水砚非遗之美，我们到易县非遗体验馆进行砚拓体验课程；为让孩子们感受铜雕艺术之美，我们组织孩子们到铜雕工作室进行铜雕体验活动。

摆字龙、砚拓、易州铜雕等，这些丰厚的易县非物质文化遗产，浸润着一代代易县人的成长记忆与风俗志趣，时光流转，岁月更迭。“变”的是表达方式、传递的载体，“不变”的是传承千年的亲情乡情、家国情怀。

综合于课程实践中，我们力求教育目标上，突出知行合一，着眼终身幸福；教育主体上，突出协同共育，凝聚教育合力；教育资源上，突出整合对接，提供丰富养分；教育方式上，突出潜移默化，顺应儿童心性；教育过程上，突出习惯养成，力求久久为功。

2. 励精笃行，促进队伍成长

只有教职工发自内心地认同园所价值观念，形成文化自觉，才能进一步使文化内涵从虚到实，所以我园深研笃行，努力打造一幼的优秀教师团队，形成团队文化。

（1）丰富团建，凝聚教师团队力量

以工会为引领，以不同形式开展团建活动，倡导教职工乐享生活，愉悦身心。开展“朗诵”“故事会”“包饺子”“联欢会”“三八活动”等团建活动，极大地促进了教职工之间的交流和互相了解，使他们感受到了集体的美好，提高了团队的凝聚力。

（2）精准后勤，护航园所稳步发展

保育为重，服务在先。为加强后勤工作，在园所文化理念引领下，我们以服务意识的思想，完善后勤保障工作，力求把各项工作做到实处，落到细处。每学期层层签订责任书；每月进行安全演练；认真组织幼儿春秋季体检；每月进行营养分析，保障幼儿饮食健康，完善的后勤服务也在为园所文化的进一步发展保驾护航。

（3）以研促教，助力教师专业成长

教研是提高教师教学素养和教学水平的重要途径，也是园所“合于心　润于行”园训和教风落实的重要依托。我们在园所办园理念的指引下以教师实际工作中的问题为出发点，每周小教研，隔周大教研，引导教师做研究型、反思型的优秀教师，努力提升教师专业水平。

我们从解决问题入手，引导教师成长。教研过程中以问题为导向，从教师实际出发，通过“问题驱动”采用研训一体方式，进行分组、分层园本教研。例如在教研中将在区域活动遇到的问题向书本学习、向同事学习、向同行学习，开展区域活动观摩和诊断活动，再经过研讨，提升教师反思能力，突破区域活动中的瓶颈。我们还尝试从核心经验入手，深化教学研讨。我们将领域核心经验运用到日常教育教学中，通过活动的设计与组织、区域材料投放、示范活动的展示与交流，不断提升教师对五大领域核心经验的理解与应用能力。同时我们鼓励教师根据教学需求开展课题研究，向专家型教师迈进。近几年来，现已结题的国家级子课题 1 项，省级课题 2 项，市级课题 3 项，县级课题 1 项。在以研促教和以教促研的过程中，教师们开阔了视野，提升了教育理念，业务能力得到明显提高，也实现了从“要我研”到“我要研”的观念转变，充分体现出我园教师思辨求实的教风。

3. 互助笃行，优质资源共享

易县一幼秉承“温暖同行，互助共好”的理念，充分发挥省示范园引导作用，在大力提高自身办园水平的同时，努力带动县域内幼教质量提升。

成立了郑斌颖园长工作站，10 个成员单位形成了学习研究共同体，通过工作站的各项活动，提升工作站内园长的业务水平，带动工作站内各园所发展。易县成立幼教联合体，我园通过参观交流、入园指导、送教帮扶、集体教研、专题讲座等多元化方式带动联合体内 28 所农村园质量提升。

4. 蓄力笃行，家园合作共赢

家长参与幼儿园管理是现代教育的重要特征。当前，随着经济的发展和教育民主化的推进，家长作为学校管理的第三种力量正在兴起，为了更好地发挥家园教育合力，秉承“合润”理念，我们将家长视为幼儿园群体的重要组成部分，以幸福温暖的家长文化为文化支持，我们充分利用家长教育资源、社区教育资源，开展亲子活动、半日开放、家长助教、社区进课堂、非遗体验等活动融合家长和社区资源形成合力，从而促进幼儿发展，提升园所质量。

五、办园成效

近 5 年来，我园得到了家长和社会各界人士的一致好评，先后获得多项荣誉，其中省级 1 项，市级 8 项，县级 6 项。教师获县级荣誉 64 项，市级荣誉 25 项，省级荣誉 9 项。一张张鲜艳的荣誉证书，记录着一幼教师与时俱进、勇于创新的追求和实践，也彰显着一幼人为了孩子无怨无悔、敬业爱岗的无私奉献的校园文化精神。

园所文化需要在实践中积淀，在积淀中凝练，在凝练中升华。在文化建设之路上，易县第一幼儿园将继续深入探索“合润”文化理念，以合作融通的园所文化为实践主体，以诚义担当的易水文化为文化基因，以幸福温暖的价值文化为文化支持，让易县第一幼儿园文化由内而外，一以贯之，全面落实，让易县第一幼儿园的文化更有底气，更有自信，更有内涵的凸显。

参考文献

［1］中华人民共和国教育部. 幼儿园工作规程［M］. 北京：首都师范大学出版社，2016.3

［2］中华人民共和国教育部幼儿园教育指导纲要（试行）［M］. 北京：北京师范大学出版社，2001.

［3］中华人民共和国教育部. 3—6 岁儿童学习与发展指南［M］. 北京：首都师范大学出版社，2012.

［4］张文质. 生命化教育的责任与梦想［M］. 上海：华东师范大学出版社，2009.

［5］成尚荣. 儿童立场［M］. 上海：华东师范大学出版社，2009.

［6］陈鹤琴. 活教育［M］. 南京：南京师范大学出版社，2012.

［7］李小邕. 观察儿童 解读儿童［M］. 成都：天地出版社，2021.

［8］线亚威. 幼儿园文化建设指导策略［M］. 北京：北京高等教育出版社，2018.

［9］缴润凯，石艳，袁媛. 迈向卓越园长之路［M］. 长春：东北师范大学出版社，2021.

［10］杨熔. 陈鹤琴“活教育”思想及启示［J］. 生活教育，2018（06）：16-19.

［11］张亚楠. 论“合和”理念的出场语境［J］. 西部学刊，2024：5.

［12］姚艺. 对幼儿园文化建设的初步思考［J］. 学前教育研究，2004（09）：34-36.

在思索与实践交织的旅途上（代后记）

当本书的文稿最终汇集成册，我们心中充盈的并非抵达终点的轻松，而是行至一处开阔驿站时的回望与感怀。这部作品的诞生，是河北省张春炬名园长工作室全体成员一段艰辛而丰饶的集体探索旅程的见证。

回望这段旅程的起点，我们怀揣着对学前教育沉甸甸的责任，在张春炬书记的引领下，共同踏入“办园思想”这片深邃而意义非凡的领域。我们深知，一所幼儿园的灵魂，深植于其清晰而坚定的办园思想之中；其发展的生命线，则牢牢系于独特且深厚的文化根基。正是这份共识，促使工作室的同仁们一次次沉潜学习、一次次激烈碰撞。那些灯火通明的深夜研讨，那些围绕一园一策反复推敲的字句，那些面对固有经验时艰难的自我审视与超越——这些片段，早已超越了单纯写作的范畴，成为我们理念重塑与专业淬炼的深刻印记。我们深深体会到，思想的澄澈与文化的自觉，绝非空中楼阁，它必须深深扎根于每一所园所独特的历史脉络、现实土壤与未来愿景之中。于是，我们俯身向下，如同考古者般，耐心地梳理、甄别、提炼那些散落于日常实践里的精神珍宝，努力让思想的根系触碰到最真实的大地。

本书的编写过程，是一个不断聚焦、不断修正、螺旋式上升的实践研究过程。最初的设想或许宏大，但在实践中，我们不断被拉回一个朴素的真理：园所发展真正的生命力，源于思想之树在实践的土壤中开花结果。因此，“聚焦”成为我们最常用的动词：聚焦于本园的真实问题，聚焦于文化中最能触动心灵的独特表达，聚焦于思想如何转化为可感可知的教育行为。每一次文稿打磨，每一次观点辩论，都非仅仅为了文字的润色，而是对办园本质更深一层的叩问与逼近。我们最终领悟，编撰此书远非目的本身——它只是我们深化学习、淬炼实践的一个必然结晶，是思想之树在园所土壤中生长时必然呈现的年轮。

值得欣慰的是，当我们将河北省张春炬名园长工作室的优秀园长们一份份扎根泥土的探索与实践结集成书时，它便呈现出一种独特的开创性价值。我们深知，在全国范围内，如此系统、深入且由一线名园长工作室主导，从理论自觉到实践深耕，全面探索办园思想与文化建设的著作尚属鲜见。它不仅仅是对过往经验的总结，更试图为幼儿园内涵发展、特色凝练提供一种可资借鉴的思考路径与实践范式。这份价值，源于我们集体探索的真诚与执着，源于我们对脚下土地与身边孩子的深切关注。

书稿付梓，非是探索的终结，恰恰是新征程的序曲。书中凝结的思考火花，唯有回归到更广阔的园所天地中去实践、去检验、去完善，才能焕发出真正的生命力。我们期待，这些来自燕赵大地的实践智慧，能如同投入湖面的石子，激起更广远的涟漪，引发更多同行者对幼儿园办园根本的深度思考与勇敢实践。

最后，谨向所有为本书付出智慧与辛劳的专家和工作室成员致以最深的敬意。感谢张春炬书记高瞻远瞩的引领与大爱无私的奉献；感谢每一位在探索路上给予我们启发、支持与包容的专家、同仁；感谢河北大学出版社团队的大力支持，特别感谢赵彩霞老师在图书编辑过程中的严谨认真、精益求精的匠心态度，提高了本书出版的质效性。

前路漫漫，探索不息。愿这本书，成为我们继续深耕幼教沃土、追寻理想教育的一个坚实起点。

陈爱玲

2025 年 3 月